5천만원으로 내 집 마련하기

부동산 고수들의 알짜 투자 따라하기

5천만원으로 내집 마련하기

| 김호준 · 윤진섭 지음 |

www.book21.co.kr

내 집 마련을 위한 개미들의 행진

개미들은 군집생활을 하는 동물로 유명하다. 먹이를 찾아 나설 때는 항상 일렬로 움직인다. 뒤쫓아가는 개미는 마냥 앞선 개미를 쫓아간다. 맨 앞에 있는 개미가 전체 개미 행렬을 이끌어가는 셈이다. 만약 선두 개미가 방향감각을 잃고 물웅덩이 빠지면 어떻게 될까? 뒤따라오는 개미들 역시 하나둘씩 물웅덩이에 빠질 것이다. 실제 이런 사태가 발생하면 개미들은 한동안 공황 상태에 빠져 우왕좌왕한다.

IMF 외환위기 이후 우리 나라의 부동산시장을 지켜보면 마치 '개미들의 행진'을 보는 듯하다. 필자 역시 행진 대열 속에 있었다. 시장의 흐름을 빨리 읽었던 사람들은 큰 부를 축적했고 그렇지 못한 사람들은 한숨을 내쉬었다.

이 시장에서 울고 웃는 이들은 대부분 개미들이다. 주식시장은 기관투자자나 외국인 투자자가 주도하지만, 부동산시장에서 기관투자자나 외국인 투자자는 미미한 존재에 불과하다. 서울지역 아파트 값만 합해도 거래소에 상장된 모든 회사들의 주가 총액보다 많다고 하니 우리 나라 부동산시장의 규모는 상상을 초월한다.

1998~2000년 : 집 사는 건 미친 짓이다

기억을 5년 전으로 돌려보자. 1998년 이후 집값이 계속해서 떨어지자 집을 사는 것은 미친 짓이라는 인식이 팽배했다. 집값이 오를 가능성이 없는데 아등바등 집을 살 필요가 없다고 생각한 것이다. 차라리 집 살 돈으로 주식 등 다른 자산에 투자하는 것이 좋다는 주장이 설득력을 얻고 있었다.

2000년 이후 집값이 서서히 오르기 시작하면서 분위기가 조금씩 바뀌었다. 아파트 분양가가 자율화되고 분양권 거래가 허용되면서 아파트에 투자하는 사람들이 하나둘씩 늘어갔지만 집을 사는 건 손해라는 주장이 공존했다.

하지만 2001년 이후 전셋값을 포함해 집값이 폭등하기 시작하면서 분위기는 돌변했다. 그동안 건설경기를 살리기 위해 잇따라 부동산 관련 규제를 풀었던 정부가 2001년 4월 총선을 앞두고 또다시 건설경기 부양책을 내놓은 것이었다. 정부가 타오르기 시작한 부동산시장에 기름을 부은 셈이었다.

2001~2003년 : 부동산에 투자하면 불패

아파트에 투자해 한 밑천 잡았다는 '성공신화'가 전국을 강타하기 시작했다. 성공신화를 뒤쫓는 개미들도 점점 늘어났다. 집값은 걷잡을 수 없이 오르면서 급기야 아파트에 투자하면 '불패'라는 국민적 합의가 형성되기에 이르렀다. 서울 강남 지역 아파트는 '재테크의 황제'로 등극했다.

2002년까지 집값이 오른 것은 수급논리로 설명이 가능하다. 외환 위기 이후 주택공급이 크게 줄면서 주택이 부족했기 때문이다. 하지만 2003년에 아파트 값이 크게 오른 것은 순전히 '머니게임' 탓이다. 그동안 주택경기 호황 덕분에 공급물량은 역대 기록을 연달아 깰 정도로 넘쳐났지만, 실수요자들이 접근하기에는 집값이 너무 올랐다.

이러한 논리를 근거로 정부는 집값이 곧 떨어질 것이라는 전망하에 투기억제 대책을 내놓았지만 부동산 불패신화는 수그러들지 않았다. 적어도 2003년 10월 29일 강력한 규제와 무시무시한 세금 부과를 뼈대로 한 10 · 29 종합대책이 발표되기 전까지는 그랬다. 하늘 높은 줄 모르고 치솟던 강남 재건축 아파트 값은 한달 사이에 최고 20%까지 빠졌고, 집값 상승세가 둔화되면서 지역에 따라 하락세를 보이기도 했다.

2004년~ : 억울해서 못 사겠다?

개미들은 다시금 혼란에 빠졌다. 지금 집을 사면 손해 보지는 않을까? 계속 더 떨어지기를 기다리다가 갑자기 폭등하면 어쩌나? 이러한 고민에 명쾌한 해답을 제시한다는 것은 결코 쉬운 일이 아니다. 집값은 주택의 수요와 공급 곡선뿐만 아니라 투기수요와 정부정책, 경기 상황, 금리 등 다양한 요인에 의해 결정되기 때문이다. 다만 당분간은 집값이 평균적으로 폭등하거나 폭락하는 일은 별로 없다는 데에 대부분의 전문가들이 동의하고 있다.

어디서 어떻게 사느냐가 중요하다

집을 산다는 것은 전 재산을 '올인' 하는 투자 행위이다. 하지만 힘든 결정을 내릴 때 누구도 방향을 제시해주지는 않는다. 주거 복지가 잘돼 있는 나라라면 정부에서 값싼 주택을 충분히 공급해주겠지만 대한민국은 불행히도 그런 나라에 속하지 않는다. 국민들은 위험천만한 부동산시장에 고스란히 내던져져 있는 것이다.

최근 집값이 안정세를 보인다고 해서 위험에서 벗어난 것은 아니다. 중장기적으로 보면 부동산시장은 무척이나 불안해 보인다. 시중 부동자금이 넘쳐나는 상황에서 대체 투자처가 별로 없어 보이기 때문이다. 더구나 지역별로 가격 상승폭이 차별화되는 현상은 더욱 가속화될 것이다.

이렇게 볼 때 집을 사는 사람들은 '언제 사느냐와 어디서 어떻게 사느냐' 는 문제를 동시에 해결해야 한다. 이 책은 언제 사느냐는 질문보다는 어디서 어떻게 사느냐는 질문에 초점을 맞추고 있다. 사실 5,000만원이라는 종자돈과 마음의 준비만 된다면 언제 사느냐는 그리 중요한 문제가 아니다. 내 집 마련의 핵심은 값이 오를 만한 지역에서 적은 비용으로 구입하는 것이다.

집을 사는 건 일생일대의 도박이라고 하지 않는가? 이 책이 위험천만한 시장에 던져진 개미들에게 훌륭한 지침서가 되기를 기대한다.

김호준, 윤진섭

CONTENTS

07 시장조사부터 등기까지

부록 알아두면 돈이 되는 아파트 현황

집 장만과 투자 수익 둘 다 잡아보자

집값은 당분간 안정세를 보일 것이다. 이렇게 전망하는 이유는 부동산시장이 과거와는 다른 양상을 보이고 있기 때문이다. 최근 몇 년 동안 집값이 크게 오른 것은, 자신의 보금자리를 마련하려는 사람들의 수요가 증가하기도 했지만 투자 목적으로 여러 채 사두는 사람들이 많았기 때문이다. 하지만 이제는 다주택 보유자들이 부담해야 하는 양도소득세가 크게 오르면서 여러 채의 집을 갖고 있는 것이 상당히 부담스러워졌다. 여러 채 구입했을 때 기대할 수 있는 수익률이 크게 낮아진 것이다.

더구나 정부에서 집값이 오르면 '토지공개념'을 포함한 보다 강력한 대책을 내놓겠다며 엄포를 놓고 있는 상황이다. 정부 대책이 액면 그대로 실행된다면 당분간은 집값이 오르기를 기대할 수는 없을 것이다.

폭락 기다리다간 영원히 내 집과 이별해야

그렇다면 당장 집을 사기보다는 당분간은 팔짱 끼고 집값이 떨어지기를 기대해야 할까. 그런 생각을 갖고 있다면 내 집 마련의 꿈과는 영원히 이별을 고해야 할지도 모르겠다. 앞으로는 집값이 폭등할 이유도 집값이 떨어질 가능성도 별로 없기 때문이다. 폭락이나 폭등은 없다는 이야기다.

다른 나라 사례를 봐도 경제가 장기 침체기로 접어들지 않는 한 집값이 지속적으로 떨어지기를 기대하기는 힘들다. 물론 일본과 홍콩은 90년대 부동산시장이 장기 하락곡선을 그리면서 집값이 '반 토막' 났다. 두 나라는 같은 기간 동안 장기 불황에 시달려야 했다. 집값이 장기 불황을 동반하지 않는 한 지속적으로 떨어지는 사례는 발견할 수 없었다. 이것이 우리가 살고 있는 자본주의 사회의 특성인 셈이다.

하락은 없다

비슷한 맥락에서 정부 역시 집값이 지속적으로 떨어지기를 기대하지는 않는다. 집값이 떨어지면 부동산 자산 보유자들이 손해를 보는 데서 그치는 것이 아니라 경제 전체에 악영향을 미치기 때문이다. 집을 남보로 대출해준 은행 등 금융기관은 당장 담보 가치 하락을 걱정해야 하고, 은행들이 대출 관리를 강화하면 대출 받은 사람이 곤란을 겪게 되어 심하면 신용위기로 이어질 수도 있다.

아울러 주택에 대한 수요는 여전히 탄탄하다. 2002년 통계청 자료를 보면 34세 이하 가구주의 자가거주율은 23.45%에 불과하다. 자가 거주율이란 자기 집에 살고 있는 사람의 비율을 말한다. 이들뿐만 아니라 앞으로 결혼해 세대를 꾸릴 이들도 집을 장만해야 한다.

마지막으로 저금리 기조에는 큰 변화가 없고, 시중 자금의 안전자산 선호현상은 계속될 것이다. 마땅한 투자처를 찾지 못하는 자금이 여전히 부동산시장을 배회할 가능성이 높은 셈이다. 이런 상황에서 정부가 조금만 허점을 보이거나 지나친 규제로 주택공급이 위축될 경우 다시 집값이 크게 오르는 상황도 배제할 수 없다. 집값이 폭락할 것 같아 구입을 미루고 있는 사람이 있다면 생각을 바꾸는 게 좋을 것이다.

부동산시장이 안정세를 보인다면 집을 언제 사느냐보다는 어디다 사느냐가 더 중요한 문제가 된다. 부동산시장은 2002년 이후 가격 차별화 현상이 가속되었는데, 특히 2003년에는 차별화가 대세임을 극적으로 보여줬다.

부동산시장, 차별화가 대세이다

서울지역만 놓고 보면 아파트 값은 평균 14~15%가량 상승했다. 하지만 과거와 달리 지역별 집값 상승률은 큰 차이를 보였다. 강남구와 강동구, 송파구, 양천구 등은 20% 이상 가격이 상승했고 금천구, 마포구, 광진구, 영등포구 등도 10% 이상 상승세를 보였다. 하지만 강북구와 도봉구, 성북구 등 강북권 아파트 값은 물가상승률에도 못 미칠 정도로 제자리걸음을 했다.

같은 지역 내에서도 명암이 엇갈리는 경우가 많았다. 강남 재건축 아파트는 10·29 부동산 종합대책으로 직격탄을 맞아 큰 폭의 하락세를 보이기도 했다. 하지만 기존 아파트 가운데 중대형 평형은 크게 떨어지지 않았다. 재건축 아파트는 조합원 지분 전매 금지와 중소형 평형 의무비율 확대 등으로 투자 매력이 크게 떨어졌기 때문이다.

집을 사는 건 일생일대의 투자 행위이다. 투자가치를 고려하지 않고 집을 샀다가 후회하는 사람들이 많다. 회사원 이순돌(43) 씨는 서울 목동에서 20평형 아파트에 살았는데, 당시 서울 성산동에도 21평형 아파트를 한 채 갖고 있었다. 그는 외환위기가 서서히 회복되던 시점인 1999년 3월 인천으로 직장을 옮기면서 마침 미분양된 50평형대 아파트가 있길래 큰맘 먹고 1억 8,000만원에 사들였다. 성산동 시영 아파트 21평형 아파트는 8,500만원에, 목동 신시가지 6단지 20평형 아파트는 9,500만원에 팔아 구입 자금을 마련했다.

2003년 서울시 구별 매매가 변동률

구명	매매가 변동률(%)	구명	매매가 변동률(%)
강남구	23.18	서대문구	10.63
강동구	22.63	서초구	10.40
강북구	3.18	성동구	11.33
강서구	9.32	성북구	4.54
관악구	5.11	송파구	20.53
광진구	13.86	양천구	20.20
구로구	5.21	영등포구	12.33
금천구	19.78	용산구	9.07
노원구	5.71	은평구	7.20
도봉구	2.20	종로구	5.71
동대문구	8.48	중구	11.38
동작구	8.05	중랑구	7.93
마포구	12.08	서울 전체	14.26

시간이 흘러 2003년 6월 그는 다시 서울로 돌아와야 했다. 하지만 인천 변두리에 있는 이름 없는 건설업체가 지은 대형 아파트를 사겠다는 사람은 별로 없었다. 다른 지역은 아파트 값이 두 배 가까이 올랐다고 하는데 그 아파트는 오히려 값이 떨어졌다. 반면 그가 4년 전에 판 성산동 시영아파트와 목동 신시가지 6단지 아파트는 각각 1억 9,000만원과 2억 2,000만원으로 두세 배 올랐다. 인천에 있는 50평형대 아파트를 팔아도 20평형 아파트 1개도 살 수 없게 된 셈이다. 단지 운이 없다고 보기에는 너무나 쓰라린 경험이다.

어떤 집을 사느냐가 가장 중요한 재테크

큰 부자가 아닌 다음에야 집을 고르는 것만큼 중요한 재테크는 없다고 해도 과언이 아닐 것이다. 위 사례에서 살펴본 이씨는 목돈과 성산동의 미래 가치를 감안하지 못했던 것이다. 목동은 제2의 강남으로 각광받고 있던 지역이고, 성산동은 월드컵경기장이 들어서고 바로 앞에 상암 택지개발지구 조성이 본격화되면서 주거여건이 크게 개선됐다. 이에 비해 인천 변두리 지역에 있는 대형 아파트는 수요가 적어 가격 상승을 기대하기 힘들다는 점을 고려하지 않았다. 이러한 점을 염두에 두었다면 인천으로 옮기더라도 전셋집을 구했을 것이고 자신이 갖고 있는 아파트를 팔지 않았을 것이다.

중장기적으로 집값이 안정세를 보이고 집값이 폭등할 가능성이 별로 없다면 조급하게 집을 장만할 필요는 없을 것이다. 집을 사는 시기는 자산과 소득을 고려해 결정하면 될 것이다. 하지만 지역에 따라 집값 상승률이 큰 차이를 보이는 차별화 현상이 계속되고 있기 때문에 지역을 고르는 데는 신중에 신중을 거듭해야 한다. 순간의 선택이 평생을 따라다니기 때문이다.

5,000만원으로 집 장만 가능한가?

목돈 5,000만원 활용법이 마땅치 않다. 속 편하게 은행에 맡겨 두자니 손에 넣는 이자도 시원치 않아 마음 한 구석이 찜찜하다. 그렇다고 요즘 뜨는 주식투자를 하자니 상투값에 사들여 결국 남 좋은 일만 하고 손해볼 것 같은 불안감이 앞선다.

그렇다면 5,000만원 활용 대안은 무엇일까? 그 해답을 부동산에서 찾아보자. 물론 5,000만원이란 어중간한 재테크 자금으로 만날 수 있는 집과 땅은 그리 흔치 않다. 워낙 집값, 땅값, 분양가가 올랐다는 게 그 이유다. 하지만 현금과 불안한 주식시장에 목돈을 전부를 맡기기보단 나름대로의 전략과 정보를 통해 거품 빠진 부동산에 돈을 묻는 것이 훨씬 낫다는 게 현장 전문가들의 이야기다.

5,000만원을 부동산시장에서 활용하는 방법은 크게 3가지로 나눌 수 있겠다.

청약통장으로 새 아파트 구입하기

새 아파트를 구입하려면 청약통장은 필수다. 천정부지로 치솟는 분양가와 엄청난 경쟁률로 인해 청약통장 무용론이 제기되기도 하지만 무주택자 우선공급 비율이 종전 50%에서 75%로 확대되어 당첨 확률이 높아졌다. 그리고 앞으로 3~4년 사이에 서울과 수도권에 엄청난 물량의 아파트가 공급될 예정이다. 뿐만 아니라 국민임대주택 100만 호와 민간임대주택 50만 호 건설계획에 따라 매년 15만 가구에 달하는 임대주택이 쏟아져 나온다.

분양가 역시 청약 수요가 예전만 못해 건설사들이 쉽게(?) 올릴 형편이 아니다. 물론 5,000만원을 주고 새 집을 살 수는 없다. 하지만 계약금과 1차 중도금 정도의 자금은 된다. 그 이후는 중도금 대출 등으로 충분히 마련할 수 있다. 결국 5,000만원의 종자돈으로 신규 아파트를 마련하는 데 있어 가장 중요한 것은 과연 청약통장을 어떤 곳에 어떤 아파트에 쓸 것인가 여부다. 즉 미래가치를 보는 안목이 그 어느 때보다 절실하다는 이야기다. 이런 점을 감안할 때, 1순위 청약통장을 아낌없이 던질 수 있는 곳으로 신도시, 경부고속전철 역세권, 뉴타운 사업지 주변 아파트 등을 꼽을 수 있겠다.

전세 끼고 기존 아파트 장만하기

5,000만원 활용법의 두 번째 방법인 기존 아파트 매입은 5,000만원을 지렛대 삼아 '전세 탈출'의 발판으로 삼는 전략이다. 다시 말해서 매매가와 전세가와의 차액을 마련해서 나중에 들어가 살 생각으로 전세를 안고 집을 미리 구입한다는 이야기다. 집값 상승에 따른 이익이 구입비용을 마련하는 데 드는 금융비용보다 일반적으로 크다는 데 따른 내 집 마련 전략인 셈이다.

물론 대부분의 사람들은, 웬만한 소형 아파트 전셋값조차 5,000만원을 훌쩍 뛰어넘는 마당에 5,000만원으로 살 수 있는 아파트가 과연 있기나 한 것이냐고 반문할 것이다. 하지만 수도권은 물론 서울에도 5,000만원으로 매입 가능한 아파트는 곳곳에 포진해 있다.

그러나 5,000만원으로 살 수 있다고 해서 무조건 싼 아파트만을 찾아서는 안 된다. 집을 산다는 것은 전 재산을 투자하는 것인 만큼 오를 가능성이 있는 곳을 잘 선택해야 한다. 아파트 값이 오른다 해도 모든 아파트가 똑같이 오르지는 않기 때문이다.

그리고 새롭게 바뀐 양도세에 대해서도 잘 알아두어야 한다. 예전에는 1가구 1주택자는 3년 보유의 요건만 맞추면 수억원의 시세차익이 생겨도 양도세는 비과세였다. 하지만 지금은 상황이 다르다. 서울 지역과 5대 신도시의 경우 설령 3년을 보유해도, 2년을 거주하지 않으면 양도세를 내야 한다. 이들 지역 외엔 1가구 1주택자라도 3년 보유, 1년 거주 조건을 채워야 한다.

결국 '전세 안고 매입'은 단순 시세차익의 '욕심'을 버리고, 내 집 마련을 위한 '전략' 차원에서 고려해볼 방법인 것이다.

재개발 지역에 투자하기

한편 여유자금 5,000만원을 갖고 있는 20~30평형대 집주인들은 10평 너른 아파트로 옮기고자 한다면 재개발 지분 매입도 신중하게 고려해볼 만하다. 수노권 일내나 속칭 개빌 유밍지 주변 토지를 매입하는 것도 또 다른 방법이다.

재개발 지역은 새로운 주택단지를 조성하고 아파트가 완공되기까지 행정절차가 복잡해 그동안 일반 투자자들로부터 저평가돼온 게 사실이다. 그러나 '도시 및 주거환경 정비법' 시행과 서울시의 주거환경개선 기본계획 사업지구 발표 등으로 재개발 절차는 더욱 투명해진다. 실수요자 입장에선 시공사의 과다한 추가 부담금 요구가 줄어들어 안정적인 재테크가 가능해졌다.

사업 초기단계에서 재개발 추진 중인 구역을 관심 있게 지켜보면 의외로 좋은 물건을 저렴한 가격에 매입할 수 있다. 예를 들어 2003년 11월 4일 조건부 지구지정이 가결된 불광 3구역의 경우 매매가 1억원인 대지 10평, 건물 15평인 빌라의 전세가는 4,000만~5,000만원 선으로, 실제 초기투자자금은 5,000만원 정도인 셈이다. 10평의 경우 재개발 후 25평형 입주가 가능하다. 물론 아파트 32평형에 입주하기 위해선 이보다 자금이 더 들지만 이 기간 동안 가격 상승을 감안하면 만만치 않은 시세차익을 기대할 수 있다는 셈이다.

소액 투자가 가능한 재개발을 '마냥 멀리 바라봐야만 하는 투자처'로 인식해선 안 되는 이유가 바로 여기에 있다.

모기지론 등 주택담보대출 활용하기

그리고 새롭게 시행되는 주택마련장기대출제도인 모기지론을 잘만 활용할 경우 '집 장만'과 '투자 수익' 두 마리 토끼를 동시에 잡을 수도 있다. 모기지론을 이용할 경우 집값의 70% 한도에서 최대 2억원까지 대출을 받을 수 있다. 모기지론은 대출금을 매월 조금씩 갚아가는 원리금 상환 방식으로, 저금리(7% 안팎)로 장기간 빌릴 수 있다는 것이 가장 큰 특징이다. 게다가 연말에 소득공제까지 받을 수 있으니 이자는 이보다 더 줄어든다. 뿐만 아니라 대출이자가 고정금리이므로 기존 은행권의 대출이 변동금리란 점을 감안하면 내 집 마련 수요자에게 상당히 유리하다. 대출기간은 15년 상환과 20년 상환 방식이 있다.

돈 되는 아파트 따로 있다 — 집값을 움직이는 7가지 변수

주먹구구식으로 인기 아파트와 비인기 아파트를 구분 짓는 시대는 지났다. 확실히 아파트 가격을 담보해줄 만한 검증된 '재료'를 바탕으로 아파트를 골라야 나중에 낭패를 보지 않는다. 신규 분양 아파트나 기존 아파트 매매시 반드시 짚고 넘어가야 할 '돈 되는' 아파트의 선별 요령은 크게 7가지로 나눌 수 있겠다.

조망권

아파트 가격결정 변수 중 대박을 터트릴 만한 특급 호재로는 단연 한강 조망권을 꼽을 수 있다. 실례로 용산구 동부이촌동 LG빌리지 27평형의 시세는 5억~6억원인데, 애초 분양가가 2억원을 웃돌았다는 점을 감안하면 이 아파트 가격 상승은 그야말로 대박이라 해도 과언이 아니다.

이 아파트의 가격 상승이 두드러진 배경엔 LG한강빌리지가 일급 한강 조망권 아파트라는 데 있다. 인근 한가람아파트나 대우한강아파트도 길 하나를 사이에 둔 똑같은 입지지만 한강 조망 수준에서 큰 차이를 보여 가격이 낮다. 단적으로 한가람 25평형은 2억 8,000만~3억 4,000만원 선이고, 대우한강아파트 24평형은 3억 8,000만~4억 2,000

만원 선이다. 한강 조망 여부가 어느 정도 중요한가를 단적으로 보여준 케이스라고 할 수 있다.

한강 조망 외에 최근 들어 각광을 받는 게 공원 조망이다. 공원에 따른 가격 차별화는 분당 중앙공원 인근 양지마을 청구아파트의 시세에서 단적으로 드러난다. 양지마을 청구아파트에서 중앙공원을 볼 수 있는 동은 204동, 207동 등 4개동. 이들 동은 시세가 5억원 선인 데 반해 중앙공원이 보이지 않는 곳은 4억원 초반 가격을 유지하고 있다. 산을 안고 있는 도심 내 아파트 역시 가격 상승세가 남다르다. 남산에 위치한 남산타운아파트나 홍제동 안산을 안고 있는 삼성래미안 등은 주변 시세보다 3,000만~1억원 가까이 높다.

이런 점에 비춰볼 때 수요자 입장에선 향후 공원이 조성되는 곳이나 주거 쾌적성이 뛰어난 곳을 중심으로 아파트를 매입하는 전략을 세워볼 만하다.

교육

이른바 학군 프리미엄이라 불리는 '명문' 학교가 위치한 지역 아파트를 매입하는 것도 한 방법이다. 학군 프리미엄이 뛰어난 아파트는 수요가 끊이지 않으므로 가격 상승세가 탄탄하게 마련이다. 방학 시즌마다 밀려드는 이사 수요로 주변 아파트 값도 덩달아 뛰는 양상을 보인다. 서울지역에서 학군 프리미엄으로 명성을 날리는 곳으로는 강남지역은 대치동, 강북지역은 하계동, 그리고 강서지역은 목동 일대를 꼽을 수 있다.

대치동은 명문 학군 프리미엄의 전형이라 할 수 있다. 이 일대는 대치초, 대곡초, 대청중, 구룡중, 숙명여고, 휘문고, 단대부중고 등 명문 사학이 즐비하다. 강남구에서도 최고의 교육환경을 자랑하는 이 일대 아파트는 우성, 선경, 타워팰리스 등이 평당 2,000만원을 넘나들 정도로 강세다.

7호선 하계역 인근 은행사거리 주변도 명문고들이 많은 곳으로 유명하다. 대진고, 서라벌고, 상명여고, 혜성여고 등으로 이 일대는 학교와 학원이 밀집되어 있다. 하계역 근방의 한신동성아파트 49평형은 5억 5,000만~7억원 선을 호가하고, 온천청구 32평형은 3억~3억 9,000만원으로 이 일대 아파트 중 가장 높다.

총 14단지 2만 5,700여 세대가 거주하는 목동 신시가지는 초등학교 8개, 중학교 6개, 고등학교 4개 등 총 18개 학교가 포진해 있다. 게다가 5호선 목동역을 중심으로 학원들이 밀집해 있어 강남에 못지않은 교육환경을 갖추고 있는 상황이다.

목동 3단지의 경우 지하철역이 다소 멀다는 입지에도 불구하고 영도초등학교와 신목중이 인접해 있다는 이유로 35평형 시세가 6억 3,000만~6억 9,000만원 선에 달한다. 인근 양정고가 위치한 6단지, 진명여고가 위치한 7단지 모두 가격 시세가 목동 내에서도 최고가에 해당될 정도의 시세를 형성하고 있다.

역세권

통상 교통여건이 좋은 아파트는 다른 아파트보다 가격 우위에 있게 마련이다. 여기서 교통여건이 좋다는 것은 교통수단에 대한 접근성이 좋다는 이야기다. 예컨대 지하철 개통 지역 아파트는 잠잠한 부동산시장에서 유독 상승세를 탄다. 단적으로 7호선 개통 구간인 동작구는 2003년 한해 가격 상승률이 9% 선인 데 반해, 이 지역 역세권 아파트는 15%대의 높은 상승률을 보이고 있는 상황이다.

또 수도권 신도시 중 하나인 평촌의 경우 역세권 아파트로 분류되는 평촌역 인근 10분 이내의 아파트는 평당 매매가격이 788만원인 데 반해 도보 10분 이상인 아파트는 평당 매매가격이 710만원 정도에 불과하다. 이 같은 차이는 역세권과 비역세권 아파트의 차이를 극명하게 반영하고 있다.

택지개발지구

택지개발지구에 포함된 아파트냐 아니냐도 가격 변수 요건 중 하나로 들 수 있다. 택지개발지구 내 아파트의 경우 학교, 녹지, 상업지역, 도로 등 도시기반시설이 잘 갖춰져 있어 가격이 높게 마련이다. 서울 지역에서 택지개발지구에 따른 가격 차별화를 단적으로 보여주는 곳은 바로 상암동 택지개발지구다. 현재 상암동택지개발지구 내 아파트 중 월드컵 2단지 33평형 시세는 로열층의 경우 5억원을 호가하고 있다. 이는 인근에 위치한 동일 평형대 신규 아파트 시세 3억 7,000만원보다 1억원 이상이 비싼 시세다.

택지개발지구 포함 여부에 따른 가격 희비는 수도권으로 갈수록 극명하게 엇갈린다. 용인시 수지 1, 2지구 내 삼성아파트 33평형의 경우 평당 900만원 선을 웃돌고 있지만 인근 상현리, 성복리 일대 동일 평형대는 아직도 평당 700만원에 머물러 있는 실정이다.

대단지

아파트 세대수도 무시할 수 없는 가격 변수다. 세대수가 큰 아파트 일수록 단지 내 상가, 아파트 전체 조망을 좌우하는 조경, 체육시설 등이 잘 갖춰져 있기 때문이다.

아파트 브랜드

유사한 입지 여건을 갖췄다고 해도 시공사의 브랜드에 따라 아파트 가격이 달라진다. 분당 서현동에 있는 시범단지의 경우 시범삼성 49평형 시세는 6억 7,000만~7억 5,000만원인 데 반해 시범한양 50평형은 5억 5,000만~6억원 선이다.

개발 호재

가격 변수 요인 중 수요자들이 가장 중요하게 여겨할 것이 바로 개발 호재다. 즉 개발 사업이 이루어지는 곳은 아파트의 희소가치가 커져 투자 대비 수익이 커진다. 서울지역에선 용산 부도심 개발, 뉴타운 지정 등을 꼽을 수 있고, 지방에선 천안 역세권 개발, 행정수도 이전 등을 꼽을 수 있다.

이 밖에 가격을 움직이는 변수로 꼽히는 게 층, 향, 동, 그리고 복도식 여부, 노후화 여부 등이다.

PART 01

분양 받아 새집 장만하기

무주택자 청약통장 날개 달다

청약통장 장롱 속에 처박아두어야 하나

2003년 4월 서울 도곡동 재건축 단지 분양이 있을 때였다. 강남에서 분양하는 마지막 대단지라는 소식에 청약통장을 가진 사람들은 저마다 분양 뉴스에 관심을 기울이고 있었다. 필자가 당시 동네 슈퍼에서 아주머니들이 도곡동 아파트에 대해서 이야기하는 소리를 우연히 듣게 됐다.

"도곡동 아파트에 청약할 거야? 당첨되면 프리미엄이 기본 1억원이라고 하던데……", "당연히 해야지 안 하는 게 이상한 것 아니야. 복권보다 당첨 확률이 높잖아."

필자가 사는 동네에서 도곡동은 서울에서 가장 먼 동네 가운에 하나이다. 당시 강남 도곡 주공 재건축 아파트 최고 청약경쟁률은 자그마치 4,795대 1이었다. 평균 1순위 경쟁률도 430대 1로, 역대 청약 기록을 모두 갈아 치웠다.

청약통장은 아파트를 선분양하는 우리 나라에만 있는 것으로, 주택 공급이 절대적으로 부족하던 시절 꼭 필요한 사람에게 아파트를 공급하기 위해 만든 제도다. 그래서 IMF 이전에는 세대주만이 청약통장에 가입할 수 있었다. 더구나 정부에서 분양가를 규제했기 때문에 청약통장 가입자는 시세보다 싼 가격에 아파트를 분양 받을 수 있었다. 따라서 무주택 세대주들이 꼭 가입해야 하는 필수 상품이었다.

하지만 IMF 경제위기 이후 아파트 미분양이 급증하자 정부는 청약통장 가입 자격을 대폭 완화했다. 세대주가 아니더라도 청약통장에 가입할 수 있게 한 것이다. 아울러 건설업체들의 어려움을 해소해준다는 명분 아래 분양가를 자율화했고 분양권 전매도 허용했다. 이에 따라 청약통장 가입자는 600만 명을 넘어섰고 아파트 분양가는 하늘 높은 줄 모르고 치솟았다.

그래도 최근 몇 년 동안 집값이 크게 오르면서 1순위 청약통장은 귀빈 대접을 받았다. 유명 건설업체에서 분양하는 아파트에 당첨되면 웃돈을 얹어 팔 수 있었기 때문이다. 1순위 청약통장을 들고 있는 사람들은 다들 웃돈을 노리고 아파트 청약에 매달렸다. 주택이 꼭 필요한 사람에게 아파트를 공급한다는 청약제도의 취지는 오간 데 없이 사라져버렸다. '청약통장 무용론' 이 제기될 정도로 청약통장 가입자도 늘어났다. 건설업체에서 아파트 투기 열풍을 틈 타 무자비(?)하게 분양가를 올리면서 소비자들의 부담도 가중됐다.

그렇다면 청약통장은 이제 장롱 속에 처박아두거나 은행을 찾아가 해약하는 것이 올바른 선택일까? 물론 투자가치만 놓고 보면 청약통장의 매력은 예전에 비해 많이 떨어졌다. 하지만 무주택 서민들에게는 여전히 꼭 필요한 존재이다. 이유는 간단하다. 청약통장이 없으면 새 아파트를 분양 받을 수 없기 때문이다.

더구나 정부에서 여러 차례에 걸쳐 청약제도를 무주택 세대주에게 유리하게 개편해 무주택자 청약통장에 날개를 달아주었다. 먼저 2002년 7월부터 투기과열지구에서 35세 무주택 세대주에게 일반분양 물량의 50%를 우선 배정하도록 했다. 투기과열지구에는 서울 및 수도권의 대부분 지역과 대전 및 충청권 일부 지역이 포함된다. 무주택 우선공급 대상자는 5년 동안 주택을 보유한 경험이 없어야 하며, 우선공급 대상 주택은 전용면적 25.7평(분양면적 33평형) 이하로 한정했다. 나아가 2004년 2월부터는 투기과열지구 내 무주택자 우선공급 비율을 75%로 확대됐다.

분양권 전매를 금지한 것도 실수요자에게 유리하게 작용할 것이다. 정부는 2003년 7월부터 투기과열지구 내 분양권 전매를 완전 금지했다. 이에 따라 아파트 청약 시장 거품이 다소 제거되면서 청약경쟁률이 눈에 띄게 떨어졌다. 그만큼 당첨 확률이 높아진 것이다.

무주택자 당첨 확률 높아진다

앞으로 3~4년 사이에 서울과 수도권 무주택자가 청약통장을 이용해 아파트를 장만할 수 있는 기회는 그 어느 때보다 많다. 수도권에서는 대규모 신도시를 비롯한 택지지구 개발이 줄을 잇고 서울에서는 강북 뉴타운 개발이 본격화되기 때문이다. 아울러 그린벨트 해제 지역에 쾌적한 주거 여건을 제공하는 아파트 단지가 들어서고 광명, 아산 등 고속철도 역세권도 대규모 주택 단지로 개발된다. 나아가 국민임대주택 100만 호와 민간임대주택 50만 호 건설계획에 따라 매년 15만 가구에 달하는 임대주택이 쏟아져 나온다.

　이 같은 계획에 따라 공급되는 주택은 무주택자에게 집중 공급된다. 서울과 수도권에서는 전용면적 25.7평 이하 주택의 75%가 5년 이상 무주택자에게 우선공급되기 때문이다. 적정한 수준에서 분양가를 매긴다는 단서가 붙기는 하지만 이들 지역은 모두 주거가치와 투자가치를 겸비하고 있다. 더구나 택지개발지구에서 주택공사나 도시개발공사가 공급하는 주택은 대개 시세보다 분양가가 낮다. 청약통장이 없는 무주택자에게 가입을 종용하는 이유가 바로 여기에 있다.

　※ 부록 참조: 〈표 1〉 2004년 서울지역 분양 물량 현황, 〈표 2〉 2004년 인천지역 분양 물량 현황, 〈표 3〉 2004년 경기 주요 지역 분양 물량 현황

신도시　　　　　　서울 아파트 값이 부담된다면 서울 탈출도 고려해볼 만하다. 목돈을 미처 준비하지 못한 사람이라면 장기적인 자금 마련 계획을 세우고 미리 '입질'을 해두는 것이 좋겠다. 수도권 신도시는 서울에 비해 분양가가 싸서 부담이 덜하고 투자가치도 있다. 신도시는 200만 평이 넘는 대규모 택지개발지구이며 교육시설과 도로, 공원 등 주거 인프라가 잘 갖춰져 있기 때문이다. 더욱이 경기도 화성, 판교, 김포, 파주 등지에 조성되는 신도시는 일산이나 분당 등 기존 수도권 5대 신도시의 단점을 보완해 한 단계 높은 주거 여건을 제공할 것으로 기대된다(자세한 내용은 파트

2 참조).

가장 먼저 선보이는 화성 동탄 신도시에는 모두 4만 가구의 주택이 공급된다. 2004년에 2만 5,197가구가 주인을 찾아 나서고 나머지 1만 4,803가구는 2005년에 분양된다. 제6대 신도시라는 이름에 걸맞게 개발 내용이 탄탄하다.

판교는 제2의 강남이라는 분당 신도시를 뛰어넘는 입지 조건을 갖춘 것으로 평가 받고 있는데, '유망 청약 지역 0순위'라고 하면 다들 판교를 꼽는다. 모두 2만 9,700가구가 공급되는데, 2005년 상반기부터 시범단지 5,000가구를 시작으로 분양이 이루어진다. 나머지 2만 4,700가구는 2006년에 1만 2,000가구, 2007년 1만 가구, 2008년에 2,700가구로 나눠서 분양된다. 입주는 2007년부터 시작된다.

김포 신도시는 4대 신도시 가운데 가장 규모가 크다. 7만 가구가 들어서는데, 2005년 5,000가구를 시작으로 2007년 2만 5,000가구, 2008년 2만 5,000가구, 2009년 1만 5,000가구가 순차적으로 분양된다.

파주는 '남북교류 협력시대의 관문도시'라는 거창한 수식어가 보여주듯이 남북교류 협력 여부에 따라 희비가 엇갈릴 가능성이 높다. 1, 2지구로 나눠서 개발되는데, 1지구는 2005년부터 2007년까지 2만 4,248가구, 2지구는 2006년부터 2009년까지 2만 3,000가구가 각각 분양된다.

택지개발지구　　　　신도시 이외도 서울과 수도권 내 택지개발지구에서 신규 아파트 분양이 줄을 잇는다. 특히 2005년 상반기부터 시작되는 서울 및 수도권 그린벨트 해제지역은 신도시보다는 규모가 작지만 주거 쾌적성과 입지조건을 동시에 갖춘 지역들이 많다. 의왕 청계, 광명 소하, 하남 풍산, 성남 도촌, 의정부 녹양, 고양 행신2지구 등 서울 근교 11개 지역은 주거여건과 투자가치를 고루 갖춘 특급주거지로서 손색이 없다. 하지만 택지개발지구라고 해서 '후회 없는 선택'이 보장되는 것은 아니다. 분양가, 단지규모, 교통망, 서울 접근성 등을 꼼꼼히 따져볼 필요가 있다.

강북 뉴타운 강북 뉴타운 지역도 주택 수요자들의 관심을 끌기에 충분하다. 현재 은평, 왕십리, 길음 등 3곳에서 뉴타운 시범단지 사업이 추진되고 있다. 2003년 11월에 12개 지역을 추가로 뉴타운 사업지구로 지정했고, 2004년 안에 10개 지역을 더 지정할 계획이다. 이렇게 되면 모두 25개 지역이 뉴타운 사업 대상에 포함되는 셈이다. 이들 뉴타운 지역에선 적게는 2,000가구 많게는 2만 가구의 새 아파트가 공급된다. 서울시는 우선 지정된 15개 뉴타운 지역에 대해서는 2004년부터 착공에 들어갈 계획이다.

수도권 2004년 4월 1일 개통되는 경부고속철도는 수도권을 더욱 넓히는 역할을 할 것이다. 고속철도 역사가 들어서는 곳은 특히 서울과 출퇴근이 가능하면서도 집값이 비교적 싼 실수요자들이 관심을 가질 만하다. 고속철도 역세권 개발은 일단 광명과 아산을 중심으로 진행된다. 광명 역세권에는 모두 9,000가구가 들어서며 2005년 상반기부터 분양에 들어간다. 아울러 고속철도 개통으로 새로 수도권에 편입된 아산 역세권에는 1만 2,500가구의 주택이 건설된다. 분양은 2006년 2월부터 시작된다.

수도권 신도시 개발 추진일정(건교부)

구분	개발계획승인	주택분양	준공	주택공급물량
판교	2003년 11월	2005년 6월~	2009년 12월	2만 9,000가구
화성	2001년 12월	2004년 3월~	2007년 12월	4만 가구
김포	2004년 12월	2006년 9월~	2010년 12월	7만 가구
파주	2004년 12월	2006년 10월~	2009년 12월	4만 6,000가구
시화	2005년 12월	2009년 3월~	2013년 12월	미정
아산	2003년 12월	2006년 2월~	2008년 12월	미정

수도권 4대 신도시 개발 계획 비교

구분	면적	세대수	분양시기	예상 분양가	평균 용적률 혹은 인구밀도	녹지율
화성 동탄	273만 평	4만 가구	2004년 4월 이후	650만원	용적률 174%	24.3%
성남 판교	280만 평	2만 9,000 가구	2005년 상반기 이후	1,000만~ 1,200만원	용적률 150%	35%
파주 운정	275만 평	4만 7,000 가구	2005년 하반기 이후	700만원	1ha당 145인	30%
김포 신도시	480만 평	7만 가구	2006년 이후	700~ 750만원	1ha 132인	25%

분양대금 40%만 확보하면 청약에 나서라

1순위 청약통장을 갖고 있으면서도 분양 자금을 충분히 준비하지 못했다고 해서 청약 시기를 계속 미루는 사람들이 있다. 서울에 사는 직장인 황순원(32) 씨는 1순위 청약예금 통장을 2년째 들고 있다. 황 씨는 청약 기회를 차일피일 미루다가 저축도 얼마 못 하고 치솟는 분양가만 원망스러운 눈빛으로 바라봐야 했다. 이제는 아파트 분양가 상승에 제동이 걸렸지만 황씨는 여전히 청약신청을 주저한다. 분양가가 오를 대로 오른 상황에서 청약신청하기가 억울한 것이다. 여전히 33평형 아파트를 분양 받기에는 종자돈이 부족하다는 것이다.

하지만 돈이 없어 분양을 못 받는다는 말 속에서는 함정이 숨어 있다. 돈이 없다는 이유로 아파트 청약신청을 기피하면 저축을 게을리 하게 되고 그 사이에 집값이 올라 '무주택 악순환'에서 벗어나지 못하는 경우가 많기 때문이다. 전세보증금을 포함해 현재 동원할 수 있는 자금이 분양대금의 40% 이상이라면 다소 무리를 해서라도 주택청약에 나서는 것이 좋다.

청약통장을 이용해 아파트를 분양 받으면 2년 6개월에서 3년 먼저 아파트를 사놓게 되는 셈이다. 건설업체에선 대개 분양대금의 20%를 계약금으로 받고 나머지 80%는 중도금과 잔금으로 나눠서 받는다. 분양대금의 60%인 중도금은 3~4개월마다 10%씩 6번 내고 나머지 20%인 잔금은 입주할 때 내면 된다. 이 가운데 계약금 20%와 중도금 두어 번 낼 돈이 있다면 청약통장을 활용할 시기가 된 셈이다.

이때 중도금은 금리가 낮은 대출 상품을 이용하면 된다. 최근 들어 대출해주는 은행보다 건설업체의 입김이 세지면서 중도금 대출 금리가 5%대로 낮아졌다. 심지어 대형 건설업체에서 알선하는 중도금 대출 가운데는 5% 초반 대 금리를 적용 받는 것도 있다. 아직은 자금이 다소 부족하더라도 3년 동안 열심히 저축하면 나중에 입주할 때 분양대금의 60% 정도는 확보할 수 있을 것이다. 분양가의 40% 정도 대출받는 것은 우리 나라 현실에 비춰볼 때 그리 높은 수준은 아니다.

25평형이냐 32평형이냐?

처음 집을 살 때는 언제, 어디서, 어떻게 사느냐뿐만 아니라 몇 평형을 사야 할지도 무척 고민스럽다. 주로 25평형이냐 32평형이냐를 놓고 고민하는 사람들이 많다. 25평형은 좀 좁은 것 같고 자금 사정을 고려하면 32평형은 좀 무리이다. 이럴 때는 어떤 결정을 내리는 것이 좋을까?

김숙자 씨는 올 가을이면 첫 아이를 출산할 계획인데, 25평형을 분양 받을지 32평을 분양 받을지 고민이다. 현재 25평형 시세가 2억원을 약간 웃돌고 있는데 32평형은 3억원 수준이다. 25평형은 대출 없이도 살 수 있지만 32평형을 사려면 1억원 정도를 더 보태야 할 형편이이다.

이때 1억원을 담보대출 받거나 모기지론을 활용하여 자금을 융통, 3년간 보유한다는 가정 아래 손익계산을 해보자. 대출금 이자(7%) 700만원을 3년간 납부하므로 이자총액은 2,100만원이 된다. 집값 상승률이 매년 5%라고 가정한다면 대출금 1억원에 대한 집값 상승이익은 1,576만원이 되므로 이익보다 비용이크다. 집값 상승분으로 이자 비용을 감당하려면 5,000만원 이상 대출 받아서는 곤란하다. 1억원을 대출받으면 집값 상승폭이 적어도 금리 수준인 7% 이상은 돼야 본전이다.

다만 32평형은 전용면적 25.7평 이하로 소득공제 등 세제 혜택을 받을 수 있고 4인 가족이 살기에 부족함이 없다. 따라서 25평형보다는 거래도 활발하다. 분양을 받은 이후 웃돈도 32평형이 25평형도 많이 붙게 마련이다. 단 기존 아파트의 경우는 이미 32평형 프리미엄이 반영돼 있다고 봐야 한다. 아울러 아이를 하나만 가질 계획이라면 25평형도 괜찮지만 둘 이상 가질 계획이라면 32평형 이상이 좋겠다.

당첨 확률 높은 청약통장 만들기

내 몸에 맞는 청약통장

청약통장을 처음 개설하기 위해 은행을 방문한 사람은 우리 나라의 복잡한 청약제도에 혀를 내두르게 마련이다. 은행 직원들도 청약 제도가 자주 바뀌는 바람에 헷갈려 하는 경우가 많다. 따라서 당첨 확률 높은 청약통장을 만들기 위해서는 평소 청약통장과 관련된 여러 가지 사항을 잘 알아두어야 한다. 청약통장은 청약부금과 청약예금, 청약저축으로 나뉜다. 청약통장별로 분양 받을 수 있는 아파트 면적 혹은 종류가 다르고, 저축금 불입 방식에도 차이가 있다. 따라서 자신의 경제적 상황을 감안해 자신에게 맞는 청약통장을 선택해야 한다.

청약부금은 전용면적 25.7평 이하 민간 아파트를 분양 받을 때 사용한다. 한 달에 5만~50만원 범위에서 매달 자신의 여건에 맞게 불입할 수 있는데, 목돈이 부족한 직장 초년병에게 유리하다. 가입 후 6개월이 지나면 2순위, 2년이 지나고 예치금이 300만원(서울 기준) 이상이면 1순위 청약 자격을 얻게 된다.

청약예금은 일정한 금액을 한꺼번에 넣고 예치한 다음 2년이 지나면 1순위 자격이 주어진다. 청약예금 가입자는 모든 평형의 아파트를 분양 받을 수 있으므로 전용면적 25.7평 이상 주택을 분양 받기 위해서는 반드시 청약예금에 가입해야 한다. 지역별로 청약 가능한 아파트 면적은 차이가 있다(표 참조).

청약저축은 무주택 세대주만 가입할 수 있다. 통장 개설 조건이 까다롭기는 하지만 비교적 낮은 가격에 주택을 공급 받을 수 있다. 납입금액도 매달 2만~10만원 사이에서 5,000원 단위로 자유롭게 선택할 수 있다. 1순위가 되려면 납입금액에 관계없이 납입횟수가 24회 이상이면 된다. 다만 동일 순위 내에서 경쟁할 때는 납입금액이 많을수록 그리고 납입기간이 길수록 유리하기 때문에 가급적 최대 불입액인 10만원을 가능한 한 빨리 매달 꾸준히 넣는 것이 중요하다.

청약예금 예치금액에 따른 지역별 청약 가능 면적

전용면적	서울, 부산	기타 광역시	시군 지역
25.7평 이하	300만원	250만원	200만원
30.8평 이하	600만원	400만원	300만원
40.8평 이하	1,000만원	700만원	400만원
40.8평 이상	1,500만원	1,000민원	500만원

전용면적과 분양평형

전용면적	분양면적	전용면적	분양면적
18평	24~25평형	30.8평	38평형
25.7평	32~33평형	40.8평	51평형

청약저축 가입자는 국민주택과 임대아파트를 분양 받을 수 있다. 국민주택이란 건설업체가 국민주택기금의 지원을 받아 공급하는 전용면적 18평 이하의 아파트 또는 국가, 지방자치단체, 대한주택공사, 지방공사가 공급하는 전용면적 25.7평 이하의 주택을 말한다. 아울러 민간 건설업체가 공급하는 전용면적 25.7평 이하 임대주택을 신청하기 위해서도 청약저축이 필요하다.

청약저축 귀한 몸 된다

청약통장을 개설하기 위해 은행을 방문하면 대개 민간 건설업체에서 분양하는 아파트 청약 자격을 주는 청약예금이나 청약부금을 권한다. 주택 수요가 많은 서울과 수도권에서는 주택공사나 지방공사보다 민간 건설업체가 더 많은 주택을 공급하기 때문이다. 더구나 청약저축은 국민은행에서만 가입할 수 있으므로 국민은행 이외의 은행에 가면 당연히 청약부금이나 청약예금 가운데 하나를 선택해야 한다. 담당 직원은 청약저축에 대해서는 잘 모를 뿐만 아니라 알고 있더라도 굳이 설명할 필요성을 느끼지 못한다.

실제 청약저축 가입자는 청약부금이나 청약예금보다 훨씬 적은 것으로 조사됐다. 2003년 8월. 말 기준으로 볼 때 청약부금과 청약예금 가입자는 각각 267만 명, 230만 명이지만 청약저축은 절반에도 못 미치는 111만 명이다. 1순위자의 경우 더욱 차이가 벌어진다. 청약부금과 청약예금은 각각 78만 명, 105만 명이지만 청약저축은 19만 명에 불과하다.

무주택 세대주라면 비교적 당첨 확률이 높은 청약저축에 가입해놓는 것이 좋다. 2004년 이후에는 매년 15만 가구에 달하는 국민임대주택과 민간임대주택이 공급되기 때문이다. 향후 아파트 공급물량의 30~40%를 차지하는 엄청난 물량이다. 임대주택은 보증금과 월세가 시세의 60~70% 수준이라서 주거비용을 줄이는 데 큰 역할을 한다. 나아가 일부 임대 아파트는 임대기간(5~10년)이 끝나면 우선적으로 분양을 받을 수 있어 내 집 마련 징검다리로 삼기에 충분하다.

또한 청약저축 가입자는 대한주택공사나 도시개발공사에서 분양하는 전용면적 25.7평 이하 주택에 청약신청을 할 수 있는데, 공사에서 분양하는 공공분양 주택은 시세보다 10~20% 정도 싸게 집을 장만할 수 있다는 장점이 있다. 게다가 청약저축 1순위 자격이 생기면 청약예금으로 바꿀 수 있다. 처음에는 공공주택을 노리다가 사정이 바뀌면 민간 분양 아파트로 목표를 돌릴 수도 있는 것이다. 이에 비해 청약부금이나 청약예금은 청약저축으로 전환할 수 없다.

청약저축, 청약부금 모두 가지기

청약저축과 청약부금 두 통장을 모두 가지려면 어떻게 해야 할까? 만일 세대주가 청약저축에 가입했다면 다른 가족은 청약부금이나 청약예금에 가입한다. 이를 테면 무주택 세대에서 남편이 세대주라면 우선 남편 명의로 청약저축에 가입한 뒤 아내 명의로 청약부금에 가입하면 한 세대에 청약저축과 청약부금을 함께 가질 수 있다. 이때 세대주는 꼭 남편이어야 할 필요는 없고 아내가 되어도 무방하다. 이런 방식으로 청약통장 포트폴리오를 짜면 임대주택과 공사에서 분양하는 공공분양 아파트, 민간 건설 아파트에 모두 도전할 수 있다.

청약저축은 세대주만 가입할 수 있고 청약부금이나 청약예금은 만 20세 이상인 사람이면 누구나 가입할 수 있다. 따라서 세대주가 청약부금이나 청약예금에 가입했더라도 다른 세대원이 청약저축에 가입할 수는 없다. 참고로 한 사람이 여러 개의 청약통장에 가입하는 것도 불가능하다.

만약 세대주가 이미 청약부금이나 청약예금에 가입했다면 어떻게 하는 것이 좋을까? 가입한 지 얼마 안 된 통장이라면 과감히 포기할 수 있지만 이미 2년 동안 보유해 1순위 자격을 얻었다면 버리기 아까울 것이다. 이때는 청약통장 명의 변경 제도를 이용해 1순위 통장을 살리면서 동시에 세대주가 청약저축에 가입할 수도 있다.

청약통장은 2000년 3월 26일부터 명의변경을 할 수 있게 됐다. 다만 2000년 3월 26일 이전 가입자와 이후 가입자의 변경 허용 기준이 다르다. 이전 가입자는 가입자 사망, 세대주 변경, 결혼으로 인한 분가 등의 사유가 있을 때 가족에게 명의를 변경할 수 있지만 2000년 3월 26일 이후 가입자는 본인이 사망했을 때만 명의를 변경할 수 있다.

청약부금이나 청약예금 가입자가 결혼해서 세대주가 됐다면 명의 변경 사유에 해당되므로 배우자 명의로 통장을 바꾼 뒤 자신의 명의로 청약저축에 가입할 수 있다. 다만 본인이 가입한 청약부금이나 예금의 가입 일자가 2000년 3월 26일 이전일 때만 가능하다.

한 세대에서 청약저축,
무주택 우선공급 동시에 챙기기

화성, 판교, 김포 등 택지개발지구에서 청약통장을 이용해 공공주택을 분양받거나 무주택 우선공급제도를 활용해 민간 건설주택을 공급 받는 두 가지 전략을 함께 사용할 수 있다면 내 집 마련 기회는 훨씬 넓어진다. 다만 한 세대에 세대주는 한 명이다. 원칙적으로 한 세대에서 함께 청약저축과 무주택 우선공급 혜택을 누릴 수는 없다. 하는 수 없이 둘 중에 하나는 포기해야 할까? 방법이 전혀 없는 것은 아니다. 다소 편법이긴 하지만 부부가 둘 다 세대주가 될 수 있기 때문이다.

서울 성북구에 사는 김성수(34) 씨 부부는 남편이 청약저축, 부인이 청약부금 통장을 갖고 있다. 두 사람은 판교 신도시에서 분양하는 아파트를 노리고 있다. 하지만 판교를 노리고 있는 사람들이 너무 많아 고민이다. 그래서 김씨 부부는 세대를 분리하는 방법을 택했다. 부부 관계를 유지하면서도 서로 주소지가 다르면 세대 분리가 가능하기 때문이다. 일단 부인이 주소지를 친정으로 옮기고 남편은 현 거주지를 유지했다. 두 사람이 별거 상태에 들어간 것은 아니고 부인이 주소만 옮겨놓은 것이다. 이런 방식으로 김씨가 갖고 있는 청약저축을 유지하면서도 부인은 1년 뒤 무주택 우선공급 혜택을 누릴 수 있게 됐다.

하지만 부인이 주소만 옮겨놓았기 때문에 다소 불편함을 감수해야 한다. 공과금이 친정으로 가기 때문이다. 아울러 주소만 옮겨놓는 것은 일종의 위장 전입이라서 문제가 될 수 있다. 물론 아주 특별한 경우가 아니면 실제 거주지와 주소지를 확인하는 일은 없지만 말이다.

평형 변경, 청약통장 두 배 활용하기

　회사원 정순철(33) 씨는 결혼한 지 6년된 맞벌이 부부다. 아직 집이 없는 그는 상암지구 아파트를 분양 받아볼까 고민 중이다. 상암지구는 월드컵경기장을 비롯해 월드컵공원, 하늘공원, 난지천공원 등 대형 공원이 즐비해 많은 사람들이 관심을 갖는 지역이다. 물론 경쟁률은 높겠지만 혹시 행운이 따라 당첨될 수도 있지 않겠는가? 더구나 상암지구 아파트 분양권에 1억~2억원의 프리미엄이 붙었다는 뉴스는 정씨의 마음을 더욱 설레게 했다. 하지만 막상 아파트 분양 계획을 보곤 실망할 수밖에 없었다. 상암지구 일반분양 아파트는 모두 42평형이라 1,000만원짜리 청약예금이 필요했다. 그는 전용면적 25.7평 이하 아파트에만 청약할 수 있는 청약부금 가입자였던 것이다. 하지만 방법이 없는 것은 아니다. 청약통장은 평형 변경이 가능하다.

　청약저축이나 청약부금에 가입하여 2년 뒤 1순위 자격을 얻으면 청약예금으로 바꾼 뒤 예치금을 늘려 평형 변경을 시도할 수 있다. 다만 예치금을 늘린 뒤 1년이 지나야 해당 평형대에 청약신청을 할 수 있다. 이를 테면 정씨의 경우 청약예금으로 바꾼 뒤 예치금을 1,000만원 늘리더라도 1년 뒤에야 42평형에 도전할 수 있는 것이다. 아울러 1,000만원까지 예치금을 늘리면 전용면적 30.8평 이하 아파트에는 청약신청을 할 수 없다. 다만 예치금을 600만원까지 늘리면 전용면적 30.8평 이하는 모두 청약신청이 가능하다. 평형을 한번 바꾼 뒤에는 2년 안에 다시 평형을 변경할 수 없다는 사실도 염두에 두어야 한다. 단, 평형을 낮춘 경우에는 바로 해당 평형에 청약신청 자격을 준다.

고수들이 들려주는 이럴 땐 이렇게

청약통장 제대로 활용하기

Q 부부가 모두 청약부금과 청약예금에 가입해 조만간 1순위가 됩니다. 청약통장 가운데 하나를 포기하고 새로 청약저축에 가입해야 할까요?

A 이럴 때는 자신의 자산이나 소득이 얼마나 되는지에 따라 결정하는 것이 좋습니다. 서울 지역의 경우 아파트 분양가가 비싸 평당 분양가가 1,000만원에 달할 정도입니다. 따라서 민간 건설업체의 비싼 분양가를 감당하기 어렵다고 판단될 경우에는 청약저축 가입이 필수적입니다. 하지만 임대아파트나 공공분양 아파트를 원하지 않는다면 조만간 1순위가 되는 청약부금이나 청약예금을 굳이 청약저축으로 바꿀 필요는 없습니다. 더구나 청약저축은 보유기간이 길수록 유리합니다. 결국 모든 경우에 있어 청약저축이 최선은 아닌 셈입니다.

Q 중소 평형 아파트와 대형 평형 아파트를 동시에 겨냥하고 싶은데 어떻게 해야 하나요?

A 청약저축과 청약부금 그리고 청약예금을 적절히 활용하면 얼마든지 중소 평형 아파트와 대형 평형 아파트를 동시에 노릴 수 있습니다. 예컨대 남편은 300만원이 예치된 청약부금 통장을 갖고 있고 부인은 1,000만원짜리 청약예금 통장을 갖고 있으면 분양면적 30평형대와 분양면적 40평형 이상을 동시에 노릴 수 있습니다. 아울러 한 사람이 청약예금 600만원이 예치된 청약예금 통장을 들고 있으면 40평형대 이하는 모두 청약신청할 수 있습니다.

Q 한번 당첨된 청약통장은 다시 사용할 수 없나요?

A 청약통장에 한번 당첨되면 5년 동안은 쓸 수 없습니다. 심지어 당첨된 이후 계약을 포기하더라도 마찬가지입니다. 만약 예비 당첨자로 이름이 올랐다가 당첨된 사람이 계약을 포기해 아파트를 분양 받게 되는 경우에는 어떻게 될까요? 이때도 역시 앞으로 5년 동안은 청약통장 1순위 자격을 얻을 수 없게 됩니다. 다만 미분양 아파트를 분양 받으면 1순위 자격을 계속 유지할 수 있습니다.

미분양 : 건설업체에서 소비자들을 대상으로 분양을 했지만 신청자가 적어 남은 물건.

미계약 : 소비자들에게 분양이 됐지만 당첨자가 자금 사정이 좋지 않거나 동 혹은 층, 방향 등이 마음에 들지 않아 계약을 포기한 물건.

Q 현재 27세된 직장인입니다. 부모님과 떨어져 혼자 살고 있는데 청약저축에 가입하고 싶습니다. 가능할까요?

A 만 20세 이상이면서 부모님과 주소가 다른 경우 단독 세대주로 인정 받을 수 있으므로 청약저축 가입이 가능합니다.

아파트 청약, 이것만은 알고 가자

내 청약통장, 진정한 1순위인가?

청약부금 1순위자이면서 서울에 사는 사람이 청약경쟁률 3대 1인 경기도 광명에서 분양하는 아파트에 청약신청하면 당첨 확률이 얼마나 될까? 당첨 확률은 거의 제로에 가까울 것이다. 광명시에 경부고속철도 역사가 들어서게 되어 인기가 급부상하고 있기 때문만은 아니다. 광명에서 분양하는 아파트는 광명 지역 거주자에게 우선적으로 공급되기 때문이다. 서울 동시분양도 마찬가지다. 서울 주민들에게 우선공급되고 경기도 주민들에겐 나중에 공급된다. 청약 1순위 자격은 원칙적으로 자신이 거주하는 시군 지역에 한정되기 때문이다.

다만 주택수요가 많은 서울과 수도권에 한해서 예외적으로 다른 지역 거주자에게도 청약신청 자격을 주고 있다. 그러나 해당 시군 지역 1순위 청약통장 보유자부터 우선공급하고 남은 물량을 다른 지역 거주자 1순위자에게 배정한다. 서울을 비롯해 인천, 성남, 용인, 광명 등 주택수요가 많은 곳은 청약통장 1순위자들이 많아 다른 지역 1순위 통장은 거의 힘을 발휘하지 못하는 실정이다.

해당 지역에 살지 않아도 길은 있다

그렇다면 해당 지역 거주자가 아니면 당첨의 꿈을 접어야 할까? 20만 평 이상 규모로 조성되는 택지개발지구에선 30%만 현지 거주자에게 우선공급된다. 신도시는 대개 100만 평 이상이고 3만 가구 이상 분양하기 때문에 다른 지역 거주자에게 돌아가는 물량이 많다. 다만 신도시 이외의 택지개발지구의 경우 개발 계획을 건설교통부 홈페이지(www.moct.go.kr)를 통해 확인해볼 필요가 있다.

당첨 확률을 높이기 위해 해당 지역에 주소를 옮겨놓는 방법도 있다. 서울 지역의 경우 아파트 입주자 모집 공고일 직전까지만 주소를 옮기면 실질적인 1순위 자격을 얻을 수 있다. 다만 서울 이외 수도권 인기 지역에선 공고일 이전까지 일정 기간 거주하고 있어야 한다는 조건이 있다. 이를 테면 남양주, 구리, 용인, 하남, 화성 등은 1년 이상 거주해야 하고, 인천과 수원도 최소한 3개월 이상은 살아야 한다(지역별 거주요건은 해당 지역 지방자치단체장이 필요에 따라 바꿀 수도 있으므로 수시로 확인해야 한다).

연고만 있으면 주소를 옮기는 일이 그리 어려운 것은 아니다. 연고가 없는 경우 현지 부동산중개업소에 '떡값' 정도 주고 주소를 옮겨놓는 일도 종종 있다. 하지만 이런 방식으로 당첨 확률을 높이는 것은 문제가 될 수 있다. 지역 거주자에게 우선권을 주는 것은 해당 지역 실수요자를 투기 수요로부터 보호하기 위함인데, 위장 전입하는 것은 해당 지역 거주자에게 피해를 주는 셈이다. 이 때문에 지방자치단체에 위장 전입과 관련된 민원이 제기되기도 한다. 위장 전입을 통해 아파트에 당첨됐다는 사실이 밝혀지면 당첨이 취소됨은 물론 청약통장 효력도 사라지게 되므로 신중하게 판단해야 한다.

엄격해진 1순위 자격

청약제도가 점차 1순위 자격을 엄격히 제한하는 쪽으로 바뀌고 있다. 2002년 9월 4일 이후 청약통장에 가입한 사람은 세대주가 아니면 2년이 지나도 투기과열지구에선 1순위 자격을 얻을 수 없다. 청약부금이나 청약예금에 가입할 수 있게 해놓고 청약통장 사용을 원천봉쇄한 셈이다.

그리고 2002년 10월 29일부터는 가족(주민등록세대) 가운데 한 명이라도 최근 5년 동안 당첨된 적이 있으면 나머지 세대원은 1순위 자격을 상실한다. 예비 당첨자가 분양을 받은 경우도 마찬가지다. 아울러 주택조합에 가입한 경우에도 사업계획 승인일, 재개발 조합원은 관리처분 확인가일 이후부터는 한번 분양 받은 것으로 간주된다. 마지막으로 두 채 이상 주택을 소유한 가구주나 그 가족도 투기과열지구에서는 1순위에서 빠지게 된다.

나는 집에서 청약한다

청약예금에 가입한 지 꼬박 2년을 기다린 끝에 1순위 자격을 얻은 신대희(34) 씨. 난생 처음 청약통장을 사용할 기회가 온 것이다. 서울 남가좌동 ㅅ아파트를 분양 받을 계획을 세운 신씨는 청약신청 당일 회사에서 가까운 ㄱ은행을 찾아갔지만 신청을 포기하고 되돌아와야만 했다. 신청자가 너무 많았기 때문이다. 업무 중간중간 어렵게 짬을 내 몇 번 더 가봤지만 기다리는 사람은 되레 늘어나 있었다.

실제로 인기 지역 아파트를 분양 받으려면 몇 번씩 '당첨의 문'을 두드려야 한다. 이럴 때마다 청약통장, 신분증, 주민등록등본을 싸들고 은행을 찾아가는 게 여간 번거롭지 않다. 게다가 신청자가 몰리면 2~3시간씩 기다리는 것은 기본이다. 성가시고 번거로운 청약을 간단히 할 수 있는 방법은 없을까. 인터넷 청약이 정답이다. 인터넷 청약을 이용하면 집이나 사무실에서도 손쉽게 청약신청을 할 수 있다.

인터넷 청약을 이용하려면 우선 청약통장 가입 은행에 인터넷뱅킹 회원으로 가입한다. 이때 은행 전산시스템에 청약자격을 등록해놓아야 한다. 주민등록등본, 신분증, 예금인장, 청약통장 등 준비 서류를 들고 가까운 지점을 찾아가면 회원 가입과 청약자격 등록을 한꺼번에 처리할 수 있다. 이때 무주택자라면 우선공급 대상자라는 사실을 함께 등록해두는 점도 잊지 말아야 한다.

등록을 마쳤다면 이제 인터넷으로 청약신청을 해보자. 단 1분 만에 신청을 끝낼 수 있다. 과거에는 신청 당일 이용자가 급증해 접속이 안 되는 일이 잦아 인터넷 청약을 기피하는 사람들이 많았던 것이 사실이다. 하지만 최근 서버 용량을 늘리면서 불편함이 없어졌다.

국민은행 청약통장 가입자는 국민은행 홈페이지(www.kbstar.com)에서 신청하면 된다. 우선 인터넷뱅킹 사용자 인증서 암호를 입력한 다음 입주자 모집공고에 나와 있는 아파트 코드와 주택관리번호를 입력하고, 마지막으로 청약신청 내용을 확인하면 '끝'이다. 조흥은행, 하나은행, 신한은행, 한미은행 등 다른 시중은행 가입자는 금융결제원에서 관리하는 인터넷 주택청약 사이트(www.apt2you.com)를 이용하면 된다. 청약절차는 국민은행 홈페이지를 이용할 때와 똑같다.

심지어 요즘에는 인터넷 동영상을 통해 모델하우스를 소개하는 업체들도 생겨났다. 중소형 건설업체에서 100가구 이하를 분양할 때 이같은 방식을 택하는 경우가 많다. 마케팅 비용을 줄일 수 있어 분양가를 낮추는 효과가 있지만 단지 규모가 작고 건설업체 브랜드가 약하면 투자가치가 떨어지는 만큼 옥석을 가리는 지혜가 필요하다.

모델하우스 실속 정보 챙기기

결혼식장에서 만나는 신부는 한결같이 아름답다. 웨딩드레스를 입고 신부화장을 해서 그렇기도 하지만 사랑하는 사람과 평생을 함께하는 뜻 깊은 자리이기 때문이기도 하다. 아파트가 지어지기 전에 건설업체들이 선보이는 모델하우스도 마찬가지다. 화려한 장식 탓에 좋아 보이기도 하지만 생애 처음으로 내 집을 갖게 된다는 설렘 때문에 더욱 좋아 보인다.

모델하우스를 처음 찾는 사람은 눈이 휘둥그레지게 마련이다. 원목이 깔린 바닥은 특급 호텔에 온 듯한 느낌을 주고, 거실과 발코니도 시원하게 터 25평형도 30평형대처럼 넓어 보인다. 63인치 PDP 텔레비전과 최고급 냉장고, 화려한 가구. 여기에 산뜻한 조명과 고급 장식품이 조화를 이루어 화려하기 그지없다. 이러한 '신부화장'에 눈이 멀어 장작 실속을 따져보지 못하는 경우가 다반사다. 궁합이 맞는 아파트를 고르기 위해선 우선 신부화장을 걷어내야 한다. '화장발'에 속아 결혼했다가 첫날밤에 후회했다는 이야기도 있지 않은가.

우선 고개를 모로 꼬고 모델하우스의 과장된 표정을 꼼꼼히 뜯어봐야 한다. 원목 바닥재는 최고급 아파트가 아니라면 전시용이라고 봐도 무방하다. 대형 냉장고나 PDP 텔레비전 등 첨단 가전제품, 식탁, 소파 등 가구류도 대체로 전시를 위한 것이다. '빌트인'으로 가전이나 가구를 설치해주기도 하지만 비용이 분양가에 포함되게 마련이다.

게다가 확장형 발코니 시공으로 거실이 넓어 보이지만, 이를 위해서는 500만원 안팎의 공사비를 따로 부담해야 한다. 많은 사람들이 입주 후 확장공사를 하기도 하지만 사실 발코니 확장공사는 아파트 불법개조에 해당된다.

수납공간이 충분한지 여부도 중요한 점검 사항이다. 식탁 놓을 자리는 충분한지, 냉장고 자리가 편리한 곳인지, 온도 조절기가 방마다 설치돼 있는지도 확인한다. 이렇게 내부전시관을 둘러본 뒤 입주할 때의 모습을 머릿속으로 그려본다. 탁 트였던 발코니를 원래 모습대로 되돌려놓고, 가구와 가전제품을 배치하고 나면 모델하우스 모습과 실제 모습은 크게 달라진다.

내부전시관을 보는 안목이 생겼다면 바깥으로 시선을 돌려보자. 어찌 보면 내부 모습보다 더 중요한 것은 해당 지역의 주변 환경이라고 할 수 있다. 모델하우스 분양사무실에 걸려 있는 광역지도를 보며 교통·교육여건과 할인점, 공원 등 편의시설을 점검한다. 앞으로 예정된 개발 계획도 확인한다. 새 도로가 뚫리거나 기존 도로를 넓히거나 하면 교통여건이 좋아질 수 있다. 아울러 주변여건을 개선시키는 시설이 들어오는지 혐오시설이 들어서는지도 확인한다.

그 다음으로 모델하우스 입구에 모형으로 만들어놓은 단지배치도와 아파트평면도를 살핀다. 단지배치도에서는 일반 분양 아파트의 동과 층, 방향을 확인한다. 서울 지역에 공급하는 아파트는 대부분 재개발·재건축이라 일반분양분의 경우 조합원 몫에 비해 위치가 좋지 않을 수도 있으므로 세심한 관찰이 필요하다. 상가나 놀이터 등 단지 안 시설도 편리하게 연결돼 있는지 점검해볼 필요가 있다.

평면설계도에서는 대지면적에 비해 건폐율과 용적률이 얼마나 되는지를 살펴본다. 대지면적은 하늘에서 내려다보이는 땅의 수평 면적을 말하며, 건폐율은 건축물이 땅위를 차지한 면적을 말한다. 건폐율이 낮으면 그만큼 녹지공간이나 공원, 자전거 도로 등 쾌적한 주거 여건을 제공할 수 있다. 반대로 건폐율이 높으면 건물이 빽빽이 들어서 있어 답답하게 마련이다. 용적률은 땅 크기에 비해 얼마나 많은 면적이 이용되고 있는지를 보여주는 수치다. 다시 말해 대지면적에 대한 건축물의 연면적 비율을 용적률이라고 말한다. 용적률이 너무 높으면 주거 쾌적성이 떨어지고, 각 세대당 대지지분이 작아 차후 재건축은 기대하기 힘들다.

아파트는 우등재, 주상복합은 열등재?

2004년 3월부터 20세대 이상 주상복합아파트도 일반 아파트와 동일한 규제를 받게 되었다. 청약통장이 있어야 분양을 받을 수 있으며 서울과 수도권 등 투기과열지구에선 분양권 전매도 금지된다. 또 주상복합아파트는 지역별 아파트 동시분양에 참여하게 된다.

주상복합아파트는 주택과 상업 및 업무시설이 한 건물 안에 들어선 것을 말한다. 순수하게 주택만으로 이루어진 아파트와는 엄연히 다르다. 상업지역이나 준주거지역에 지어지는 경우가 많아 높은 용적률을 적용 받는다. 다시 말해서 30, 40층 이상 고층으로 집을 지을 수 있다는 이야기다. 이에 비해 주거지역에서 공급되는 아파트는 상대적으로 낮은 용적률을 적용 받는다.

규제를 받기 전까지 주상복합아파트는 투자 상품으로 큰 인기를 모았다. 아울러 주택 이외 생활 편의시설이 한 건물에 있어 편리하다는 장점이 있다. 여기에 고층 주상복합아파트 위층에선 도시를 한눈에 내려다보는 즐거움도 빼놓을 수 없다.

하지만 주상복합아파트는 같은 평형의 아파트에 비해 주거 공간이 좁다는 단점이 있다. 다시 말해 분양면적에 비해 거실, 주방, 침실, 욕실 등 각 가구가 독립적으로 사용하는 공간인 전용면적이 좁다. 주거 공간 이외 부대시설이 한 건물 안에 있기 때문이다.

일반적으로 아파트는 분양면적 대비 전용면적 비율이 80% 안팎이다. 이에 비해 주상복합아파트는 대체로 60~70% 선이다. 다만 같은 주상복합아파트라 하더라도 전용면적 비율이 큰 차이를 보이기 때문에 꼼꼼히 비교해볼 필요가 있다.

환금성도 아파트에 비해 떨어진다. 아파트는 대표적인 주택 유형이기 때문에 거래가 활발하지만 주상복합은 그렇지 않다. 특히 타워팰리스나 아크로빌, 하이펠리온 등 도심 내 주상복합아파트는 주로 대형 평형으로 지어져 수요층이 한정되어 있다. 어떤 상품이든 거래량이 많아야 안전하다는 점을 염두에 두어야 한다.

아울러 주상복합아파트의 경우 관리비도 일반 아파트에 비해 비싼 편이다. 일반 아파트는 지역별로 관리비가 표준화되어 있지만 주상복합아파트는 사업 시행업체에서 임의대로 결정하는 경향이 있다. 헬스장이나 수영장 등 부대시설 이용료가 관리비에 포함되는 경우도 있다.

마지막으로 고층으로 지어지는 경우 용적률이 높아 나중에 재건축을 하기도 힘들다. 주상복합아파트는 건물의 노후화가 진행될수록 가치가 떨어질 가능성이 높은 셈이다.

물론 입지 조건이 좋은 경우에는 일반 아파트 못지않은 주거가치와 투자가치를 제공하기도 하지만 일반적으로 주상복합아파트는 일반 아파트보다 주거가치나 투자가치가 떨어진다고 볼 수 있다. 주상복합아파트가 주로 일반 아파트를 지을 수 없는 지역에 들어선다는 사실만 봐도 알 수 있다.

아파트 분양가 따져보자

청약을 자제해야 할 때

사람들이 아파트를 분양받고자 하는 가장 큰 이유 중의 하나는 새 집을 시세보다 싸게 장만할 수 있다는 것이다. 하지만 주변 시세보다 분양가가 올라가기 시작하면서 분양에 대한 매력이 예전 같지가 않다. 2004년에 들어서면서 건설업체에서 분양가를 낮추려는 움직임이 있기는 하지만 여전히 주변 시세보다 10~20% 높게 책정되는 경우가 많다. 아파트를 분양 받으면 무조건 남는 장사라는 공식이 더 이상 통하지 않게 된 것이다. 청약경쟁률이 하락하고 서울 지역에서도 무더기 미분양 아파트가 속출하고 있는 것만 봐도 이를 알 수 있다.

물론 새 아파트는 평면 설계나 단지 내 시설, 마감재가 기존 아파트보다 좋은 편이기 때문에 약간 웃돈이 붙는 경향이 있다. 3년 뒤에 입주한다고 보면 대개 평당 매매가는 20만~30만원 정도 차이를 보인다. 따라서 30평형 기준으로 보면 600만~900만원 정도 새 아파트 프리미엄이 붙는 셈이다.

그러나 아파트 건축 기간 동안 금융비용을 소비자가 지불해야 한다는 점을 감안해야 한다. 아파트를 분양 받으면 보통 분양가의 20%를 계약금으로 내고 분양가의 60% 수준인 중도금을 여섯 차례에 나누어 내야 한다. 나머지 분양 대금은 입주할 때 지불한다. 계약금과 중도금을 대출 받는 것으로 가정하고 기회비용을 따져볼 필요가 있다. 당장 계약금과 중도금을 낼 돈이 있더라도 지금 아파트를 분양 받으면 3년 뒤에나 입주할 수 있기 때문이다.

예를 들어 2억원에 아파트를 분양 받으면 중도금 이자로 약 1,000만원, 계약금 이자로는 약 720만원을 내야 한다(대출 기간 3년, 금리 6%로 가정). 신규 입주 아파트를 구입할 때보다 금융비용으로 1,720만원을 더 지불하는 셈이다. 결론적으로 따져보면 아파트에 '금칠'을 하지 않은 이상 분양 가격이 주변 신규 입주 아파트보다 비싸면 청약 신청을 자제하는 것이 좋은 셈이다.

인근 지역에 입지 조건이 비슷한 신규 입주 아파트가 있다면 가장 좋은 비교 대상이 될 것이다. 실제로 부동산뱅크(www.neonet.co.kr)의 조사에 따르면, 2003년 상반기에 입주한 아파트의 평당 매매가는 1,033만원으로 2003년 상반기 평당 분양가와 비슷한 수준인 것으로 나타났다. 주변에 신규 입주 아파트가 없다면 입수한 지 얼마나 안 되는 아파트와 비교해보는 것이 좋다. 물론 이때는 건설업체 브랜드, 지하철과의 거리나 단지 규모 등 입지조건을 함께 고려해야 할 것이다. 여기서 한 가지 더 유의해야 할 것이 있다. 분양 시기에 따라 아파트 평형 기준이 다르다는 점이다.

새 아파트는 기존 아파트보다 넓다?

흔히 새로 지은 아파트는 같은 평형이라도 기존 아파트보다 넓게 느껴진다는 이야기를 많이 한다. 이는 새 아파트와 기존 아파트의 평형기준이 다르기 때문이다. 1998년 10월 이후 건축허가를 받은 아파트부터는 '안목치수'를 적용했다. 안목치수란 벽 면적을 제외하고 평형을 계산하는 것을 말한다. 30평형 아파트를 기준으로 안목치수를 적용한 아파트는 기존 아파트보다 실평수가 2평가량 넓다.

아울러 2000년 5월(분양 기준)부터는 아파트 지하대피소를 분양 평형에 포함하지 않았다. 참고로 건설업체는 건축법에 따라 아파트 연면적 15분의 1에 해당하는 공간에 지하대피소를 만들어야 한다. 따라서 같은 30평형이라도 새로운 평형기준을 적용한 아파트는 실평수가 1~2평가량 넓다. 달라진 평형기준은 시세에도 영향을 준다. 새 아파트는 같은 평형이라도 실제 거주공간이 더 넓기 때문에 값이 약간 비싸다. 그러므로 분양가가 주변 시세보다 다소 높더라도 집을 싸게 마련할 수 있는 여지는 아직 남아 있는 셈이다.

그럼 어느 정도면 적정 수준일까? 1998년 10월 이전에 분양한 아파트의 현재 시세와 비교할 때(32평형 기준) 분양가가 10% 정도 높아도 괜찮다. 안목치수와 지하대피소면적까지 고려하면 3평가량 더 넓은 셈이기 때문이다. 1998년 이후 건축허가를 받은 아파트로서 2000년 5월 이전에 분양한 아파트와 비교할 때는 5% 정도 높아도 비슷한 수준으로 봐야 한다. 하지만 2000년 5월 이후 분양한 아파트보다 비싸다면 청약통장 사용에 신중할 필요가 있다.

아리송한 아파트 면적 용어

전용면적 ○○평, 서비스면적 ○○평, 계약면적 ○○평…… 아무리 들여다봐도 잘 구분이 안 된다. 하지만 아파트 분양 받을 때 이런 용어들을 정확히 알아두어야 후회가 없다.

'전용면적'은 거실, 주방, 침실, 욕실 등 각 가구가 독립적으로 사용하는 공간, 즉 순수한 내부면적이다. 아파트를 분양 받을 때 청약신청 가능 여부를 가늠하는 기준이 된다. 예컨대 청약부금이나 청약저축 가입자는 전용면적 25.7평 이하의 주택에만 청약신청을 할 수 있다. 아울러 각종 세제 혜택이 주어지는 기준이 되기도 한다. 국민주택기금의 지원을 받거나 장기담보대출을 통해 소득공제를 받으려면 전용면적 25.7평 이하여야 한다.

'분양면적'은 전용면적에 엘리베이터, 계단, 복도 등 여러 세대가 같이 쓰는 공간인 '주거공유면적'을 더한 것으로, 주거공유면적이 다르면 전용면적이 같아도 분양면적에 차이가 난다. 예컨대 전용면적 25.7평이라도 어떤 것은 32평형이고 어떤 것은 34평형이 되는 것이다. 계단식 아파트보다는 복도식 아파트가, 아파트보다는 주상복합이나 오피스텔이 주거공유면적이 넓어 같은 평형이라도 전용면적이 훨씬 좁다.

분양면적에는 포함되지 않지만 베란다, 지하주차장, 기타 공유면적 등 '서비스면적'도 잘 살펴야 한다. 내부면적은 같아도 서비스면적은 서로 다를 수 있다. 분양면적 35평형이라도 '계약면적'이 어떤 것은 45평이고 어떤 것은 48평일 수 있다. 계약면적을 기준으로 분양가를 제시하는 곳도 있으므로 주의해야 한다. 계약면적으로 분양가를 계산하면 평당 분양가가 낮은 것처럼 보이기 때문이다. 원칙적으로 분양가는 '평형'이라고 불리는 분양면적을 기준으로 산정한다.

단독주택을 꿈꾸는 이들에게

투자가치는 아파트에만 있는 것은 아니다

인터넷 포털 사이트 다음(www.daum.net)에 무엇이든지 아껴 쓰는 사람들의 모임인 '짠돌이' 카페가 있다. 짠돌이 카페의 운영자는 '대왕소금'이라고 불리는 이대표(28) 씨다. 이름부터 회장격인 그는 '10만원으로 한달 살기'라는 도전을 통해 직장생활 3년 만에 혼자 힘으로 그림 같은 2층 집을 지은 입지적전인 인물이다.

그가 짠돌이 생활을 하기 시작한 것은 가족들과 함께 살 집을 짓기 위한 돈을 모으기 위해서였다. 여자친구와 함께 일산에 있는 고급 단독주택가에 갔다가 "나도 이런 집을 짓고 살고 싶다"고 생각했다고 한다. 소문난 짠돌이인 그가 선택한 것은 아파트가 아닌 단독주택이었다. 투자가치를 고려하면 무조건 아파트를 사야 한다는 상식은 그에게 통하지 않았다.

그는 3년 안에 돈을 모아 집을 짓고 여자친구와 결혼한다는 목표를 세운 뒤 곧바로 실천에 들어갔다. 목표 달성을 위해 허리띠를 바짝 졸라맸다. 당시 그의 한달 생활비는 10만원 안팎. 흥청망청(?) 쓴 달도 15만~16만원 수준. 그 결과 3년 만에 6,500만원을 모을 수 있었다. 그리곤 경기도 부천 소사동에 있는 40년 된 낡은 집을 허물고 멋진 2층 집을 지었다. 6,500만원에 부모님의 돈을 조금 보태 그림 같은 새 집을 갖게 된 것이다.

집을 지을 때도 '짠돌이 정신'을 발휘했다. 공사 단가를 낮추기 위해 몇 달 동안 여러 명의 건축업자를 찾아다닌 끝에 포스코건설에서 나온 시험용 건축자재를 쓰면 공사비를 30% 이상 아낄 수 있다는 사실을 알아내 남들보다 훨씬 싸게 집을 지을 수 있었다.

현재 그 집은 시세로 치면 4억원 이상 간다. 땅은 원래 부모님 소유였으니까(대략 2억원으로 계산) 투자금액에서 제외하면, 1억원가량 투자해 1억원의 차익을 남긴 셈이다. 이 사례에서 알 수 있듯이 투자가치는 아파트에만 있는 것이 아니다.

복권형 부동산, 단독택지 분양 받기

주택선호도를 조사해보면 아파트보다 단독주택에 살고 싶다는 의견이 더 많이 나온다. 하지만 막상 주택을 구입할 때가 되면 아파트를 선택하게 된다. 아파트가 살기 편하고 환금성과 투자가치에서 단독주택보다 앞서기 때문이다. 투자가치에 대한 고민 없이 단독주택에 살수는 없을까? 택지개발지구 안에 조성되는 단독택지를 분양 받으면 이러한 고민을 어느 정도 해결할 수 있다.

토지공사는 판교나 김포, 파주 등 택지개발지구를 조성하면서 일부 토지를 단독주택용지로 일반인들에게 분양한다. 단독택지의 또 다른 이름은 이른바 '복권형 부동산'이다. 토지공사에서 주변 시세의 70~80% 가격에 분양하므로 당첨만 되면 웃돈이 1억원까지 붙는 경우가 많았기 때문이다. 아울러 단독택지는 개발에 따른 가격 상승 가능성이 높고, 토지공사에서 용도를 미리 정해 분양하므로 해당 토지에 대한 건축 인·허가 등이 안정적이다. 이에 따라 단기 차익을 노린 투자자들이 단독택지에 몰려들어 수십 대 일의 경쟁률을 기록하곤 했다.

실제 2003년 5월에 분양한 경기 남양주시 평내지구의 경우 49필지를 공급하는 데 2,000명이 몰려 평균경쟁률 40대 1을 기록했다. 같은 해 12월 분양한 대전 노은2지구 역시 평균 14대 1로 높은 경쟁률을 기록했다.

투자가치와 주거가치를 한손에

하지만 2004년부터는 정부의 부동산 투기 억제 대책의 일환으로 단독택지 관련 규제가 강화돼 경쟁률이 낮아질 가능성이 높다. 우선 단독택지 분양권 전매가 완전 금지됐다. 예전에는 수도권 등 투기 우려 지역에 한해 계약일 기준으로 1년 이내에는 분양권을 팔 수 없도록 했지만, 이제는 소유권 이전 등기를 마칠 때까지 전매를 할 수 없게 했다. 그리고 주거 전용 단독택지에는 근린생활시설을 설치할 수 없게 됐다. 과거에는 단독택지를 분양 받아 3층 건물을 지을 경우 1층은 상가로 2, 3층은 주택으로 쓰기도 했다. 이제는 1층에 상가를 짓지 못하게 되면서 임대수입을 기대할 수 없게 된 것이다. 이에 따라 단독택지 투자 매력은 다소 떨어질 것으로 보인다.

그럼에도 불구하고 시세보다 싸게 분양하기 때문에 여전히 가격경쟁력이 있다. 나아가 택지를 분양한 뒤 대체로 2년이면 아파트가 들어서고 택지지구 전체의 땅값이 인근 다른 곳보다 높게 형성되므로 단독택지를 분양 받는 것만으로도 앉아서 돈을 벌 수 있는 셈이다.

게다가 단기투자 목적으로 단독택지를 분양 받는 사람들이 줄어들면서 실수요자들이 분양 받을 확률은 높아졌다. 순수하게 집을 지을 목적으로 청약하는 사람에게 기회가 커진 셈이다. 더구나 아파트를 분양 받을 때처럼 1순위 청약통장을 들고 있을 필요도 없다.

토지공사는 가수요를 배제하기 위해 현지 거주자에게 분양 우선권을 주고 있다. 1순위는 모집 공고일 현재 해당 시·군 지역에 거주하는 무주택 세대주이며, 2순위는 해당 시·군 지역 거주자이다. 마지막 3순위는 다른 지역 거주자에게 돌아간다.

신청자격은 지역에 따라 달라질 수 있으므로 한국토지공사 홈페이지(www.iklc.co.kr)를 통해 수시로 확인해볼 필요가 있다. 토지공사는 현저히 투기가 우려되는 지역에 대해서는 일정 기간 거주 요건을 채운 이들에게만 1순위 자격을 주고 있다. 예를 들면 2003년 12월에 분양한 대전 노은지구는 같은 해 2월 이전에 전입한 거주자에게만 1순위 자격을 줬다. 행정수도 이전과 관련해 투기수요가 이 지역에 몰릴 가능성이 높다고 봤기 때문이다.

투자비용 줄이고 당첨 확률 높이기

투자비용은 지역에 따라 차이를 보인다. 택지지구 분양 면적은 필지당 60~80평 수준으로 비슷하지만 평당 분양가는 지역에 따라 다르다. 최근 분양한 택지개발지구 단독택지를 살펴보면 분양가는 1억~2억원 선에서 결정됐다. 2003년 6월에 분양한 평택 장당지구는 평당 150만원이었고, 11월에 분양한 남양주 호평지구는 평당 310만원 안팎이었다. 단독필지 규모가 70평이라고 치면 분양가는 평택 장당지구가 1억 500만원, 남양주 호평지구는 2억 1,700만원이다.

서울에서 가까운 지역은 대체로 평당 분양가격이 200만~300만원 선이므로 70평을 분양 받으려면 1억 4,000만원에서 2억 1,000만원이 필요하다. 분양 대금은 일시불로 납부하거나 아파트를 분양 받을 때처럼 분할 납부할 수도 있다. 집을 지을 생각이라면 건축비까지 감안해야 한다. 단독주택을 지을 경우 땅값을 포함해 3억원가량이 필요하다. 평당 건축비는 건축물의 형태, 구조, 용도 및 자재의 질 등에 따라 큰 차이를 보인다. 싸게 지으면 평당 200만원에도 가능하지만 고급스럽게 지을 경우 평당 400만원까지 갈 수도 있다.

다세대 주택으로 짓는다면 4억원가량의 투자비가 필요하다. 지역에 따라 건폐율이나 용적률에 다소 차이가 있지만, 대체로 용적률은 100~150%이며 지하를 포함해 2층 혹은 3층으로 지을 수 있다. 70평을 분양 받는다면 실평수 30평형짜리 주택을 서너 개 지을 수 있는 셈이다. 실평수 30평형이라면 아파트의 경우 40평형 남짓 된다.

투자비용이 부담스럽다면 여럿이 함께 투자하는 것도 방법이다. 4

명이서 각자 5,000만원씩 투자하면 2억원으로 단독택지 분양대금을 마련할 수 있으므로 투자비용이 줄어들고, 각자가 분양 신청을 할 수 있기 때문에 분양 받을 기회도 커진다. 부족한 금액은 은행에서 대출받고 이 가운데 일부는 전세보증금으로 갚을 수 있을 것이다.

택지개발지구 개발이 활성화되면 단독택지 분양 물량도 늘어나게 마련이다. 토지공사는 2004년에만 단독주택용지 3,303필지 41만 9,000평을 분양할 계획이다. 수도권 단독택지의 경우 화성 동탄지구 130필지 9,600여 평, 파주 교하지구 364필지 9만 6,000평, 용인 죽전지구 60필지 5,740평, 김포 장기지구 200필지 1만 3,900평 등이 관심을 끌 것으로 전망된다. 2004년 2분기에 화성 동탄 신도시와 파주 교하지구를 시작으로 줄줄이 분양된다.

동호인 등을 구성해 단독주택을 지을 수 있는 블록형 단독택지는 용인 동백지구에서 19필지 6만 9,300평, 화성 동탄지구에서 12필지 2만 9,089평이 공급된다. 블록형 단독택지란 토지공사에서 분양 편의를 위해 단독택지 수십 필지를 모아 분양하는 토지를 말한다. 블록형 단독택지를 분양 받은 업체는 일반인들에게 다시 토지를 분양하게 된다. 이런 방식으로 분양 받으면 단독택지를 직접 분양 받는 것보다 분양가가 다소 비싸지는 반면 당첨 확률은 높아진다. 아울러 업체에서 단독택지 단지를 계획적으로 개발하면 다른 지역에 비해 단독주택들이 조화를 이룰 수 있다.

2005년 이후에도 택지개발지구 내 단독택지 분양이 이어진다. 판교 신도시를 비롯해 화성 동탄, 김포, 파주 등 대규모 신도시가 순차적으로 개발될 뿐만 아니라 그린벨트 해제 예정지역을 비롯한 중소

규모 택지지구 개발이 예정돼 있기 때문이다. 도시생활의 답답함과 아파트로 대표되는 콘크리트 문화에서 벗어나고 싶은 사람이라면 앞으로 있을 단독택지 분양을 꼼꼼히 살펴봐야 할 것이다.

택지개발지구 옥석 가리기

단독택지는 토지공사나 주택공사에서 미리 계획을 세우고 개발에 들어가는 택지개발지구 안에 조성된다. 대규모 택지개발지구 안에 있는 단독택지라면 주거여건을 검증 받았다고 해도 과언이 아니다. 하지만 택지개발지구라고 해서 무조건 투자가치가 있는 것은 아니다.

택지개발지구의 옥석을 가리기 위해서는 건설교통부에서 발표하는 개발계획을 살펴봐야 한다. 우선 대도시와 거리가 너무 많이 떨어져 있다거나 주변 지역 난개발로 인해 교통여건이 안 좋은 지역은 피하는 것이 좋다. 거리는 얼마나 가까운지, 도로 및 철도 건설계획이 충실한지 알아봐야 한다.

아울러 택지개발지구 내 주거 쾌적성도 중요하다. 택지개발지구가 도심 지역보다 경쟁력을 갖고 있는 부분은 주거 쾌적성에 있다. 경기 용인 지역처럼 난개발이 이루어지면 교통 여건이 안 좋아질 뿐만 아니라 주거 쾌적성도 훼손을 받게 된다. 택지개발지구 면적당 세대수와 용적률, 녹지율을 비교해보면 주거 쾌적성을 가늠해볼 수 있을 것이다. 예컨대 용적률은 150% 이하이고, 녹지율은 25% 이상이면 합격점을 줄 만하다. 마지막으로 택지개발지구 안에 공원이나 자전거 도로 등 주민 편의시설이 잘 갖춰져 있다면 금상첨화일 것이다.

단독택지 분양 일정은 한국토지공사 홈페이지(www.iklc.co.kr)를 통해 그때그때 확인해야 한다. 토지공사는 분양 2주일 전쯤에 분양 공고를 내기 때문이다.

다음은 택지개발지구들 중에서 투자가치가 높은 신도시 내 단독택지에 대한 설명이다.

판교 신도시　　　　　가장 관심을 끄는 지역은 2005년 상반기부터 분양을 시작하는 판교 신도시이다. 교통 요지에 위치한 판교 신도시에선 서울 강남 지역까지 20분이면 갈 수 있다. 아울러 낮은 용적률과 넓은 녹지공간이 조화를 이루는 쾌적한 도시로 개발된다. 교통 및 주거여건이 분당보다 한 수 위라는 평가를 받고 있다. 판교 신도시에 들어설 주택은 총 2만 9,700가구로, 아파트와 연립주택 등 공동주택 2만 6,974가구, 단독주택 2,726가구이다.

단독주택 용지로 총 2,725필지가 공급되지만 일반인에게 공급될 단독택지는 거의 없는 실정이다. 2,725필지 가운데 이주자 대책용지로 700필지, 토지보상 협의에 응하는 사람에게 주는 협의 양도인 택지로 1,500필지가 우선공급되기 때문이다. 나머지 500여 필지도 일반인에게 직접 공급되기보다는 블록형 단독택지로 동호인이나 주택 건설업체에게 공급된다. 따라서 일반인들이 택지를 공급 받기 위해서는 동호인을 조직하거나 주택 건설업체를 통해 간접적으로 분양을 받아야 한다.

화성 동탄지구　　　　　2004년 2분기부터 단독택지 분양에 들어가
　　　　　　　　　　는 화성 동탄지구도 교육시설이나 교통망
등 개발 내용이 탄탄하다. 신도시 전체 면적 가운데 녹지율이 24.3%
포인트에 달하고 도시를 가로지르는 40km에 이르는 자전거 도로 설
치 계획도 인상적이다. 화성 동탄지구에서는 전체 4만 가구 가운데
5,400가구가 단독주택으로 개발된다.

파주, 김포 신도시　　　　파주 신도시와 김포 신도시에도 단독주택 단
　　　　　　　　　　지가 조성된다. 파주 신도시는 전체 4만
7,000가구 가운데 1,900가구가 단독주택으로 개발된다. 파주 교하지
구의 가장 큰 특징은 친환경 전원도시로 개발된다는 점이다. 전체 택
지지구 면적 중 23.4%가 각종 공원 및 녹지로 조성된다. 아울러 단독
주택 필지의 40% 정도는 주거 전용이다. 이는 택지를 상가나 카페 등
근린생활시설로 사용하는 것을 막아 주거단지의 쾌적성을 높이기 위
한 것이다.

　김포 신도시에선 7만 가구 가운데 20%가량이 단독주택으로 개발
될 예정이다. 토지공사는 김포시 양촌면 일대에 조성하는 김포 신도
시의 기본 개발방향을 자족기능을 갖춘 환경생태도시에 두고 있다.
개발면적 25% 이상을 녹지로 확보하고 도시 기본 설계를 에너지 절
약(Reduce), 자원 재사용(Reuse), 생태계 순환(Recycle)의 3R철학을 반
영한다는 방침이다. 이를 통해 생태계를 최대한 보전하고 호수공원,
생태연결통로, 생태습지, 실개천, 주말농장, 쓰레기 수송관로, 궤도순
환버스 등을 설치해 친환경적인 도시로 건설한다는 계획이다.

PART 02

소문 무성한 **특급주거지**

특급주거지 개발 청사진을 살펴라

부동산 투자의 성패를 가늠하는 데 있어 '특급주거지' 만한 재료도 없다. 주택이나 빌딩을 지을 수 있는 땅이 갈수록 줄어들고 있는 서울 도심 사정을 감안하면 '개발' 과 이에 따른 선점투자는 곧 '시세차익' 으로 연결된다고 봐도 과언이 아니다.

수도권도 사정은 마찬가지다. 황무지 같은 벌판에 택지개발지구 청사진이 발표되면 실수요자는 물론 투자자, 심지어 브로커까지 뒤엉키는 게 다반사다. 아파트가 들어서면 수요가 몰리고, 택지개발지구를 뒷받침하기 위한 도로와 지하철 등 기반시설이 갖춰져 아파트나 토지 가격이 자연스럽게 올라가기 때문이다.

하지만 여기엔 전제조건이 뒤따른다. 바로 투사를 뒷받침힐 개발 청사진과 투자 방법에 대한 정보 수집이다. 막연한 기대감이나 투자 자신감만 믿고 접근해선 낭패를 보는 일이 비일비재하기 때문이다. 서울과 수도권에서 특급주거지로 개발되는 곳의 면면을 살펴보고, 투자 방법을 찾는 이유도 바로 여기에 있다.

서울 핵심지역 4선
- 상암지구, 마곡지구, 장지지구, 강일지구 -

당첨이 곧 시세차익, 상암지구

소프트웨어 엔지니어인 박평오 씨(33). 그는 110만 평의 광활한 대지 위에 조성된 상암동 밀레니엄공원에서 조깅을 하며 상쾌한 아침을 맞는다. 조깅을 마친 박씨는 걸어서 5분 거리에 위치한 사무실로 출근한다. 그의 사무실은 주한 외국기업 본사와 글로벌 기업의 지역본부가 위치한 130층짜리 세계 최고층 국제비즈니스센터 내 48층. 저녁 퇴근 때 가족들을 만나 월드컵경기장 내 영화관에서 영화를 보고, 할인점에서 장을 보는 게 박씨의 일상생활이다. 주말이 되면 걸어서 10분 거리에 위치한 9홀 규모의 퍼블릭 코스 골프장을 찾아 한 주간 쌓였던 스트레스를 푼다.

먼 미래의 이야기가 아니다. 불과 6년 뒤인 2010년이면 이 같은 상황이 실제로 벌어진다. 서울 4대문 안, 도심과 맞먹는 총 200만 평 규모의 마포구 상암동 밀레니엄시티 내 조성되는 '디지털미디어시티

(DMC)'에서 벌어지는 일반시민들의 일상사다.

상암동 밀레니엄시티는 노을공원과 하늘공원으로 탈바꿈된 난지도 쓰레기매립지 82만 평과 주거 및 산업단지가 들어설 상암동 일대 83만 평, 한강둔치 23만 평, 월드컵경기장 6만 5,000평 등 약 200만 평 규모다. 미국 뉴욕의 센트럴파크(97만 평)나 여의도(87만 평)보다 두 배 이상 넓다.

마포구 상암동은 서울 도심 내에서 절묘한 입지로 일찌감치 소문이 난 곳이다. 서울시내 중심과는 불과 7~8km 거리다. 게다가 동북아 허브공항인 인천국제공항에서 서울로 들어오는 관문으로, 신공항고속도로를 타면 30분이면 닿는다. 오는 2007년 신공항고속철도 건설이 완료되면 접근성은 더욱 좋아지게 된다. 서울을 찾는 외국인들이 가장 먼저 접하게 되는 첨단산업 핵심지역이 되는 셈이다. 물론 기존 지하철과 도로망도 잘 갖춰져 있다.

경의선 복선전철화 사업이 한창인 수색역이 걸어서 10분 거리고, 지하철 6호선 월드컵경기장역이 단지 내에 위치해 있다. 뿐만 아니라 가양대교와 강변북로, 내부순환도로 이용이 수월해 서울 도심 및 강북, 강남권 진출입도 큰 불편이 없다. 또 체육시설 밀집지역이고 할인점과 영화관 등 생활편의시설이 이미 들어선 상태고, 공원처럼 잘 정돈된 탄천, 그리고 노을공원과 하늘공원 등은 어디에 내놔도 손색이 없다는 평가다.

상암지구의 개발 청사진에 있어 결코 빼놓을 수 없는 부분이 서울시 역점 사업으로 추진 중인 DMC 조성이다. 이미 IBM과 3M 등을 비롯해 세계 굴지의 다국적 기업들이 첨단 IT(정보기술) 기술과 제품을

들고 DMC에 정착할 계획을 밝히고 있다. 또한 팬텍&큐리텔이 문화
관광부가 주관하는 문화콘텐츠 통합센터를 조만간 착공할 예정인 것
을 비롯해 현대홈쇼핑, KBS미디어, 우리기술, 앱토즈소프트 등도
DMC 용지분양계약을 체결해놓고 있다.

이렇게 장기 발전 전망이 뛰어난 상암지구 내 아파트에 입성할 수
있는 방법은 무엇인가? 크게 두 가지 방법이 있다. 하나는 상암지구
내 아파트를 매입하는 방법과 둘째는 상암지구 수혜가 클 아파트를
매입하는 것이다.

청약해서 당첨받기　　　상암지구 내 아파트를 매입하는 가장 대표적
　　　　　　　　　　　　인 방법은 일반분양으로 선보일 아파트에
청약해서 당첨 받는 전략이다. 상암지구는 3개 공구 16개 블록으로
2~3공구에 아파트가 들어선다. 임대아파트 1,730가구와 분양아파트
4,520가구 등 모두 6,250가구가 건립된다.

이 중 일반인들에게 돌아가는 물량은 3공구 4~8단지 전용면적 32
평형(40평형) 871가구에 불과하다. 말 그대로 낙타가 바늘구멍에 들어
갈 정도의 물량이다. 하지만 이 역시도 청약예금 1,000만원 가입자만
해당되는 실정이다.

분양가도 일반인들이 청약하기엔 부담이 만만치 않다. 2003년 말 7
단지 40평형은 평당 1,200만원 선에 분양되면서 고가 분양 논란에 휘
말렸다. 40평형 기준으로 환산하면 4억 8,000만원 선이다. 그럼에도
불구하고 40평형 167가구의 청약경쟁률은 19대 1. 높은 분양가를 고
려하면 경이적인 경쟁률이라고 볼 수 있다. 하지만 7단지 분양가 금

액 선만 유지된다면, 고가 분양에도 불구하고 상암지구 내 40평형 물량은 충분히 가격 경쟁력을 갖췄다는 게 현장의 평가다.

입주권 매입　　　　　불법 거래임에도 상암지구 내 아파트에 입주하고자 하는 사람이 넘쳐나는 탓에 공공연하게 이뤄지고 있는 실정이다. 입주권이란 서울시나 각 자치구가 철거민에게 보상 외에 이주 대책용으로 부여해온 자격이다. 입주권이 있으면 각 자치단체(서울시의 경우 도시개발공사)에서 짓는 아파트를 우선분양 받을 수 있으므로 치열한 청약경쟁을 뚫지 않고도 분양 받기가 한결 손쉽다.

현재 3공구 7단지의 경우 사업 추진 속도가 빨라 33평형 입주권이 최고 1억 7,000만원 선. 3공구 내 다른 단지들도 분양 예정일에 따라 입주권 가격이 1억 3,000만~1억 5,000만원까지 형성돼 있다. 입주권 불법거래의 경우 입주권 프리미엄에다 2,000만원 이상인 명의변경 비용, 게다가 매수자가 물어야 하는 양도소득세까지 계산할 경우 33평형 기준으로 4억 2,000만원 이상 드는 것으로 파악되고 있다.

개발 수혜 아파트　　　　일반 청약은 당첨이 힘들고 분양가격이 만만치 않다는 점에서 일반 수요자들의 접근이 쉽지 않다. 이런 점에 비춰볼 때 상암지구 인근에 위치한 아파트는 '최선이 아닌 차선책'으로 제격이다. 상암지구 개발의 수혜가 돋보이는 아파트는 다음과 같다.

1. 은평구 수색동 대림한숲

지난 2001년 8월 입주한 아파트로 1,440가구 규모다. 단지 전체가 산으로 둘러싸여 쾌적성과 조망권이 빼어나다. 자동차로 5분 거리인 지하철 6호선 수색역을 중심으로 주상복합과 오피스텔, 상업 및 업무 시설이 속속 들어설 예정이어서 발전성도 높은 편이다. 하지만 단지 진입로가 좁은 게 다소 불편하다.

2. 은평구 수색동 진흥엣세빌

대림한숲과 길 하나를 사이에 두고 있어 입지여건은 엇비슷하다. 280가구로 단지규모 면에서는 대림한숲보다 떨어지지만 22평형도 계단식 구조여서 주거 선호도는 더 높은 편이다.

3. 마포구 성산동 월드타운대림

성산동 일대는 특히 상암지구 개발로 가장 큰 수혜가 예상돼 눈여겨볼 만한 곳이다. 속속 재건축이 진행될 예정으로 대단지 아파트촌이 형성될 것으로 보인다. 795가구 규모이며, 지하철 6호선 월드컵경기장역이 도보 15분 거리로 지하철 이용은 다소 어렵다.

4. 마포구 중동 청구아파트

지하철 6호선 수색역이 도보 2분 거리고, 상암동 월드컵경기장이 도보 3분 거리다. 34평형 단일 평형으로 420가구 규모이다. 동간 간격이 다소 비좁다는 게 흠이다.

※ 부록 참조 : 〈표 4〉 상암지구 주변 아파트 현황

서울시내 최대 미개발지 마곡지구

"저 좋은 땅을 놀리다니……." 강서구 김포공항을 향하는 공항대로를 따라 발산역을 지나면 넓은 평야지대가 나온다. 누구나 "서울에 이런 땅이 있나"라고 할 정도의 넓은 땅이다. 이곳이 바로 강서구 가양, 방화, 마곡 및 내·외발산동을 포함한 5개 동 119만 평에 걸친 서울시내 최대 미개발지, 마곡지구다.

마곡지구는 면적으로만 따지면 여의도의 1.3배에 달하는 크기로, 현재 지하철 5호선 마곡역(무정차 통과)과 발산역이 지나고 있다. 이미 마곡지구 남단 17만 6,000여 평은 발산택지 개발예정지구로 지정돼, 국민임대단지로 개발 중이다. 이곳엔 오는 2008년 초에 지하철 9호선 방화역과 마곡역 개통이 예정돼 있다.

마곡지구는 지난 1994년 '5개 전략지역 개발계획'에 따라 공항배후 첨단산업도시로 개발이 구상됐으나 1997년 도시 기능상 장기적 안목에서 오는 2011년까지 개발이 유보된 곳이다. 그러나 이명박 서울시장이 취임하면서 임기 중인 2005년부터 본격 개발을 천명해 2004년 종합개발계획을 수립할 계획이다.

아직 구체적인 개발 청사진이 발표되진 않았으나 서울시와 관할 강서구청에 따르면 마곡지구는 경기 김포와 인천공항 배후 쇼핑·업무시설 등과 연계, 첨단산업과 주거기능이 복합된 '신시가지형' 도시로 개발될 전망이다.

이와 관련 시정개발연구원(시정연)은 2000년 말 마곡지구를 미디어·패션 등 첨단산업단지로 개발하는 방안도 발표한 바 있다. 시정

연은 이곳을 마포구 상암지구의 디지털미디어시티와 연계해 첨단정
보통신 벨트로 조성한다는 개발 방안을 내놓았다. 강서구도 이 일대
에 서부고속버스터미널, 첨단산업벨트, 디지털밸리, 종합행정타운 건
립 계획 수립을 검토하고 있다. 발산지구 서쪽에는 6만 3,400여 평 규
모의 서남권 농수산물유통센터가 오는 2007년 완공될 예정이며 인천
공항과 연결되는 신공항고속전철 역사도 들어서게 된다.

이곳은 생산녹지(논·밭)가 전체의 87%인 96만 평을 차지하고 있으
며 자연녹지가 13%인 23만 평으로 지구 전체가 녹지로 지정돼 있다.
사유지는 전체의 84%인 104만 6,000평에 달하며 나머지 16%인 14만
4,000평은 국·공유지다. 중대형 이상의 고급아파트로 지어질 것으
로 보인다.

마곡지구에 대한 직접적인 투자보다는 인근 지역을 노리는 것이 투
자 수익을 높이는 방안이다. 이미 지구 내 토지는 가격이 많이 올라
설령 현 시점에서 매입할 경우 수익에 대해선 반신반의하는 상황이
다. 주변 지역 토지 가격 역시 평당 600만~700만원 선을 웃돌고 있는
실정이라 소액 투자자들이 접근하기엔 부담이 크다.

개발 수혜 아파트　　　　장기 발전 전망을 염두에 둔 소액 투자자라
　　　　　　　　　　　면 강서구 방화동 일대와 가양동, 발산동 일
대 기존 아파트를 매입하는 전략을 고려해봄 직하다. 특히 9호선 역
이 들어서는 강서구 방화동 송화초등학교, 가양동 향교입구 부근에
위치한 아파트가 주요 관심 대상이다. 방화동 송화초등학교 부근은
마곡지구 서북쪽에 위치한 곳으로, 지하철 9호선 방화역이 들어설 예

정이다. 이 일대 아파트의 20평형대는 평당 740만~760만원 선으로 24평형 기준으로 1억 7,000만~1억 9,000만원 선이다. 전세(8,000만 ~9,000만원)를 안고 내 돈 5,000만원에 나머지는 대출을 받을 경우 매입이 가능하다.

※ 부록 참조 : 〈표 5〉 마곡지구 주변 아파트 현황

차세대 강남 대체지 장지지구

강남의 끝자락. 송파 장지지구는 자연녹지로 수십 년간 묶여 있다가 6,000여 가구의 아파트가 들어서는 곳이다. 비닐하우스촌으로 뒤덮인 장지지구 일대는 송파대로에서 성남 방향으로 연결된 문정동 옆에 위치해 있다. 지하철 8호선 장지역과 구리-판교 고속도로가 가깝고, 지구 남동쪽은 개발제한구역으로 둘러싸인 곳이다. 장지지구에서 송파대로(왕복 8차선)를 타면 강남 테헤란로까지 30분 정도 걸린다. 구리-판교 간 고속도로를 이용하면 서울 외곽 진출입이 편리하다.

입지조건과 주거환경이 좋은 인기 지역이다. 이 때문에 장지지구는 택지개발계획이 발표되자 아파트 입주권 편법 사기분양으로 몸살을 앓고 있다. 장지지구 내 비닐하우스나 무허가건물 등에 대해서도 아파트 입주권이 나오는 것처럼 속여 매매하는 부동산 중개업자들이 극성을 부리고 있어 서울시가 불법거래 색출 강화에 나서는 등 지속적인 단속을 하고 있다.

서울시 설계지침에 따르면 장지지구는 지구 중심부에 짓는 6개 단지는 고층으로, 지구 외곽 쪽 5개 단지는 고층과 저층 혼합방식으로 건립될 예정이다. 33평형 1,828가구와 26평형 862가구 등 모두 2,690가구의 일반분양(철거민 보상)아파트와 2,790가구의 임대아파트가 건립된다.

특히 이들 아파트 단지에는 '그린 네트워크'를 구축하고 실개천과 분수 등 친수공간과 녹지를 최대화하는 한편 바람이나 물, 태양열 같은 자연에너지를 활용하는 환경친화적 단지로 조성된다. 또 주거에 사무기능도 보조할 수 있는 '소호(SOHO)' 주택이나 '스튜디오형' 주택 등 새로운 주거형태를 도입하고, 전용면적 15평 이하의 임대아파트는 장래 수요변화와 리모델링 등에 대비해 가구 간 상하 혹은 좌우로 통합할 수 있는 가변형 구조로 건립할 계획이다.

입주권 매입   현재 장지지구 내 입주가 가능할 것으로 점쳐지는 종로구 숭인동 삼일시민아파트 입주권 프리미엄 시세는 1억 4,000만~1억 5,000만원 선이다. 현재 인근 올림픽훼밀리아파트 32평형의 시세는 4억 9,000만~5억 8,000만원 선이고 장지지구와 인접한 건영아파트 35평형도 3억 8,000만~4억 3,000만원으로 장지지구 내 입주권을 매입해 입주할 경우 투자 수익은 클 것이라는 게 현장 중개업소들의 이야기다. 하지만 문제는 입주권 매입이 불법이란 점과 투자 리스크가 너무 크다는 데 있다(파트 4의 '입주권 사야 하나 말아야 하나' 참조).

개발 수혜 아파트　　　　새로이 개발될 송파 장지지구에 인접한 아파
　　　　　　　　　　　　트로는 올림픽훼밀리를 비롯하여 문정건영,
문정시영, 현대2차, 대우2차 등이 있다. 그 중 올림픽훼밀리의 경우
평수가 커 워낙 가격이 비싸 일반인이 접근하기는 어렵다고 볼 수 있
겠다.

1. 문정시영

　1,316가구의 대단지 아파트로, 1989년에 입주한 아파트다. 지하철
5호선 개농역에서 걸어서 10분 거리고, 13평, 16평, 18평, 23평형으
로 구성됐다. 당초 장애인용 아파트로 건설되어 주변 아파트에 비해
시세가 낮은 상태였지만, 현재 23평형의 경우 평당 1,100만원 선을
나타낼 정도로 가격 상승세가 가파르다.

2. 문정건영

　545가구 규모로 1993년에 입주한 아파트다. 8호선 장지역에서 걸
어서 3분 거리고, 33평형과 35평형으로 구성됐다. 평당 시세는 1,100
만~1,200만원 선을 나타내고 있는 상황이다.

　※ 부록 참조 : 〈표 6〉 장지지구 주변 아파트 현황

주거 쾌적성 뛰어난 강일지구

강동구 강일지구는 하남시와 인접한 곳에 위치해 있지만 노후불량 주택 밀집지역으로 그동안 서울지역에서 변방으로 취급받았다. 하지만 도시개발공사가 이곳에 오는 2007년까지 모두 7,125가구의 대규모 아파트촌을 형성하겠다고 발표한 이후 상황이 역전되었다. 그러나 이곳은 이미 시세차익을 노린 일부 투기세력들이 부동산에 개입하여 가격이 천정부지로 치솟았을 뿐만 아니라 입주권 부여 문제나 보상 문제 등이 아직 풀리지 않아 만만치 않은 난관이 예상되는 곳이기도 하다.

서울시 도시개발공사는 강일지구 27만 6,000평을 주변경관과 연계 시켜 12층 이하 친환경 주거단지로 조성할 계획이다. 망월천과 고덕 천을 잇는 친수 공간을 극대화하고 지구 내 구릉지를 잘 살리고 단지 전체를 2개 광장으로 엮어 10개 단지 간 커뮤니티 효과를 높인다는 복안이다.

강일지구는 사통팔달의 교통요지란 점에서 주목 대상지다. 올림픽 대로와 천호대로, 강동대교, 팔당대교, 구리-판교고속도로, 중부고속 도로로 연결되는 상황이다. 강남까지 1시간이 걸리지 않고, 지하철 5 호선 상일역이 도보로 10~15분 거리이며 배재고와 한영고, 상일여 고 등 명문학군이 형성돼 있다. 뿐만 아니라 한강 조망이 가능하고, 주거 쾌적성도 뛰어나 개발될 경우 인근 장지지구와 연계돼, 특급주 거지의 면모를 갖췄다고 볼 수 있다.

강일지구도 철거민과 현지 주민들에게만 입주권이 부여되기 때문에 현지 노후 불량 주택을 매입하는 게 사실상 거의 유일한 입주 방법이다. 하지만 이 역시도 무조건 매입하는 데는 위험 요소가 많다.

첫째, 도시개발공사는 아직까지 구체적으로 보상 기준을 마련하지 않은 상태다. 나름대로 정해놓은 것은 '현지 토지와 건물 모두 등기로 되어 있는 것에만 보상을 한다'는 원칙 정도다. 그러나 현지에선 '주민공람을 통해 무허가이면서도 건물확인원 상에 건물이 등재돼 있는 외등기 물건에 대해서도 보상 및 입주권을 받을 수 있다고 고지했다'며 매매를 부추기고 있는 실정이다(파트 4의 '입주권 사야 하나 말아야 하나' 참조).

둘째, 32평형을 분양 받기 힘들다. 도시개발공사는 2003년 7월 9일 이후 가옥을 취득한 경우 무주택자에 한해, 그것도 25평형대 입주권을 제공하겠다고 밝힌 상태다.

그렇다면 투자 가능성 여부는 어떨까? 현지 프리미엄이 붙은 상황이어서 6평 지분 가격은 1억 4,000만원 내외다. 6평에 대한 서울시의 예상 보상가격을 제할 경우 순수 매입 비용은 1억 1,000만원 내외다. 이를 매입해 입주권을 부여 받을 경우 25평형 분양가(평당 650만원 내외로 추정) 1억 6,500만원을 더하면 아파트 총투자비용은 2억 7,500만원을 웃돌 것이다.

이 금액대로라면 주변 상일, 고덕동 일대 시세보다 낮은 수준이지만, 그렇다고 큰 기대수익을 얻기는 힘들다. 하지만 이는 단순 예상치일 뿐 상황 변화에 따라서는 오히려 손해를 볼 수 있다는 점도 명확히 알아둬야 한다.

차세대 특급신도시 4선
- 판교, 동탄, 김포, 파주 -

판교 신도시 잡으면 돈 된다!

성남 판교 신도시. 자타가 공인하는 '차세대 특급주거지'이다. 세간엔 '예고된 묻지 마 청약지'란 소리도 심심찮게 들릴 정도다. 내 집 마련을 꿈꾸는 사람이나 '헌 집 팔고 새 집 사려는' 사람 모두, 판교 분양이란 소리에 가슴이 설레는 것은 마찬가지다.

1976년 5월, 영동 개발 바람에 고액수표를 잔뜩 채운 핸드백을 든 복부인들이 자가용을 타고 말죽거리(양재동)에 이어 제 집 드나들 듯이 오간 곳이 바로 판교 일대였다. 당시 박정희 대통령이 판교 남단 녹지에 대해 건축제한구역(그린벨트)으로 묶으라는 지시가 없었다면 판교는 일찌감치 '강남에 버금가는 곳'으로 개발 수순을 밟았을 것이다.

2005년부터 분양에 나서는 판교 신도시. 30년 전부터 복부인들이 인정할 만큼 절묘한 입지에 자리 잡고 있다. 위로는 강남 세곡동, 개포동이 지척이고, 그 옆으론 분당 신도시와 의왕, 수원이 있다. 지리

상으로 강남과 분당의 고급 수요층을 끌어들일 수 있는 곳에 위치해 있는 셈이다. 개발 청사진도 탄탄하다.

총 280만 평 규모에 녹지율이 80만 평 규모다. 용적률도 분당의 2분의 1 수준으로 낮춰, '공원 속 신도시'를 만들겠다는 게 건교부의 복안이다. 교통 문제도 신분당선을 축으로 영덕-양재 간 도로 등을 신설해 신도시의 '거북이 출근'과 같은 일은 없도록 하겠다는 입장이다. 신도시 개발 때마다 말이 많았던 '베드타운화'도 서쪽에 벤처단지를 조성하여 3만 명 규모의 고용을 창출한다는 복안도 마련했다.

판교 신도시엔 아파트 2만 6,974가구, 단독주택 2,726가구 등 총 2만 9,700가구가 들어설 예정이다. 아파트의 경우 전용면적 18평 이하 소형 평형이 9,500가구, 18~25.7평 중소형 평형이 1만 100가구, 25.7~40.8평 중대형 평형이 5,100가구이다.

분양가는 아직 확정되지 않았다. 그런데 건교부는 민간업체들에 대해 이미 분양가 가이드라인인 평당 850만원을 정해놓고, '이 이상은 힘들다'는 메시지를 보내놓은 상태다. 지켜질지 여부는 현재로선 미지수지만, 이 금액대로 분양가를 산정하면 판교 신도시 내 아파트는 그야말로 '황금알을 낳는 거위'가 되는 셈이다.

이 금액에 맞춰 25평형 분양가를 산출하면 2억 1,250만원 선이다. 그렇다면 판교와 가깝다는 이유로 가격이 오를 만큼 오른 분당 이매동의 시세는 어떤가. 현재 분당 이매동 D아파트 22평형의 시세가 2억 8,000만~3억 2,000만원 선이다. 웬만한 30평형대는 평당 1,200만~1,300만원을 넘기는 게 다반사다.

쉽게 설명해 건교부의 공언대로 평당 분양가격이 매겨질 경우 판교 아파트에 당첨되면 '시세차익'은 따놓은 당산이 되는 셈이다. 물론 판교 신도시 내 아파트의 평당 분양가격이 1,000만원을 돌파하더라도 주변 시세가 오를 만큼 오른 상태여서 가격 경쟁력은 충분하다는 게 건설업계의 중론이다.

결국 문제는 당첨 여부다. 건교부가 밝힌 자료에 따르면 청약통장 가입자는 2004년 1월 현재 청약예금, 청약부금, 청약저축 1~3순위를 합쳐 성남시는 28만 1,000여 명, 수도권은 318만 7,200여 명이다.

2005년 상반기 분양 예정인 판교는 20만 평 택지개발지구이기 때문에 공급 물량의 30%에 대해 우선공급을 해야 한다. 결국 판교에 들어설 아파트 총 2만 6,974가구 중 30% 선인 6,000여 가구는 성남시 거주자에 배정된다. 이를 청약 가입자수와 나누면 대략 청약경쟁률은 46대 1이 된다. 나머지 1만 4,200여 가구에 대한 수도권 거주자 경쟁률은 2004년 현 시점 기준으로 230대 1이다. 평형별로 따지면 복잡해지는데, 25.7평 이하의 경우 성남시 거주자 경쟁률은 대략 33.5대 1로 추정되고, 수도권은 250대 1을 훌쩍 넘는다. 이는 단순 추정치일 뿐 실제 경쟁률은 이보다 더 높을 수 있다는 게 업계의 중론이다.

그렇다면 과연 엄청난 청약경쟁률에 만만치 않은 분양가를 고려할 때 과연 판교 신도시에 청약을 해야 할 것인가? 결론은 '달러 빚을 내 분양가를 내고, 설령 떨어지더라도 그래도 청약통장 '올인'이다. 그 이유는 서울과 수도권에서 이만한 곳이 없기 때문이다.

동탄 신도시 시범단지 당첨되면 '유쾌, 상쾌, 통쾌'

화성 동탄지구는 택지개발지구 지정 때부터 관심을 모아온 단지로 서울 강남권과 교통 연계성도 뛰어나 청약통장을 사용해도 아깝지 않다는 게 현장의 이야기다. 또 판교 신도시가 워낙 뜨거운 청약경쟁률을 예고하고 있어, 차라리 이곳과 어깨를 맞대고 있는 화성 동탄 신도시에 청약을 하는 게 훨씬 유리하다는 이야기도 나오고 있는 실정이다.

화성 동탄 신도시는 현재 사업이 진행되고 있는 택지개발지구 중 진척 속도가 가장 빠르다. 지난 2001년 4월 택지개발지구로 지정된 이래, 2004년 4월경에 시범단지 분양을 할 예정이다.

동탄 신도시는 외관상 모습이 먼저 이목을 끈다. 273만 평에 달하는 넓은 면적과 기존 자연환경을 살린 광활한 녹지, 방사형 가로망에 저층, 중층, 고층이 그림처럼 어우러진 스카이라인을 조성할 계획이다. 동탄 신도시의 특징 중 하나는 쾌적성이다. 전체 273만 평 가운데 66만 평이 녹지고, 인구밀도도 분당이나 일산보다 크게 낮출 계획이다. 여기에 외곽의 귀봉산과 반석산을 그대로 보존하면서 시가를 녹지로 감쌀 예정이다. 특히 도심 한복판에 길이 2km, 폭 200m의 센트럴파크를 마련해 주거쾌적성을 극대화한다는 게 한국토지공사 관계자의 설명이다.

교육 인프라도 여느 신도시에 뒤지지 않을 듯하다. 반경 10km 이내에 경희대, 아주대, 수원대, 경기대 등 종합대학이 위치해 있어 배후가 든든한데다 향후 고등학교 5개, 중학교 7개, 초등학교 14개 등

31개 학교를 고루 배치하기로 했다. 특수목적고와 자립형 사립고도 유치해 교육수요를 충족시킬 방침이다.

또 첨단 자족도시를 만든다는 슬로건 아래 29만여 평의 미래형 첨단산업단지를 만들기로 했다. 도시 기능이 단순한 베드타운에 그치는 것을 막는 한편 제대로 된 직주근접형 신도시를 만들기 위해서다. 삼성전자 반도체공장에 17만 평을 매각할 계획이며, 나머지 부지에는 하청회사들과 무공해 첨단기업의 입주가 검토되고 있다.

물론 동탄 신도시의 취약점도 있다. 바로 서울에서 너무 멀다는 점. 국철 1호선이 화성 병점까지 이어지고 있지만 동탄까지는 승용차로 이동해야 하고, 경부고속도로를 이용할 경우 강남까지 1시간 남짓 걸리는 실정이다. 이에 대해 한국토지공사 관계자는 "1조원을 도로 등 기반시설에 쏟아 부을 예정으로, 입주 시점엔 큰 걱정 없다"고 잘라 말한다. 토지공사는 서울과 양재-영덕-동탄 간 고속화도로를 구축하고, 수원-오산 간 서부우회도로 등 3개 광역도로 노선과 서천-영통 간 연계도로 등 9개 노선을 새롭게 만들 계획이다. 여기에 국철 1호선 수원선 연장에 따라 전철 세마역, 오리-수원 간 분당선 연장 영통역 등이 개통되면 서울과의 접근성은 훨씬 좋아질 것으로 보인다.

아파트 분양은 2004년 3~4월에 시범단지를 필두로 시작될 예정이다. 화성 동탄 신도시의 아파트 총분양 물량은 3만 2,615가구. 이 가운데 일반분양 아파트는 67%인 2만 1,991가구, 나머지 1만 624가구는 임대아파트로 구성된다. 실수요자이면서 다소의 투자수익을 기대하는 투자자라면 시범단지 분양 물량에 1순위 통장을 써볼 만하다.

그 이유는 첫 분양지역인 시범단지의 경우 동탄 신도시의 중앙이라고 할 수 있는 센트럴파크에 둘러싸인 입지 때문이다. 현대산업개발, 한화건설, 금강종합건설, 삼성물산, 롯데건설, 포스코건설 등 13개 건설업체가 아파트단지 7개 블록, 6,624가구를 공급한다. 이어 2005년 8~9월께는 1단계 지역에서 총 1만 3,573가구의 2차 분양이 시작되고 2단계 지역 총 1만 2,418가구는 2005년 1~2월께 분양될 예정이다.

화성 동탄 신도시 청약 여부의 키워드는 분양가다. 업계에서는 평당 공동주택 매입비용, 용적률, 평균 평형 등을 고려할 때 평당 450만 ~530만원 내외를 적정 가격으로 추정하고 있는 상태다. 이런 계산이 나온 배경엔 토지공사가 각 업체에 매각한 땅값(평당 360만원)과 평균 평형을 기준으로 놓고 가구당 대지비(평당 163만원), 그리고 여기에 건축비(평당 250만~300만원)와 마케팅 비용 등을 산출해서 나온 수치다.

하지만 시행사 등에게 시행이익을 보존해주는 등의 이면 계약이 있을 경우엔 사정이 달라진다. 실제 모 건설업체는 애초 토지를 분양 받았던 시행사에 800억원 대의 시행이익을 보전해준다는 계약을 했다가 파기한 경우가 있다. 만약 이 경우를 기반으로 분양가를 산출하면 이익 보존 비용이 평당 150만원 이상 올라, 결국 분양가는 평당 630만~710만원으로 뛰어오를 가능성이 있다는 게 업계의 분석이다.

물론 이 금액 대에 분양돼도 주변 시세를 감안하면 가격 경쟁력은 갖췄다는 게 현장의 이야기다. 실제 인근 망포동 LG빌리지 1차 35평형의 시세는 2억 7,000만~2억 9,000만원으로 평당 800만원 선을 형성하고 있는 상태다. 하지만 망포동 일대의 경우 분당선 연장역인 영통역이 자리 잡고 있다는 점이 반영되면서 가격이 뛴 것으로 분석돼, 투자 수익의 기준 아파트로 제시하기엔 다소 미흡하다고 볼 수도 있다.

결론적으로 청약통장 활용을 목적으로 한 실수요자라면 분양가격이 평당 650만원 내외라면 적극적으로 청약을 모색할 필요가 있지만, 평당 700만원 이상이라면 정말 입지가 뛰어난 곳을 중심으로 층, 향을 따져가면서 청약하는 게 좋겠다.

수도권 청정구역, 김포 신도시

'꼭 서울에서 살아야 하나.' 도시생활에 찌든 사람들이라면 누구나 한번쯤 생각해봄직한 테마다. 더구나 요즘처럼 아파트값이 요동을 칠 때는 '서울 탈출' 을 심각하게 고려해볼 만하다. 하지만 서울을 떠나는 것이 능사는 아니다. 막상 외곽으로 떠나자니 출퇴근 시간이 늘어나고 생활환경이 한 단계 추락할 것 같은 걱정을 지울 수 없다.

그러나 조금만 눈을 돌려 생각을 바꾸면 대안을 찾을 수 있다. 우선 수도권에 공급될 신도시가 그 대상이다. 특히 김포 신도시는 적당한 출퇴근 거리와 쾌적한 주거생활의 조건을 갖춰 서울 탈출을 꿈꾸는 이들이 눈여겨볼 만한 곳이다.

김포 신도시는 서울 강서구 방화동에서 12km 정도 떨어진 김포시 운양, 장기동과 양촌면 일대 480만 평 부지에 들어선다. 이 일대는 그동안 김포의 도시기본계획이 세워져 개발 초읽기에 있던 곳이지만 광역교통 개선대책이 없어 개발이 늦어지고 있던 곳이다.

김포 신도시가 제6대 신도시로 지정된 배경에는 빼어난 입지에서 찾을 수 있다. 김포시는 서울 강서구와 인접해 있고, 일산 신도시와 마주하고 있어 편리성도 공유하고 있다. 무엇보다 정부가 국책사업으로 추진하고 있는 인천경제특구 배후지에 위치해 있어 '자족기능과 배후도시'의 면모를 갖췄다는 평가다.

480만 평 규모로 개발되는 김포 신도시는 아파트 6만 5,000가구, 단독주택 5만 가구가 들어서는 메머드급 신도시다. 판교 신도시가 280만 평, 파주 신도시가 142만 평인 점을 감안하면 두 배에 달하는 규모다.

21만 명이 거주할 김포 신도시는 분당과 일산, 평촌은 물론 과천보다 낮은 인구밀도(ha당 132명)를 자랑한다. 개발내용을 하나하나 따져보면 수도권에서 가장 쾌적한 주거지라는 과천보다 낫다는 평가다. 김포 신도시의 녹지규모는 839만㎡. 대략 26만 평 규모로 웬만한 택지개발지구 전체 규모와 맞먹는다. 여기에 남쪽에 자리 잡은 가현산과 학운산, 운유산 등을 적절히 배치해 녹지공간을 충분히 확보할 계획이다.

김포의 또 다른 특징은 여타 개발 중인 신도시와는 달리 북쪽으로 한강이 흐르고 있다는 점이다. 신도시 중 유일하게 한강 조망이 가능하다. 김포 신도시 사업단 관계자는 "자연형 하천공법을 최대한 살리고, 환경친화적 수변공간을 만들어 일산 호수공원 못지않은 15만 평 규모의 호수공원을 조성, 생태도시의 면모를 유감없이 갖출 것"이라고 말했다.

구체적인 개발 내용이 확정되지 않았지만 6만 5,000여 가구로 추정되는 아파트의 60% 이상(4만여 가구)이 전용면적 25.7평 이하 물량으로 채워질 것으로 예상된다. 당초 김포 신도시의 개발 컨셉이 수도권 주택 수급 조절에 맞춰져 있다는 게 그 이유다.

김포 신도시 사업단은 한강변으로는 저층 공동주택을, 운유산 등 구릉지역에는 지형의 변화를 최소화해 블록형 단독주택을 배치할 계획이다. 더불어 중저층 주택을 공급하고 2~4개의 블록이 하나의 커뮤니티를 형성하도록 한다는 계획하에 학교와 공원, 공공시설이 들어설 것으로 전망된다. 여기에 3만 평 정도를 따로 떼어내 외국인 숙박단지와 아파트, 빌라형 타운하우스를 조성해 인천경제특구 지정에 따라 늘어날 외국인 거주민 수요를 끌어들일 예정이다.

김포 신도시가 수도권 개발 신도시와 차별화되는 또 다른 대목은 자족기능을 높이기 위한 방안이 구체적이란 점이다. 현재 자족기능을 높이기 위한 도시지원, 업무, 연구, 지식산업 용지는 전체 면적의 10% 선인 44만 평 규모다. 이 중 5만 평은 국제교류센터 용지로 공급해 내외국인을 위한 영어마을 등 교육시설을 배치할 계획이다. 이뿐만 아니라 현재 구상 중인 양촌지방산업단지와 연계해 자족성을 최대한 확보할 계획이다.

교통망 사업도 2010년까지 마무리할 예정이다. 우선 지하철 9호선을 김포공항에서 연장시켜(19.7km) 도심 진출입의 교두보를 마련하고, 올림픽대로와 양촌, 그리고 외발산으로 연결되는 2개 노선 36km의 고속화도로를 건설해 만성적인 교통난을 해소할 방침이다. 여기에 기존의 48번 국도를 확장하고, 김포와 일산을 잇는 일산대교가 오는 2007년 3월께 완공될 예정이어서 김포시의 교통여건은 획기적으로 개선될 전망이다.

아파트 분양은 2006년과 2007년에 걸쳐 진행되고, 입주는 2008년께 이뤄질 전망이다. 평형별 공급 물량은 구체적으로 정해지지 않은 상태에서 김포 신도시 개발사업단은 중소형 물량이 대략 60% 정도가 될 것이라는 입장만 밝힌 상태다. 이를 감안할 때 32평형 내외 물량은 4만여 가구에 달할 것이다.

그렇다면 김포 신도시 아파트의 분양가격은 어느 정도일까? 건설사에 공급되는 땅값은 대략 평당 400만원 정도로 예상되는데, 이는 택지공급가격이 평당 350만원인 화성 신도시의 경우 분양가가 현재 평당 650만~700만원 선에 거론되고 있다는 사실을 감안할 때 김포 신도시의 분양가는 평당 700만~750만원 내외라는 추정치가 나온다. 이런 경우 32평형 분양가는 2억 2,000만~2억 3,000만원이 된다. 현재 김포시에서 가장 비싼 사우·장기동 일대 고가 아파트의 평당가격이 730만~770만원 선인 점을 감안할 때 평당 750만원 선이면 가격 경쟁력은 갖추지만, 큰 투자수익은 기대하기 힘들다는 이야기가 된다.

현시점에서 부동산 투자는 "토지는 피하고 신규분양 물량은 눈여겨보되, 기존 아파트 매입도 나쁘지 않다"는 게 현지 중개업소의 반응이다. 토지의 경우 현재 김포 신도시로 지정된 양촌면 일대는 토지가격이 많이 올라 투자 실익이 거의 없는 상태다. 현지 양촌공인 관계자는 "양촌면 사거리 시장 내 상업지의 경우 평당 800만원 선"이라며 "구옥 시세는 평당 100만~150만원 선이지만 공시지가가 평당 40만~50만원 선으로 설령 200%를 보상한다고 해도 현시점에서 투자 실익이 없다"고 말했다.

기존 아파트로는 장기동 일대 현대청솔아파트와 월드메르디앙을 꼽을 수 있다. 총 2,500여 가구에 달하는 현대청솔마을 1~3단지는 장기지구와 김포 신도시 경계지점에 위치해 반사이익이 기대되는 곳이다. 이 일대 아파트는 신도시 발표 후 2,000만~3,000만원이 급등하는 모습을 보이다가 5·23 부동산 안정대책에 따라 투기과열지구로 묶이면서 가격이 보합세를 보였다. 그러나 최근 들어 장기지구와 김포 신도시가 구체화되면서 가격이 소폭 상승세로 돌아선 상태다.

※ 부록 참조 : 〈표 7〉 김포 신도시 주변 아파트 현황

남북 교류협력시대 맞이하는 파주 신도시

파주 운정 신도시는 서울시 경계에서 15km, 일산신도시에서 2km 떨어진 곳에 위치한다. 파주 신도시 개발의 목적은 '남북 교류협력시대의 관문도시'라는 거창한 수식어에서 그 의미를 찾을 수 있다. 말 그대로 남북 교류협력 여부에 따라서 희비가 엇갈릴 가능성이 높다는 반증이다.

김포 양촌과 함께 신도시 개발지로 확정 발표된 이곳은 2000년 12월에 지정된 운정택지개발 예정지구 좌우 양쪽에 추가로 부지를 확충하여 총 275만 평 규모로 개발된다. 미리 지정된 142만 평 부지를 1지구, 추가로 편입된 나머지 부지는 2지구로 구분해 개발이 진행되고 있다. 1지구는 현재 보상 준비에 들어간 상태이며 2005년 공사와 분양이 본격적으로 시작돼 2008년 준공될 예정이다. 2지구는 2005년

중에 택지개발계획 승인을 받아 2006년 주택분양을 거쳐 1지구보다 1년이 늦은 2009년에 입주를 마무리할 계획이다.

파주 운정 신도시는 교하지구 인근까지 펼쳐진 모양새를 하고 있어 인접한 금촌지구, 교하지구, 탄현지구가 연계돼 거대 신도시로 확대될 가능성이 높다. 게다가 파주 출판문화단지, LG전자의 월롱면 LCD 단지 등 특화단지가 포진돼 자족도시로서의 기능도 갖췄다.

4만 7,000가구의 주택이 건설되며, 대규모 농업생태공원에 주말농장, 생태습지, 생태수로 등이 건설된다. 그리고 신도시에서 발생되는 하수를 3차례에 걸쳐 고도처리하여 호수공원과 농업용수로 사용하는 '물순환형 청정도시'를 조성할 계획이다.

게다가 무엇보다 일산 신도시에서 지척인 관계로 도시 기반시설을 이용할 수 있다는 점이 장점이다. 이를 바탕으로 전철, 도로망 사업도 탄탄하게 짜여질 전망이다.

이 일대는 서울역에서 출발하는 경의선 국철을 타면 1시간이 채 걸리지 않는다. 2008년까지 경의선 복선전철이 개통되면 서울까지 40분 내에 도착할 수 있다는 이야기다. 또 운정역에서 출판문화단지까지 11.3km의 경전철이 민자 유치로 건설되면 서울에서 파주 신도시, 교하지구까지 전철을 이용할 수 있게 된다. 운정역에는 철도 이용 편의를 위해 대규모 환승주차장이 설치될 것이다. 도로환경도 좋아진다. 대화IC에서 강매IC를 잇는 제2자유로 12.5km 건설이 예정돼 있으며 김포-관산 간 도로 4.4km, 운정-대화IC 구간 4.9km 등 7개 노선 41.3km가 신설될 계획이다.

현재 이 일대에서 투자자와 수요자들이 관심을 두는 곳은 교하지구 내에 분양 중인 신규 아파트와 기존 아파트다. 신도시 개발지 내에 위치한 아파트는 물론 금촌지구와 교하지구 등 개발지 인접 아파트 밀집지의 가격 상승세가 꾸준하다. 교하지구 내 신규 아파트로는 동문굿모닝힐, 신동아파밀리에, 우남퍼스트빌 등 5,000여 가구가 분양을 마쳤고, 나머지 분량 4,000여 가구는 2004년 상반기에 분양될 예정이다.

※ 부록 참조 : 〈표 8〉 파주 신도시 주변 아파트 현황

신도시 못지않은 역세권 주거지 2선

– 아산 역세권, 광명 역세권 –

충청권 노른자위 아산 역세권

수도권 경부고속전철 역사를 중심으로 개발될 대규모 택지개발지구가 수도권 특급거주지로 부상하고 있다. 먼저 관심을 끄는 곳은 경부고속철도 천안아산역 개통과 함께 충청권 노른자위로 부상하고 있는 아산 역세권이다. 아산시 탕정·음봉·배방면 일대 107만 평 부지에 조성되는 아산 역세권 개발은 2016년까지 개발 예정인 아산 신도시 계획의 1단계 사업으로 2008년까지 1만 2,500가구가 들어설 예정이다.

사업시행자인 주택공사는 역 주변 3만 평 부지에 첨난벤처단지를 조성해 주거편리와 교통, 산업시설을 두루 갖춘 저밀도 자족형 신도시로 개발할 방침이다. 또 이곳에는 국립특수교육원, 사학연금관리공단, 고속철도관리공단 등 주요 관공서가 들어설 예정이며 수도권 주요 대학들의 이전도 계획돼 있다.

아산 역세권은 2005년 말에는 아파트 분양이 시작될 예정이다. 평형별 가구수는 개발계획 승인이 나야 뚜렷한 윤곽이 드러나겠지만, 시 지역에 들어서는 택지개발지구의 경우 공동주택 공급 물량의 60% 이상을 국민주택 규모로 공급토록 하고 있는 점을 감안하면 전용면적 25.7평 이하 분양 물량은 3,750가구 정도다.

택지개발촉진법에 따라 예정된 임대주택 물량 750가구를 제하면 일반에 분양되는 전용면적 25.7평 이하 아파트는 3,000가구. 이 가운데 75%에 해당하는 2,250가구가 무주택 우선공급 대상에게 돌아갈 예정이다. 여기서 지역 우선공급 물량인 675가구를 제하더라도 1,575가구가 서울 수도권 무주택 우선공급 대상에게 돌아갈 것으로 보인다.

다만 사업시행자인 주택공사가 공공분양을 할 경우 민간이 분양하는 무주택 우선공급 물량이 줄어들 수 있다는 것을 염두에 둬야 한다.

제2의 판교, 광명 역세권

경부고속철도 광명역사 주변 60만 평 일대에 조성될 예정인 광명 역세권은 주변 소하지구와 연계 개발될 경우 '제2의 판교'라 할 만큼 개발이익이 크게 기대되는 곳이다.

고속철도 전체 운행 물량의 40%를 담당하게 될 광명역사가 위용을 드러내면서 주변 역세권 개발도 속도를 내고 있다. 게다가 정부가 10·29안정대책을 통해 수도권 주택공급난 해소를 목표로 2005년 말까지 광명 역세권 일대에 9,000가구를 공급하기로 밝히면서 무주택 우선공급 가구수에 관심이 쏠리고 있다. 건교부는 역 주변 광명시 소하동, 안양시 석수·박달동 일대 60만 평 부지를 택지개발지구로 지정해 2005년 말 분양에 나설 계획이다.

광명 역세권은 택지개발지구여서 공급 예정 가구수인 9,000가구 중 25.7평 이하 아파트를 최소 5,400가구 이상 건립해야 한다. 또한 수도권 택지개발지구 임대주택 건립비율인 30%를 적용하면 임대주택 1,620가구를 제한 3,780가구가 일반분양될 물량이다. 이 중 75%에 해당하는 2,835가구가 무주택 우선공급 물량으로, 지역거주자 배정 물량을 제외한 1,984가구 정도가 서울과 수도권 무주택 우선 청약자들의 차지가 될 것이다. 광명 역세권의 경우 수도권 노른자위로 꼽히는 만큼 무주택 우선청약에도 치열한 경쟁률이 예상되므로 지역 거주자가 유리한 고지를 점할 것으로 보인다.

지역 거주자 선정 기준은 아직 고시되지 않은 상태지만 광명시 주택과 관계자에 따르면 광명시 거주 1년 요건을 갖춘 자에게 자격이 주어질 전망이다. 따라서 2003년 12월 청약통장에 가입해 2004년 12월 이전에 광명시 거주자가 된다면 청약 1순위로 지역 거주자 우선공급 물량을 노릴 수 있다.

광명 소하 · 하남 풍산 택지개발지구

광명 소하와 하남 풍산은 강남 대체 신도시로 손색이 없다는 평가를 받고 있는 곳이다. 서울 도심으로의 접근성이 뛰어나고 주거환경이 쾌적하다는 것도 두 지구의 공통점이다.

광명 소하와 하남 풍산은 정부가 무주택 서민들에게 국민임대아파트를 공급하기 위해 택지개발지구로 지정한 곳이다.

하지만 이들 두 곳에서도 일반분양 아파트가 나온다. 광명시 하안 · 소하동 일대 31만 6,000평 부지에 조성되는 광명 소하지구는 2007년까지 5,684가구가 공급돼 모두 1만 7,260명을 수용하게 된다.

평형별 건립 가구수는 20평형 2,860가구(국민임대), 24평형 280가구, 33평형 930가구, 43평형 1,450가구로 총 5,684가구다. 국민임대 2,860가구를 제외한 전용면적 25.7평 이하 공급 물량은 1,210가구로 이 중 363가구가 광명시 지역거주자에게 돌아간다. 나머지 847가구가 서울 수도권 거주자에게 공급될 것으로 보인다.

소하지구는 무주택 우선공급 물량이 1,210가구로 많지 않다는 것을 염두에 둬야 한다. 또한 예정된 25.7평 이하 아파트를 주택공사가 직접 분양할 경우 모두 청약저축 가입자에게 돌아가 무주택 우선공급 대상자는 아예 청약 기회조차 갖지 못할 가능성도 배제할 수 없다.

25.7평형 이하 공동주택용지가 민간에 공급될지 주택공사가 직접 나서 공공분양을 할지는 현재까지 밝혀지지 않은 상태다. 소하지구는 2003년 11월 건교부로부터 실시계획승인을 받은 상태이며, 2004년 용지보상과 택지 분양을 거쳐 2005년 상반기에 분양된다.

따라서 청약저축에 가입한 사람이라면 소하지구 분양시기를 기다렸다가 민간 분양이 나올 경우 청약예금으로 변경해 1순위자로 청약하는 전략을 세워야 한다. 청약예금 가입자는 예치금액을 늘려 평형수를 변경해 43평형 1,450가구를 노려볼 수 있다.

광명 소하지구와 함께 수도권 노른자위로 꼽히는 하남 풍산지구는 2004년 11월 실시계획이 난 상태로 용지 보상을 거쳐 2005년 중반기 아파트 분양에 들어갈 예정이다. 풍산지구는 국민임대 3,095가구를 제외한 2,430가구가 일반에 공급된다.

이 가운데 전용면적 25.7평 이하 아파트가 1,379가구로 무주택 우선공급 물량은 1,034가구에 이른다. 하남시 우선공급 물량인 310가구를 제외한 724가구가 서울 수도권 1순위 무주택 우선공급 대상에게 배정된다.

PART 03

알짜 아파트 내 것 만들기

전세 안고 매입 전략 펼치기

지렛대 매입 효과 누릴 곳을 찾아라

'전세금으로 집을 산다?' 가능하기만 하다면 얼마나 좋은 말인가. 최근 몇 년 사이 전세값이 엄청나게 올라 웬만한 소형 아파트 하나 얻어 살려고 해도 대충 1억원은 있어야 한다.

그런데 1억원도 안 되는 돈으로 집을 사는 손쉬운 방법이 있는데 그것이 바로, 속칭 '지렛대 매입'이라 불리는 '전세 안고 매입하기'다. 적게는 5,000만원만 있어도 가능하니 이 돈을 내 집 마련의 종자돈으로 삼으면 어떨까?

혹자는 "최근 들어 전세값은 하락하고, 매매값은 다락같이 올랐는데, 어림없는 소리"라고 단정하는 이도 있다. 하지만 중소형 아파트는 여전히 전세 수요가 많고, 상대적으로 가격이 저렴해 충분히 전세를 디딤돌 삼아 저렴한 비용으로 매입이 가능하다.

물론 이를 위해선 두 가지 전제 조건이 있다.

첫째, '전세를 안고 매입'하는 방안이 가격 상승을 위한 시세차익을 노린 투자가 되어선 안 된다는 점이다. 그 배경엔 서울과 5대 신도시의 경우 1가구 1주택 소유자라고 해도 과거와는 달리 3년 보유 2년 거주 요건을 갖추지 않으면 양도세를 내야 하기 때문이다. 아무리 가격이 많이 올라 시세차익을 얻는다고 해도, 막대한 양도세를 낼 경우엔 손에 쥐는 돈은 극히 적을 수 있다. 이런 이유로 '전세 안고 매입'은 훗날 반드시 거주를 염두에 둬야 한다.

둘째, '오를 만한 곳을 찾아 매입'해야 한다. 부동산시장이 예전만 못해 최근엔 개발 재료가 확실한 곳만 가격이 뛰는 양상을 빚고 있다. 만약 앞뒤를 파악하지 않고 '묻지 마 매입'이 될 경우 시세차익은 고사하고, 전세가 하락에 따른 추가비용을 떠안아야 할 가능성도 배제할 수 없다.

셋째, 전세 수요가 풍부하고 매매가 대비 60% 이상인 곳을 눈여겨 봐야 한다는 점이다. 전세 수요가 탄탄해야 나중에 전세가 만료된 뒤에도 애초 계약된 금액에 전세를 다시 놓을 수 있어 가격 하락에 따른 추가 비용 부담을 덜 수 있다.

5,000만원 투자할 아파트 의외로 많다

그렇다면 이런 조건을 갖춰 5,000만원 내외의 돈으로 전세를 안고 매입할 수 있는 유망한 아파트는 어디에 있을까?

서울 강서구 가양동, 염창동, 등촌동 일대는 매매가 대비 전세가 비율이 65% 선을 보일 정도로 전세 수요가 탄탄한 곳이다. 상대적으로 다른 지역과 비교해 중소형 아파트가 많고, 전세가격이 저렴해 임차 수요가 많다.

이 지역을 주목해야 하는 배경엔 9호선 개통이 예정돼 있기 때문이다. 이 일대는 교통 사각지대라는 말을 들을 정도로 도심 진출입이 쉽지 않은 곳이다. 하지만 강남까지 연결되는 9호선이 개통될 경우 강서구 일대의 교통 문제는 획기적으로 바뀔 전망이다.

교통여건이 나아질 경우 수요가 더욱더 늘어나고 아파트 값은 자연스럽게 상승할 것으로 보인다. 이런 점에 비춰볼 때 청약이 아닌 기존 주택 매입을 통한 내 집 마련을 염두에 둔 수요자라면 '전세 안고 매입' 전략을 펼쳐볼 만한 곳이 바로 강서구 9호선 통과 지역이다.

강서구 등촌돈 주공 3단지와 8단지의 경우 향교역과 마포중고교역에서 걸어서 10분 이내에 위치한 아파트다. 주공 3단지 17평형의 경우 시세가 1억 3,000만~1억 4,000만원, 전세는 7,000만~8,500만원 선이다.

인근 가양동 도시개발 2, 3, 6, 9단지에서도 6,000만~7,000만원 정도면 매입할 수 있는 아파트가 수두룩하다. 9단지 21평형은 시세가 1억 4,500만~1억 6,500만원, 전세는 8,500만~9,000만원 선이다. 7,000만원 정도를 내고 미리 사두면 '내 집'이 가능한 셈이다. 9호선 염창우체국이 위치한 염창동 일대에도 미리 매입할 만한 아파트가 많다. 염창동 동아 2차 아파트는 염창우체국역에서 걸어서 5분 거리로, 212세대 규모의 아파트다. 이 아파트 26평형 시세는 1억 6,000만~1억 7,000만원, 전세는 9,000만~1억원 선으로 매매가와 전세가의 차이는 7,000만원 선이다.

강북 뉴타운 개발이나 주거환경개선사업이 활발한 지역도 눈여겨볼 만하다. 도봉구 창동, 쌍문동 일대는 도봉구청이 신시가지를 조성 중인 곳이다. 이미 할인점이나 신 구청 청사가 들어서는 등 개발이 활발하다. 인근에 위치한 쌍문동 삼성래미안 23평형은 1억 8,000만~2억 1,000만원으로 전세는 1억 3,000만~1억 4,000만원 선, 인근 금호 2차 27평형도 6,000만원~7,000만원 정도면 매입이 가능하다.

청계천 복원과 뉴타운이 추진 중인 동대문구 답십리 일대에선 두산, 동아, 대우 아파트의 20평형대가 소액으로 투자 가능한 아파트로 거론되고 있다. 두산 25평형은 1억 7,500만~1억 9,000만원 선으로 전세는 1억 1,000만~1억 2,500만원 선이고, 대우 26평형도 6,500만~7,500만원 선이면 매입이 가능하다.

※ 부록 참조 : 〈표 9〉 5,000만~7,000만원으로 전세 안고 살 수 있는 아파트, 〈표 10〉 7,000만~1억원으로 전세 안고 살 수 있는 아파트

교통망이 내 집 사주팔자를 바꾼다

뭐니뭐니 해도 역세권이 최고

지하철역이나 신설도로 주변의 부동산이 '알짜'라는 것은 어제 오늘의 이야기가 아니다. 그래서 유망한 신규 분양 아파트의 조건으로 빠짐없이 등장하는 것이 역세권이다. 지하철역이나 신설도로 주변의 부동산이나 아파트는 가격 상승세를 탄다는 게 그 이유다.

통상 지하철 역세권 아파트는 지하철 개통을 앞두고 수직상승하는 것이 '공식'이다. 개설 발표 때 한 차례 들썩이고, 착공에 들어갈 무렵에 다시 한 번 '바람'이 불게 마련이다. 여기에 또 한 차례 가격 상승 바람이 부는 시섬이 바로 '개동 임박' 시점이다. 이는 지하칠 9호선 역세권 아파트와 서울, 수도권 지역 내 경부고속전철 역사 주변 아파트도 마찬가지다.

실상 이들 지역 아파트는 상당부분 '개통 프리미엄'이 반영된 상태다. 하지만 각종 부동산 대책과 어수선한 시장 상황, 사람들의 관심도가 이전에 비해 낮아진 것도 요즘 현황이다. 이런 점에 비춰볼 때 업계 전문가들은 "투자를 하든지 내 집을 사든지, 이만한 호기도 드물다"고 입을 모은다. 막상 개통될 무렵엔 '사고 싶어도 못 살 정도'로 가격이 오른다는 게 '요즘을 매입 적기'로 보는 이유다. 문제는 개통 역세권이나 도로 중 과연 어떤 아파트를 사야 하고, 분양을 기다려야 할지 여부다.

예견된 대세 상승, 9호선 라인

지하철 9호선 주변이 관심 지역으로 떠오른 이유는 교통 사각지대로 머물던 강서·동작 일대가 업무 중심지인 여의도, 강남·서초 일대와 연결되기 때문이다. 지하철만 통과하면 가격이 뛸 아파트가 수두룩하다는 이야기다.

9호선이 통과하는 지역을 권역별로 살펴보면 강서구에선 방화동, 가양동, 등촌동, 염창동이 해당되고, 영등포구에선 당산동, 여의도동 일대가 통과구역이다. 동작구에선 노량진동, 본동, 흑석동 일대와 서초구에선 반포동 일대가 여기에 속한다.

강서구 일대　　　　강서구 방화동 일대에선 송정사거리, 송화초등학교, 그리고 마곡지구 내 마곡역 일대 등 총 3곳에 역이 신설될 예정이다. 이 중 송화초등학교 인근이 9호선 개통에 따른 수혜가 클 곳으로 점쳐진다. 특히 마곡지구와도 인접해 있고, 비교적 가격이 서울지역 내에서도 저렴해 소액 내 집 마련 수요자와 투자자들이 눈여겨볼 곳이다. 20평형대는 평당 750만~800만원 선으로 서울시 평균 시세보다 낮다. 특히 방화 1, 2단지의 경우 22평형 시세가 1억 2,000만~1억 4,000만원 선이고, 전세는 7,300만~9,000만원으로 5,000만원 정도만 있으면 투자가 가능하다.

가양동의 양천향교입구역 일대는 마곡지구 개발 여부에 따라 수익 편차가 크게 엇갈릴 전망이다. 양천향교입구역에서 걸어서 7분 거리에 위치한 마곡벽산은 9호선 개통과 발맞춰 재평가 작업이 활발할 것으로 점쳐지고 있다. 궁산공원을 끼고 있어 주거쾌적성이 뛰어나고 한강 조망이 가능하다는 게 장점이다. 25평형이 평당 750만원 선, 30평형이 평당 780만원 선으로 등촌·가양동 내 아파트 시세보다 낮다.

등촌동의 마포중고교역 일대는 생활편의시설이 잘 갖춰져 있고 올림픽대로 진입과 가양대교 진입이 쉬워, '개통 프리미엄'이 상당할 것으로 예상되고 있다. 게다가 학군도 좋다. 강나루현대, 현대 2차, 우방아파트, 가양 도시개발 8단지가 눈에 띈다. 여기에 가양우성 1단지, 등촌 7·8·9·10단지, 등촌동 대림도 고려해볼 만하다. 현재 등촌 8단지 17평형 시세는 1억 2,500만~1억 4,000만원 선이고, 전세는 7,000만~8,000만원 선으로, 전세를 안고 미리 사두는 투자가 가능하다. 강나루현대 24평형 시세도 1억 9,500만~2억 3,000만원으로 시세가 저렴해 매입을 고려해볼 만하다.

염창동의 강서소방서 주변은 비교적 신규 아파트가 많이 위치해 있다는 게 특징이다. 염창우체국 부근에도 소액 투자자나 실수요자들이 접근해볼 만한 아파트가 많다.

동작구 일대　　　　　　동작구 노량진동과 본동, 흑석동 일대는 한
　　　　　　　　　　　강 조망이 가능하다는 뛰어난 가격 상승 여
건을 갖췄음에도 불구하고 그동안 교통 사각지대로 인식되어 가격이
그리 높지 않았다. 하지만 9호선이 개통될 경우엔 말 그대로 집의 팔
자가 확 뒤바뀐다.

　이 일대 기존 아파트로는 강변울트라, 쌍용, 극동강변, 신동아, 경
동원츠리버 등을 꼽을 수 있고, 분양권으론 본동 삼성래미안이 한창
공사 중이다. 비교적 신규 아파트인 쌍용아파트의 경우 32평형 시세
가 평당 930만원 내외로, 인근 상도동 소규모 단지 시세인 평당 1,000
만원에 비해 낮다. 25평형의 경우 2억~2억 4,500만원 선이고, 전세는
1억 1,000만~1억 2,000만원 선으로, 1억~1억 5,000만원 정도의 자
금이 있는 투자자나 실수요자라면 매입을 고려해봄 직하다.

김포 · 고양 · 파주, 서울까지 아웃토반 깔린다

　2003년 7월 23일 건설교통부는 국책사업으로 '수도권 북부지역 광
역교통망 개선대책'을 내놨다. 김포 신도시에 9호선을 연장시키고,
김포고속화도로를 추진해 수도권 서북부 일대 교통망을 개선한다는
것이다. 또 파주 신도시까지 제2자유로와 경의선 복선구간과 연결하
는 경전철 노선 확충, 고양시 대곡역에 9호선과 3호선을 연결하는 내
용도 담겨 있다. 수도권 북부지역 교통망 개선 호재가 가장 돋보이는
곳은 김포 신도시 주변이다.

김포 고촌면 일대　　　김포고속화도로와 외곽순환도로 분기점으로 거론되는 김포 고촌면 일대는 수혜 0순위로 꼽히고 있다. 역세권 아파트 중에서도 2개 노선이 통과하는 환승역 주변 아파트의 인기가 높듯이, 고속도로 분기점 주변 아파트도 알짜배기인 셈이다. 특히 이 지역은 9호선이 연장될 경우 역 신설이 유력할 것으로 보여 그 주변 부동산시장에 대한 관심이 높은 곳이다. 이 일대는 한화, 숲속마을대우, 등촌마을청구, 길훈 1 · 2차 아파트 등 총 1,450여 세대가 자리 잡고 있다.

그리고 김포시내에서 자타가 공인하는 주거 지역인 사우지구 아파트도 교통망 개선 수혜를 누릴 것으로 점쳐진다. 김포지역 내에서 쾌적성이 단연 뛰어난 주거지역이고, 업무시설도 잘 갖춰져 있다. 택지지구답게 교육시설도 잘 갖춰져 있어 금파초등학교와 사우초등학교, 금파중학교, 사우고등학교가 단지 내에 있다.

뛰어난 주거 여건을 갖추고 있음에도 불구하고 사우지구 내 아파트는 서울 출퇴근 교통난으로 인해 서울 강서구 방화동 일대와 비교해 가격이 저평가되어 있다. 9호선 연장과 도로망이 개통될 경우 그 효과가 클 것으로 내다보는 이유도 바로 여기에 있다. 4~5년 장기 투자자라면 매입을 고려해볼 만하다.

고양 대곡역 일대　　　대곡역은 기존 3호선에 9호선이 연장되고, 복선화가 추진되고 있는 경의선 등이 만나 북부지역 최대의 환승구간이 된다. 또 대곡역 일대는 고양시가 테크노밸리와 행정타운 개발을 추진하고 있어, 주변 부동산시장에 대한 관심이 그 어느 때보다 높다. 여기에 고속전철 승강장이 강매와 능곡 부근에 설치될 예정이어서 대곡역 일대는 수도권 북부지역의 교통요충지로 부상할 가능성이 높다. 하지만 '묻어두기식 투자'는 곤란하다. 이 일대 기존 아파트는 노후화가 10년 이상 됐을 뿐만 아니라 가격도 이미 많이 올랐기 때문이다. 결국 투자자 입장에서는 저평가된 분양권을 매입하거나 신규 분양 단지 등을 노리는 게 최선의 길이다.

대곡역에서 다소 떨어져 있지만 경의선 풍산역이 들어서는 풍동지구도 유망 분양지역이다. 또한 화정동과 토당동 지역에 짓고 있는 분양권도 선점투자용으로 고려해볼 만하다.

파주 교하 일대　　　파주 교하와 운정 신도시는 파주 신도시의 양대축이다. 이 두 지역은 지리적으로 서울과 가깝다는 게 특징이다. 교하 신도시는 문발리, 동패리, 다율리 일대 61만 8,145평 규모로 자리 잡게 된다. 일산 신도시의 8분의 1 규모다. 또한 경의선 전철화도 공사가 진행 중이어서 전체 교통망이 완료되는 시점인 2010년 초 이 일대는 수도권 북부 교통망의 요충지로 거듭날 가능성이 높다. 주택수요도 급격히 늘 전망이다. 이미 LG그룹이 파주시 월롱면 일대에 100억 달러를 투자해 LCD공장 설립을 발표한 상태고, 정부가 파주시 일대에 남북교류협력에 대비한 신도시를 발표, 대규모 주거단지 개발을 확정한 상태다.

※ 부록 참조 : 〈표 11〉 9호선 주변 아파트 현황

중앙선 복선전철 개통 임박, 구리와 남양주

2005년 말 청량리–덕소를 잇는 중앙선 복선전철 완공을 앞두고 구리, 남양주 일대 부동산시장이 꿈틀대고 있다. 2009년 완공 예정인 청량리–춘천 간 경춘선 복선전철화 사업도 빼놓을 수 없는 호재다. 경춘선 복선전철은 그간 낙후된 교통여건으로 소외됐던 사능, 금곡, 호평·평내, 마석 지역을 수도권 노른자위로 탈바꿈하는 계기를 마련해줬다.

국철 1호선(의정부–용산역)과 7호선 환승역을 이용해 강남권까지 40분대 진입이 가능할 전망이고, 경춘선 복선전철로 인해 마석, 호평·평내 지역에서 강남도심으로 출퇴근 시간이 30분 내로 단축될 것으로 보인다. 또한 중앙선(구리역)과 경춘선(퇴계원)을 가로지르는 지하철 8호선 연장노선이 2009년 완공됨에 따라 강남, 송파 등 서울 도심 출퇴근 수요층을 흡수하여 교통편의성과 천혜의 자연환경을 두루 갖춘 수도권 주거지로 부상할 전망이다.

청량리–덕소 간 복선전철화 공사의 수혜권역으로는 서울 상봉동, 구리 인창·토평, 남양주 덕소 지역을 꼽을 수 있다.

구리 인창 일대　　　　중앙선 복선전철과 지하철 8호선 연장노선의 환승역이 될 구리역 부근에서는 인창지구 내 아파트가 강세다. 인창지구는 중앙선 구리역과 도보로 불과 5분 거리에 위치한데다 LG백화점, 구리 중앙재래시장 등과 가까워 가격 상승에 대한 기대감이 수그러들지 않고 있는 상황이다. 이 일대 아파트 중 삼환, 신일, 삼보아파트 등이 구리역 개통의 수혜가 클 것으로 점쳐지며, 이 밖에 현대, 대림 1차, 삼호, LG 등도 영향권에 포함돼 있다.

남양주 덕소 일대　　　　한강 조망을 호재로 아파트 값이 꾸준한 상승세를 보이고 있는 남양주 덕소 일대는 2003년 11월 강변북로 연장구간이 개통되면서 서울 도심 진출입이 크게 개선되었다. 교통과 주거쾌적성을 두루 갖춘 수도권 요지로 자리잡을 전망이다.

중앙선 덕소역과 인접한 주공3차가 단연 돋보인다. 중앙선 덕소역에서 도보로 불과 3분 거리에 위치한데다 일부층에서 한강 조망이 가능해 입주한지 5년이 지났음에도 불구하고 주변 신규아파트 수준의 시세 상승을 보이고 있다. 두산위브나 와부읍 쌍용스윗닷홈도 장기적으로 한강 조망과 역세권으로 편입돼 예상돼, 투자자들이 눈여겨볼 만한 아파트다.

※ 부록 참조 : 〈표 12〉 구리시 중앙선 복선화 주변 아파트 현황

판교 교통망의 핵심, 신분당선과 분당선

경기도 판교 신도시. 자타가 공인하는 차세대 노른자위 단지지만 소액 투자자는 엄두도 못 낼 상황이다. 이런 상황에서 판교 특수를 노리는 투자자라면 발상의 전환이 필요하다. 판교 신도시 교통망의 핵

심축인 신분당선과 분당선 연장구간 일대의 부동산이 포인트다.

2004년 착공되는 신분당선은 우선 1단계로 백궁역–판교 신도시–강남구 신사동 구간이 오는 2009년까지 완공예정이며 2010년에는 2단계 공사로 백궁역–동천지구–수지 1·2지구–신봉·성복지구–상현지구–동수원(이의동) 구간이 개통될 예정이다. 장기적으로는 강남, 논현, 신사 등 강남권을 거쳐 서빙고, 이촌, 용산 등으로 연결되는 경의선 복선 구간과 연결돼, 수도권을 남북으로 가르는 최장 노선을 계획하고 있다.

특히 용인 동천, 상현, 성복동 등은 그동안 난개발 여파로 아파트 값이 저평가되어 있어 판교 신도시가 들어서고, 교통망이 갖춰질 경우 '반사이익'을 톡톡히 누릴 것으로 보여 벌써부터 수요자들의 매수 주문이 이어지는 양상이다.

또 분당선은 죽전–신갈–기흥–상갈–영덕–영통–방죽–수원시청–수원역 노선으로 총연장 18.2km 구간으로 오는 2008년까지 2단계로 나눠 건설될 예정이다.

신분당선 1단계 구간　　신분당선 1단계 구간 중 수혜 지역 1순위로 꼽히는 곳은 1단계 구간의 시발역이면서 분당선과 환승하는 분당 백궁·정자동 일대 주상복합촌이나. 그러나 이 일대 주상복합아파트는 신분당선 개통에 따른 기대치가 가격에 반영돼, 소액 투자는 사실상 힘든 상태다.

이런 점에 비춰볼 때 분당 신도시 내에 위치한 정자역과 이매역 일대 기존 아파트가 '대체 투자처'의 조건을 갖췄다고 볼 수 있겠다. 정자역 일대는 느티마을 공무원 3, 4단지와 선경 · 경남빌라, 그리고 금곡교 건너에 위치한 상록마을 라이프, 우성, 임광 · 보성 단지를 꼽을 수 있다. 이매역 일대는 아름건영, 아름삼성, 아름삼호 등이 대표적인 아파트다.

신분당선 2단계 구간 이 일대는 그동안 난개발 여파로 다른 지역 아파트 값이 뛸 때도 제자리걸음을 해왔던 곳들이다. 한 마디로 교통개선 효과로 하루아침에 집과 땅의 팔자가 바뀔 가능성이 높은 곳이라고 해도 과언이 아니다.

현재로선 노선 확정이 이뤄지지 않아 구체적인 수혜 아파트를 꼭 짚어내기는 힘들다. 다만 현지에선 동천지구 내 현대홈타운 2단지와 현대아이파크, 수지 1 · 2지구 내 아파트, LG빌리지가 대단지를 이루고 있는 성복동 일대, 금호 · 쌍용 · 현대 홈타운 등이 포진한 상현지구가 수혜 0순위로 거론되는 상황이다. 특히 신봉, 수지 1 · 2지구 일대는 영덕-양재 고속도로 진입 램프가 예정돼 있어 향후 신분당선과 함께 이 일대 교통망 혜택을 톡톡히 볼 것으로 점쳐진다.

분당선 연장구간 분당선 연장구간은 2005년 죽전역을 시작으로 신갈역, 기흥역, 상갈역이 차례로 들어설 예정이다. 신갈역과 기흥역은 2006년 개통될 예정이고, 상갈역은 2008년 개통 예정이다.

죽전역 일대는 성남대로를 통한 오리역 일대의 까르푸, 하나로마트 이용이 수월하며 오리역 일대 구미동까지 접근이 수월하여 분당 생활권을 가진다는 장점을 가진다.

신갈역은 지하철 개통 후 서울 및 분당까지 접근성이 용인 내 다른 지역보다 편리해 높은 관심을 모을 것으로 전망된다. 역사까지 접근성이 높은 연원마을 일대 삼성래미안, LG아파트, 금호베스트빌, 벽산, 삼호아파트 등이 직접적인 영향을 받을 것으로 전망된다.

기흥역은 2006년 개통될 예정인데, 2008년에는 용인경전철과의 환승역으로 개발된다. 지하철 개통 후 강남까지의 접근성이 높아질 전망이며 용인경전철 환승역 개발에 따른 편의시설 증가도 기대할 수 있겠다.

상갈역은 교통여건 및 편의시설 면에 있어 불편함이 많았던 탓에 일대 아파트 선호도가 낮았던 만큼 분당선 연장 개통에 따른 수혜효과는 상당할 것으로 전망된다.

※ 부록 참조 : 〈표 13〉 분당선 연장구간 주요 아파트 현황

서울과 반나절 생활권, 수원 – 천안 간 복복선전철

수도권 서남부를 관통하는 수원–천안 간 복복선전철이 착공 14년 만인 2004년에 완전 개통된다. 이 전철은 천안, 평택, 오산, 화성 지역을 서울과 반나절 생활권으로 연결하는 핵심 전철망이다. 특히 이 일대는 수원–천안 간 복복선전철을 축으로 화성 동탄 신도시, 아산 신도시 등 대규모 주거타운으로 육성될 계획이어서 부동산 가격 상승

에 대한 기대감이 수그러들지 않고 있는 상황이다.

이 구간의 수혜 권역으로 수원, 평택, 오산, 화성, 천안 일대를 꼽을 수 있다. 이 노선에서 역사가 있는 지역으로는 수원 세류동, 장지동, 화성 병점리, 오산 세교동, 수청동, 가수동, 오산동, 평택 하북리, 신장동, 서정리, 지제동, 천안 두정동과 대흥동 등지를 꼽을 수 있다.

특히 이들 지역은 대규모 택지개발 사업이 역을 중심으로 동시다발적으로 이뤄지고 있어 수요자들의 관심이 그 어느 때보다 높다. 화성 동탄 신도시를 중심으로 화성 태안, 청계·동지, 오산 세교·수청·궐동, 평택 현화, 천안 두정·백석 등 대략 10여 개의 크고 작은 주택개발 사업지가 포진해 있다.

화성 병점역 일대　　35만 평 규모로 1만 여 가구가 들어서는 태안지구가 단연 돋보인다. 태안지구는 임대 아파트와 민간아파트가 고루 포진해 있다. 현지 중개업소 관계자들은 입주 예정 아파트의 경우 프리미엄이 만만치 않지만 가격 경쟁력은 여전히 유효하다는 입장이다. 총 273만 평에 달하는 화성 동탄 신도시는 규모면에서 기존 신도시에 버금갈 정도다.

오산·평택 일대　　평택시와 인접해 있는 이 지역이 미군부대 이전지로 잠정 결정된 것으로 알려지면서 기존 아파트 가격 상승세가 두드러지고 있다. 특히 대규모 택지개발 사업도 뒤따르고 있어 수요자나 투자자의 관심이 그 어느 때보다 높다.

수청지구에 이어 98만 평 규모의 세교택지개발지구도 2005년부터 보상에 착수, 개발이 본궤도에 오르며 가장동 지방공단에는 태평양그룹 계열사의 입주가 결정되는 등 공단 모양새도 제대로 갖춰질 전망이다. 여기에 궐동지구 중앙을 관통하는 서수원−평택, 과천−오산 간 고속도로와 국도 1호선 우회도로 건설이 추진되고 2005년 말 경부선 복복선이 개통되는 등 교통 인프라도 활발하게 구축된다. 전철 세마 · 수청역 신설로 오산권은 서울에서 1시간 내로 좁혀질 전망이다.

궐동과 수청지구 내 분양권도 눈여겨볼 만하다. 2005년 4월에 입주하는 우남퍼스트빌이나 수청지구 우미아파트가 그 대상이다. 평택역과 서정리역을 이용할 수 있는 지역은 세교동과 비전동, 합정동, 동삭동 일대를 꼽을 수 있다. 특히 이 지역엔 장당지구와 현화지구 등 택지개발지구가 위치해 있어 향후 복복선전철이 개통될 경우 그 수혜권역으로 꼽힌다. 세교동 우성 꿈그린, 동삭동 삼익 사이버 등이 역세권 편입 아파트로 분류된다. 여기에 평택 현화지구, 포승지구, 장당지구 내 아파트도 관심 대상 아파트다.

※ 부록 참조 : 〈표 14〉 수원-천안 간 복복선 주변 아파트 현황

인천지역 일대 경제특구 개발 호재

인천은 서울과 가깝다는 입지조건에다 도로와 교통망도 잘 갖추고 있으므로 투자처로서 관심이 집중되는 곳이다. 인천을 더욱 돋보이게 하는 것은 인천 지하철을 따라 진행 중인 대규모 주거단지 개발이다.

지난 1999년 10월에 개통된 1호선 노선은 인천광역시의 도심을 관통하는 황금노선이다. 귤현에서 계양으로 연결하는 연장구간이 2005년 개통 예정이며, 동막에서 송도신도시를 연결하는 노선은 2007년 개통 예정이다.

귤현·계양 일대　　2005년 완전 개통되는 인천 지하철 1호선 역세권은 크게 계양권, 부평권, 남동권, 연수권 등 4개 권역으로 나누어진다.

계양역, 귤현역, 박촌역, 영악역, 계산역, 인천교대역 6개 역이 들어서 있는 계양권은 귤현역을 중심으로 3개의 토지구획정리사업이 진행되는 등 역세권 개발이 한창이다. 특히 이 일대는 계양역과 귤현지구 연장 공사가 2005년 말에 마무리되고, 2006년 말에 인천공항철도가 개통될 경우 계양역이 환승역이 돼, 서울 진출입이 1시간 이내에 가능할 것으로 예상되고 있다. 또한 인천신공항고속도와 서울외곽순환도로의 교차지점이 노오지 분기점과 가까워 도로를 통한 서울 진입에도 큰 불편이 없다는 평가다.

계양권과 함께 인천지하철 1호선 노선 중 주목 받는 곳이 바로 인천터미널역에서 출발해 예술회관역, 간석오거리역, 인천시청역 등으로 이어지는 남동권역이다. 이 일대는 8,900가구 규모로 지어지는 남동구 구월주공, 3,300여 가구의 남구 주안주공, 2,600여 가구의 간석주공 등 2만 여 가구에 달하는 대규모 재건축 아파트가 포진해 있기 때문이다. 눈에 띄는 재건축 아파트로는 지하철 1호선 인천시청역과 걸어서 7분 거리에 위치한 남동구 구월주공아파트, 간석오거리역과 걸어서 5분 거리에 위치한 남동구 간석주공, 국철 간석역에서 걸어서 5분 거리에 있는 남구 주안주공아파트 등이 있다.

논현 2지구

송도 신도시와 가교 역할을 할 연수권역에는 선학역, 동막역 등이 있다. 이 일대에서 단연 돋보이는 곳은 인천 논현 2지구이다. 77만여 평 규모로 개발이 추진 중인 논현 2지구는 2006년 12월 완공을 목표로 사업이 한창이다.

이미 인천 지역민들 사이에서는 논현 2지구 개발이 인천의 주택난 해소와 지역 발전의 밑거름이 될 것이라는 기대감이 팽배하다. 논현 2지구는 인천시청으로부터 6km 떨어진 곳에 위치해 있다. 사업지 북측은 개발제한구역으로 오봉산과 접하고, 동측은 소래포구를 중심으로 자연생태공원 개발예정지가 위치해 있다. 남서측은 인천남동공단이, 정남측은 한화 개발예정지다.

교통여건도 꽤 좋은 편이다. 제2경인고속도로 서창JC와 남동IC, 월곶IC가 근접하고 사업지를 통과하는 수인선 전철 복선화 작업이 추진 중에 있다. 또 인천지하철 1호선 남인천역이 1.5km 지점에 있다.

또 4호선 종점인 오이도역에서 사업지까지 지하철 연장 계획도 추진 중에 있어 교통의 요지로 급부상할 예정이다. 현재 추진 중인 제3경인고속도로도 이 지역을 지나갈 예정이다.

왔다! 강북투자 전성시대

돈 솟을 구멍은 바로 여기

부동산시장에서 대세 흐름은 '강남'이었다. 하지만 대세 흐름의 물
꼬가 바뀌는 게 요즘이다. 바로 '강북 재개발'이 그 흐름의 실체다.
재테크 차원에서 이 흐름을 해석하면 '이만한 투자 적기도 없다'는
중론이다. 가격이 낮은 상태에서 개발이 이뤄지는 만큼 속칭 재테크
의 바이블인 '무릎선 투자가 가능하다'는 게 그 이유다. 결국 이런 흐
름 속에 투자자들에게 요구되는 자세는 '유망 지역과 투자처를 골라
볼 수 있는' 안목이다.

주거 · 투자 두 마리 토끼 잡는 용산 부도심 개발

강북 살리기 묘책이 용산 미군기지 이전에서 나왔다. 기지 이전이

확정되면서 용산 부동산시장이 일거에 '부동산 투자'의 핵으로 부상한 셈이다. 뿐만 아니라 경부고속철도 개통, 미군기지 공원화의 호재, 그리고 이를 뒷받침하는 한남·보광 뉴타운과 100만 평 부도심 리모델링 등 개발이 이어지면서 '서울판 비벌리힐스'라는 말까지 나오는 실정이다. 상황이 이쯤 되자 투자자나 실수요자는 물론 브로커까지 너나 할 것 없이 중개업소 문지방이 닳도록 들락거리고 있는 상황이다.

우선 용산 부동산 투자의 흐름부터 따져보자.

용산 지역 내 부동산 투자의 축은 경부고속전철 시발역이 들어서는 용산역과 한강로 3가를 따라 진행 중인 도심재개발 사업이다. 또 다른 축은 보광동과 동빙고동을 중심으로 한 뉴타운 재개발 사업. 마지막으로 용산역과 용산 미군기지 주변에 위치한 배후지 내 아파트 투자 등 크게 3개의 투자축으로 정리할 수 있다. 투자자 입장에선 이런 투자축을 따져보고, 자신의 형편에 맞게 투자 포인트를 찾는 게 급선무다.

첫째, 투자자금 3억~5억원 선을 확보한 투자자라면 한강로3가 일대 도심재개발 사업과 그리고 동부이촌동 내 아파트 매입을 고려해봄 직하다. 한강로 3가 일대에는 LG에클라트, 벽산, 대우트럼프월드 3차 등 초고층 주상복합아파트가 공사 중이다. 대다수가 40~50평형대이고, 평당 가격도 1,400만원을 넘어서고 있다. 말 그내로 닉닉한 여윳돈이 있는 사람만이 접근이 가능하다는 이야기다.

물론 인근 뉴타운 지역은 1억원 이상 가진 사람이라면 누구나 투자 대상으로 꼽을 만한 곳이다. 현재 보광동과 한남동, 동빙고동 일대 지분 시세는 지역별 편차가 있지만 평당 1,400만~1,600만원 선이다. 10

평형을 매입할 경우 최고 1억 6,000만원으로, 전세금을 뺄 경우 초기 투자금을 1억원 초반에서 묶을 수 있다.

그런데 문제는 사업이 본격화될 경우 추가 자금이 만만치 않고, 사업이 꼬일 경우 꽤 긴 기간이 걸릴 수 있다는 데 있다. 결국 재개발시장에서 밑바닥부터 훑은 '선수' 내지는 경험자 외엔 투자 리스크가 크다고 볼 수 있다.

둘째는 한강로 3가에 쏟아질 주상복합에 '가려서' 청약하는 방법이다. 이 일대에 선보일 주상복합은 이미 오래전에 사업승인을 받아둔 곳이 많아 계약금만 내고, 일부 단지는 '분양권 거래' 도 가능할 것으로 점쳐지고 있다. 한 마디로 청약금 2,000만원(청약금은 조정될 수 있다)에 '꿈만 잘 꾸면' 몇 배의 수익도 '꿈' 이 아니라는 이야기다.

대표적인 곳이 2004년 상반기에 분양되는 센트럴파크다. 세계일보 부지에 대우와 롯데건설이 공동 시공하는 이 주상복합은 41~87평형 629가구와 오피스텔 23~69평형 120실이 들어선다. 20층 이상에서 한강 조망이 가능하고, 용산역이 코앞이다.

이 밖에 용산 공원 남측 특별계획 구역에서도 삼성물산과 현대건설이 선보일 1,154가구 규모의 초고층 주상복합도 '둘째가라면 서러울' 물량이다.

여하튼 1억~2억원 선의 투자자라면 배후지 내 중소형 아파트 매입이 '현실적' 투자 대안이다. 물론 2~4년 뒤엔 반드시 2년 거주를 해야 양도세를 면제 받을 수 있다는 점을 명심해야 한다.

동부이촌동에선 강촌아파트 25평형이 1억 5,000만원을 종잣돈 삼아 1억 5,000만원의 전세를 안고 살 경우 가능하다. 코오롱이촌, 한가람아파트 25평형대도 같은 조건하에 매입이 가능할 것으로 보인다. 이태원동 초입에 위치한 녹사평역 부근도 소액투자자자들이 눈여겨볼 아파트가 있다. 남산대림아파트 22평형, 한신아파트 28평형이 그 대상이다.

용산 배후지인 도원동 도원삼성이나 다소 멀지만 서빙고동 코오롱, 금호아파트도 미군기지 이전과 경부고속전철 개통 수혜 아파트로 거론되고 있다.

청계천 주변, 섣부른 매입 주의

숱한 화제를 뿌린 청계천 복원 공사도 강북의 투자 동선을 바꾼 변수다. 복원구간은 5.2km 구간으로 길이는 짧지만 '도심 한복판'을 가로지른다는 점에서 부동산시장에 미칠 파장은 '상상초월'이란 게 현장의 이야기다. 청계천 복원 하류부터 거슬러 올라가면서 수혜 부동산과 현황을 살펴보자.

복원 마지막 구간인 마장동 일대에선 현대아파트와 극동아파트, 재건축이 추진 중인 태양아파트가 영향권에 놓여 있다. 이 중 현대아파트는 1,017가구로 1998년에 지어진 아파트다. 24평형 시세는 평당 900만원 내외로 2억 1,000만~2억 3,000만원 선이면 매입이 가능하다. 성동구 하왕십리동으로 눈을 돌리면 청계천 복원 특수를 고스란히 누리는 청계천 벽산아파트가 포진해 있다. 이 아파트 28평형 시세는 평당 1,100만원 선이다.

전세를 안고 매입해도 1억 6,000만원 이상의 자금이 필요하다. 그렇다면 가격이 한껏 뛰어오른 현 상태에서 매입을 해도 괜찮은가? 이 해답에 대해 현장 중개업소는 '물론'이라고 답한다. 단순 거래를 위한 립서비스가 아니다. 인근 왕십리 일대 뉴타운 아파트의 분양가격이 주변 시세를 웃돌 것으로 점쳐져, 결국 이 아파트의 시세도 뛴다는 게 이들의 주장이다.

주변 일대 재개발 사업지인 용두 1, 2구역도 구역지정을 받은 상태로 조만간 사업이 본 궤도에 오를 전망이다. 두 곳 모두 10평형 기준으로 평당 시세가 1,2000만원 선을 웃돌고 있는 상황이다. 그렇다고 소액 투자가 그리 녹록한 것도 아니다. 10평형을 매입할 경우 1억 2,000만원으로 여기에 전세를 뺄 경우엔 1억원 미만의 투자도 가능하다. 하지만 현재 매물이 없는 상황이어서 실제 소액 투자로 연결되기는 힘들다는 게 현장의 목소리다.

종로구 숭인동, 창신동 일대도 청계천 복원 구간과는 다소 떨어져 있지만 영향권에 위치한다. 이 지역 내 아파트는 창신이수아파트와 쌍용 1, 2차 아파트. 여기에 동부건설이 올 상반기에 공급한 숭인 4구역 아파트 등을 꼽을 수 있다.

청계천 복원 구간은 아니지만 성동구 성수동 뚝섬 일대도 결코 그냥 지나칠 수 없는 곳이다. 이 일대는 서울시가 역점 사업으로 추진 중인 뚝섬 개발 프로젝트가 진행 중이기 때문이다. 이 지역에 35만 평 규모의 문화관광단지 사업을 추진 중이고, 장기적으로 현재 선릉까지 연결되어 있는 분당선을 성수, 뚝섬, 왕십리까지 연결하는 방안을 적극 모색하고 있는 실정이다.

물론 성수동 일대에 산재해 있는 중소형 공장으로 인해 이 지역의 주거 쾌적성을 문제 삼는 이들도 있다. 그러나 서울시가 이들 공장에 대해 외곽 이전을 추진 중이므로 주택 매입의 결정적 키워드라고 보긴 힘들다.

현재 뚝섬 지역에 위치한 아파트로는 동아맨션, 동양메이저, 강변건영, 한진타운, 중앙하이츠빌 등을 꼽을 수 있고, 이들 아파트는 20평형의 경우 평당 800만~900만원 선을 나타내고 있는 상황이다.

강북의 밑그림 다시 짜볼까?

"서울에 살아도 다 같은 서울 시민이 아니다?" 강남과 강북 차이를 빗댄 말이다. 이런 점에 비춰볼 때 잇따라 발표되고 있는 '강북 뉴타운 사업'은 향후 강남과 강북 판도 변화의 중요한 계기가 될 것이다. 물론 모든 것이 하루아침에 만들어지지는 않겠지만, 10년을 바라보고 일찌감치 터를 잡는다면 최근 강북권 뉴타운 개발붐을 눈여겨볼 필요가 있다.

서울시는 은평, 왕십리, 길음뉴타운에 이어 종로구 필동, 서대문구 남가좌동 등 12곳, 257만 평을 '자족형 복합도시', 즉 뉴타운으로 지정했다. 여기에 성북구 하월곡동과 동대문구 용두동, 서대문구 홍제동, 마포구 합정동, 구로구 가리봉동에 대해선 균형발전지구로 결정해, 상업지역 확대와 용적률 완화 등의 혜택을 주기로 한 상태다.

뉴타운 지정의 의미는 흔히 "재개발은 소문에 사고, 계획 발표에 산다"고 할 정도로 혼탁이 난무하는 재개발 사업을 보다 '빨리' 추진할 수 있도록 조치했다는 데에서 찾을 수 있다. 하지만 재개발 추진이 수월해지다 보니, 재개발 지분 가격이 폭등했다는 점에서 투자자나 내 집 마련 수요자 입장에선 결코 달갑지 않다. 실상 왕십리 뉴타운 지분 가격이 소형의 경우 평당 1,500만원 선이고, 타 뉴타운 지역도 가격이 높기는 마찬가지다. 물론 10평형을 1억 5,000만원에 전세금을 안고 살 경우 1억원 내외 투자도 가능하지만, 사업 추진이 완료될 경우엔 추가부담금, 금융비용 등을 고려할 때 30평형대의 경우 4억원 정도를 감수해야 한다.

그렇다면 소액 투자자가 뉴타운 지역에서 찾을 수 있는 방안은 무엇일까? 결국 뉴타운 추진에 따라 혜택을 볼 아파트를 찾는 '우회전략투자' 가 가장 현명하다.

서대문구 남가좌동 뉴타운 지역부터 살펴보자. 이 지역에 위치한 기존 아파트로는 남가좌2동에 위치한 현대아파트와 현대 I-PARK, 그리고 명지대 인근에 위치한 삼성래미안 등이 대표적이다. 삼성아파트 20평형대는 평당 900만~1,000만원 선이고, 현대아파트도 평당 900만원 선을 유지하고 있다.

마포구 아현동 뉴타운 지역에선 공덕동 삼성아파트가 수혜권역이다. 하지만 이 아파트의 경우 30평형대는 평당 1,100만원 선으로 내 집 마련 수요자들이 접근하기엔 다소 버겁다는 지적이다. 하지만 모기지론을 활용할 경우 매입도 가능해, 수요자 입장에선 결코 그냥 지나칠 곳은 아니다.

강북구 길음동과 미아동 일대도 수혜 아파트가 수두룩하다. 길음동에선 길음삼성, 길음동부, 대림, 대우(분양권) 등이 뉴타운 인근지역에 위치해 있다. 평당 시세는 900만~1,000만원 선. 미아동 일대는 북한산SK시티, 풍림, 벽산 아파트가 수혜주로 떠올랐지만, 고질적인 교통문제 해결이 어떻게 되느냐에 따라 희비가 엇갈릴 전망이다.

※ 부록 참조 : 〈표 15〉 강북지역 내 개발 호재 주변 아파트 현황

무주택자 우선공급 혜택 받으려면

Q 무주택자 우선공급이 확대된다는 이야기를 들었습니다. 무주택자 우선공급이 확대될 경우 어떤 혜택이 있는지요?

A 무주택자 우선공급자는 일반분양되는 전용면적 25.7평 이하 아파트에 대해 우선적으로 공급 받을 수 있는데, 2004년 2월부터 우선공급 물량을 종전 물량의 50%에서 75%로 늘려 무주택 우선공급 대상자의 당첨 확률이 높아졌습니다.

의외로 1순위 청약자와 무주택자 우선공급자의 순위에 대해 혼동하고 계시는 분들이 많습니다. 전용면적 25.7평 이하 일반분양 물량이 100가구 선보일 경우 무주택 우선공급 대상자는 이 중 75가구에 대해 우선청약할 수 있습니다. 만약 여기서 당첨이 되지 않았을 때는 나머지 25가구에 대해 1순위 청약자와 똑같은 조건으로 경쟁하게 됩니다.

Q 택지개발지구의 경우 지역우선할당제라는 게 있던데, 구체적으로 어떤 내용인가요?

A 택지개발촉진법에 의해 20만 평 이상 수도권 택지개발지구에선 전체 공급 물량의 30%를 지역 내 청약통장 가입자에게 우선분양하도록 되어 있습니다. 그러나 지역 거주자라고 해서 무조건 우선분양 혜택을 받는 것은 아닙니다. 실례로 판교 신도시의 경우 택지개발예정지구로 지정된 2001년 12월 26일 이전 거주자에 한해 우선분양할 수 있는 권리를 주고 있습니다. 치열한 청약경쟁률을 예고하고 있는 판교 신도시 분양을 감안하면 전체 물량의 30% 우선청약은 대단한 특혜 중에 특혜입니다. 물론 이 가운데 무

주택 우선공급 대상자는 더더욱 빛나는 존재지요.

Q 분양공고에는 대형 건설사가 짓는 것처럼 되어 있는데, 실제 사업을 추진한 곳은 소규모 업체인 곳이 많은데 문제는 없나요?

A 시행사는 아파트 사업을 책임지며 총괄하는 업체이고, 시공사는 공사비를 받고 건물만 지어주는 업체입니다. 문제가 발생할 경우 책임은 시행사에 있습니다. 이런 이유로 분양심사 지침엔 '시행사 ○○, 시공사 ○○'로 구분 표기하도록 하고 있습니다. 만약 이 구분 표기가 되어 있지 않으면 반드시 해당 업체나 각 시·군·구청 주택과에 문의, 확인해야 합니다. 한 가지 더 말씀드리면 분양광고에 표기된 대출 조건도 잘 살펴봐야 합니다. 허위 과장 여부가 적잖이 눈에 띕니다. 대출 조건의 올바른 표기는 '○○은행, 연 ○○%, 최고 5,000만원, 변동금리'처럼 은행, 금리, 대출가능금액, 변동 고정금리 여부 등 4가지 요소를 모두 표기해야 합니다. 그런데 분양광고를 보면 '최고 5,000만원, 연 9.5%'만 표기한 경우가 많으니 주의가 요망됩니다.

Q 미분양 주택이 늘어나고 있다던데요. 그리고 주위에선 청약통장 없이 살 수 있으니 투자를 해볼 만하다고 추천하는데 어떻게 할까요?

A 미분양 주택의 장점은 청약통장 없이 살 수 있다는 점입니다. 일부 업체들은 미분양으로 돈이 묶여 있기보다는 좀 싼 가격이라도 처분하는 게 낫다고 판단해, 분양가와 각종 금융 조건을 제시하기도 합니다. 그런데 미분양 주택이 나오는 이유는 그만큼 수요자의 관심이 덜하기 때문입니다. 미분양 주택의 경우 대개 1~2층이거나 또는 교통·교육 등의 여건이 갖춰지지 않은 경우가 많습니다. 물론 극히 일부는 공급이 몰려 청약 순위 내에서 마감을 못하는 경우도 있지만 이런 경우는 거의 희박합니다.

PART 04

임대아파트로 시작하기

색안경을 벗으면 내 집이 보인다

임대아파트 주거 여건 크게 좋아져

임대아파트의 보증금과 월세가 일반 아파트에 비해 훨씬 저렴하다는 것쯤은 누구나 알고 있다. 이러한 사실을 알면서도 임대아파트는 좁고 지저분하다는 인식 때문에 꺼리는 이들이 많다. 심지어 임대아파트가 있으면 주변 아파트 시세가 떨어진다는 편견을 갖고 있는 사람들도 있다.

이처럼 임대아파트에 대한 부정적인 인식이 커진 데는 1980년대 말부터 도심 재개발 지역에 들어선 영구임대아파트가 한몫했다. 서울에서 쉽게 발견할 수 있는 영구임대아파트는 한 가구당 전용면적이 7~8평으로 비좁은 것이 사실이다. 심지어 일반분양 아파트와는 출입구부터 다르게 하거나 담장을 쳐서 구분해놓기도 한다.

하지만 이제는 임대아파트에 대한 색안경을 벗을 때가 됐다. 최근 공급되고 있는 임대아파트는 주거 여건이 크게 좋아졌기 때문이다.

특히 2000년 하반기부터 입주가 시작된 국민임대아파트는 임대아파트에 대한 인식을 바꾸어놓기 시작했다. 24평형까지 평수가 크게 늘었고, 내장재는 물론 놀이터, 노인정 등 생활편의시설도 일반 아파트와 큰 차이가 없다.

정보통신 환경은 오히려 일반 아파트보다 낮다는 평가를 받고 있다. 정부에서 모든 국민임대주택에 대해서 정보통신 1등급을 적용하고 있기 때문이다. 정보통신 1등급이란 단지 내 동까지 광케이블을 연결한 아파트를 말한다. 일반 아파트는 대체로 단지까지만 광케이블로 연결되고 동까지는 동축케이블이 깔린다. 광케이블은 동축케이블보다 인터넷을 이용할 때 훨씬 빠른 속도를 지원해준다.

주거비 줄이고 내 집 마련 앞당기고

임대아파트의 주거 여건이 개선되면서 보증금과 월세가 약간 상향 조정되기는 했지만 여전히 주변 시세보다 훨씬 저렴하다. 따라서 보증금과 월세가 싼 임대아파트에 입주하면 주거비가 적게 들어 내 집 마련 시기를 앞당길 수 있다. 아울러 공공임대나 민간임대아파트는 나중에 분양을 받아 내 집으로 삼을 수도 있다.

실제 경기도 수원에 사는 주부 정혜영(28) 씨는 국민임대아파트를 분양받아 주거비용을 줄일 수 있었다. 정씨는 2000년 8월 수원 정자지구 국민임대아파트에 입주했다. 22평형에 입주한 정씨는 보증금 2,000만원, 월세 11만원을 내고 있다. 수원지역 아파트 전세 시세와 비교하면 절반도 안 된다. 정씨는 주거 환경도 만족스럽다고 말한다. "단지 내 생활편의시설이나 주변 여건이 바로 옆 일반 아파트에 비해 처지지 않습니다. 임대아파트가 좁고 지저분하다는 것은 옛날 이야기 죠." 그는 현재 일반 아파트에 청약신청할 수 있는 청약예금 통장도 들고 있다. 언젠가는 집을 사겠다는 생각을 갖고 있기 때문이다.

새로 분양받지 않더라도 기존 임대아파트에 입주 대기 신청을 할 수 있다. 임대아파트에 살다가 집을 사서 이사를 간다거나 자격 제한 에 걸려 나오는 사람들도 있기 때문이다.

기존 임대아파트는 크게 국민임대와 5년 공공임대로 나뉜다. 국민 임대는 임대 기간이 30년으로, 나중에 분양을 하지 않는다. 보증금과 월세는 주변 지역 전세가의 50~70% 수준이기 때문에 집 없는 서민 들에겐 안성맞춤이라고 할 수 있다. 한편 5년 공공임대는 전용면적 25.7평 이하로 평수가 넓고 5년 동안 비교적 싼 임대료를 내고 살다 주변 시세의 70~90% 수준에서 분양 받을 수 있어 인기가 높다. 전용 면적 15평 이하는 청약저축이 필요 없지만, 15평 이상은 청약저축 가 입자여야 한다.

앞으로 임대주택 물량이 크게 늘어나면서 임대주택에 사는 사람들 의 이동도 예전에 비해 활발해질 것으로 보인다.

4~5년 뒤면 골라서 들어간다

2003년 말 현재 우리 나라의 임대주택 비율은 3.4%에 불과하다.

그동안 정부에서 임대주택을 짓기보다는 민간 건설업체에 의존하는 주택정책을 폈기 때문에 임대주택 비율이 매우 낮았다. 그나마 공급된 임대주택도 비좁고 안 좋은 위치에 있어 슬럼화 현상이 나타나기도 했다.

이에 비해 주거 복지가 잘돼 있는 선진국에서는 임대주택 비율이 높은 편이다. 영국과 프랑스의 경우 임대주택 비율은 20% 안팎이고, 네덜란드는 41%에 달한다. 우리와 비슷한 주택정책을 편 일본도 임대주택 비율이 7.6%로 높은 편이다.

늦게나마 정부에서는 중장기적으로 임대주택 공급을 크게 늘릴 생각이다. 2012년까지 모두 150만 가구에 달하는 임대주택(국민임대 100만 호, 장기공공임대 50만 호)을 공급해 임대주택 비율을 15%까지 끌어올릴 계획이다.

장기공공임대는 기존의 5년 공공임대를 대신하는 민간임대아파트로, 10년 이상 임대로 살다가 나중에 분양 받을 수도 있다. 보증금과 월세는 민간 건설업체에서 결정하기 때문에 국민임대보다 다소 높은 수준일 것으로 보인다. 아울러 10년 뒤 분양할 때도 분양가를 민간업체가 자율적으로 정할 수 있다.

국민임대와 장기공공임대만 놓고 봐도 매년 15만 가구가 공급된다. 공급 계획에 비춰볼 때 지금 청약저축에 가입하면 2~3년 뒤엔 당첨 기회가 생기고 4~5년 뒤면 골라서 들어갈 수 있을 것이다. 지금도 입주자 모집에 제한을 두긴 하지만 수도권 지역 임대아파트 청약경쟁률은 대체로 2대 1 이하, 높아도 4대 1에 불과해 여유가 있는 편이다.

인기지역에서도 임대아파트 쏟아진다

지금까지 청약저축이 청약부금이나 청약예금에 비해 인기가 떨어졌던 것은 사실이다. 집 없는 세대주만 가입할 수 있던 것도 이유였지만 청약저축으로 신청할 수 있는 아파트가 별로 없었기 때문이다. 더구나 서울과 수도권 인기 지역에서는 공공주택이 별로 공급되지 않았다. 하지만 이제는 상황이 달라졌다.

앞으로 공급하는 임대주택은 도심 접근성이 뛰어나고 주거 여건도 쾌적한 곳이 많다. 특히 2005년쯤 공급되는, 서울 주변 그린벨트 해제 지역은 주목할 만하다. 의왕 청계, 광명 소하, 하남 풍산, 의정부 녹양, 성남 도촌, 고양 행신 2지구 등 11개 지역이 바로 그곳이다.

이들 지역은 서울에서 가까울 뿐만 아니라 친환경적 주거지역으로 개발된다. 게다가 정부 계획에 따르면 전체 4만 9,600가구 가운데 55%가 국민임대주택이라고 한다.

2005년부터 공급되는 판교 신도시에도 국민임대 주택 6,000가구가 들어선다. 아울러 김포와 파주 신도시를 비롯해 화성 동탄, 아산 신도시에도 임대주택이 대량 공급된다. 앞으로 정부는 임대주택 건설 사업을 원활히 추진하기 위해 공동택지의 40%를 임대주택(국민임대 25%, 장기공공임대 15%)에 의무 배정하기로 했다. 아울러 김포와 파주, 판교 등 신도시에도 전체 공급물량의 20~30%를 임대주택으로 짓기로 했다.

서울 지역에서도 질 높은 임대아파트 공급이 크게 늘어난다. 서울시는 택지개발지구와 그린벨트 해제 지역, 뉴타운 지정 지역을 중심으로 임대아파트 10만 가구를 공급한다. 우선적으로 2005년부터 은평(4,750가구), 장기·발산(5,595가구), 상계·장암(1,380가구), 천왕(2,060가구), 강일(3,620가구) 등 택지개발지구에 국민임대주택을 공급한다.

게다가 서울시는 임대주택의 질을 높이기 위해 주택면적을 최고 33평형까지 확대할 예정이다. 시세보다 낮은 보증금과 월세로 서울 노른자위 땅에 들어서는 30평형이 넘는 임대아파트에 살 날도 멀지 않은 셈이다.

청약저축 가입자가 신청할 수 있는 아파트

구분	국민임대	5년 공공임대	장기 공공임대	공공분양
공급조건	30년 임대	5년 임대 후 분양	10년 임대 후 분양	즉시 분양
전용면적	15~25.7평	18~25.7평	25.7평 이하	25.7평 이하
사업자	한국주택공사와 지방공사	한국주택공사와 한국주택공사	민간 건설회사와 지방공사	한국주택공사와 지방공사

임대아파트 입주자 소득제한은 얼마?

청약저축에 가입했어도 국민임대 아파트는 가계 소득이 일정 수준 이하인 사람만 신청할 수 있다. 우선 전용면적 15~18평인 국민임대에 들어가려면 청약저축 가입자이면서 월소득이 도시근로자 월평균 가계소득의 70% 이하여야 한다. 2003년 3분기 기준 도시근로자 월평균 가계소득은 301만 9,000원이다. 2003년 3분기 기준으로 보면 월소득이 211만 3,300원(세전 기준) 이하인 무주택 세대주만 입주할 수 있는 셈이다.

전용면적 15평 이하인 국민임대는 청약저축 가입 여부에 관계없이 전년도 도시근로자 월평균 가계소득의 50% 이하인 사람만 입주할 수 있다. 역시 2003년 3분기 기준으로 보면 월소득이 150만 9,500원(세전 기준) 이하인 무주택 세대주만 입주 신청할 수 있다.

소득제한에 걸린다면 전용면적 18~25.7평인 국민임대를 노리면 된다. 아직 전용면적 18평 이상 국민임대는 별로 없지만 주택공사나 서울시 도시개발공사는 임대아파트 수준을 높이기 위해 앞으로 공급물량을 늘릴 계획이다. 아울러 5년 공공임대나 장기공공임대도 소득 제한이 없다.

이 밖에 임대아파트 입주 순위를 보면 15평 미만의 경우 입주지역 시군 거주자가 1순위, 사업 주체가 정한 인접 시군 거주자가 2순위다. 동일 순위 내 경쟁자가 있으면 세대주 나이, 부양가족 수, 주택건설지역 거주 기간 등 일정한 기준에 따라 점수를 부여해 입주자를 결정한다.

15평 이상의 경우는 청약저축에 가입하여 2년 이 경과된 자로 매월 약정납입금 24회 이상 납입자가 1순위, 청약저축에 가입하여 6개월이 경과한 자로 매월 약정납입금 6회 이상 납입자가 2순위다.

임대아파트 어디를 고를까?

신도시에도 임대아파트 물량 많다

임대주택이 공급되는 지역은 주로 대규모 택지개발지구이다. 정부는 기존 공동택지의 30%, 앞으로 사업승인을 받을 공동택지의 40%를 임대주택 용지로 우선 배정할 계획이다. 임대주택은 대체로 중소평형이라는 점을 감안할 때 임대주택 공급비율은 더 높아질 것으로 보인다.

우선 화성 동탄 신도시에선 아파트 3만 2,615가구 가운데 1만 645가구가 임대아파트로 구성된다. 판교 신도시에서도 아파트 2만 6,400가구 가운데 6,000가구가 임대주택이다. 아울러 파주 신도시와 김포 신도시를 합해 최소한 2만 4,000가구의 임대주택이 공급된다.

이들 지역에 들어서는 임대주택은 신도시가 제공하는 생활편의시설을 공유할 수 있어 서민들의 보금자리로서 손색이 없다. 나아가 정부에서는 공공택지를 확보하기 위해서 서울과 수도권에서 그린벨트로 묶인 지역을 풀고 있다. 이들 지역은 규모가 작기는 하지만 서울 접근성은 오히려 신도시보다 우수하다는 평가를 받고 있다.

친환경을 원한다면 그린벨트 해제지구

서울 근교 그린벨트 해제지구는 환경단체의 반대를 무릅쓰고 임대 주택용 택지로 조성되는 지역이다. 정부는 그린벨트 해제지구라는 점을 감안해 최대한 친환경적으로 개발할 계획이다. 우선 용적률을 150% 이하로 제한해 자연경관을 지키고 단지 내 녹지율도 30% 이상을 유지하도록 할 계획이다. 아울러 택지지구 안에는 산림과 하천을 공원화함은 물론 보행자 도로와 자전거 도로도 다수 들어선다. 입주자들은 기존 택지지구에서는 볼 수 없었던 친환경적인 단지를 경험할 수 있을 것이다.

이뿐만 아니다. 이들 지역은 모두 서울에서 20km 이내에 있어 서울과 가깝다. 또한 대부분의 지역이 간선도로와 지하철, 경전철이 지나가기 때문에 교통 여건도 좋다. 그야말로 금상첨화인 셈이다. 이들 지역에는 모두 4만 9,600가구가 들어서며 이 가운데 55%인 2만 6,000여 가구가 국민임대주택이다. 본격적인 분양은 2005년 상반기부터 시작된다.

남양주 가운지구　　　경기도 남양주시 가운동, 도농동 일대. 서울 도심으로부터 동측 약 17km 지점에 위치하며, 서울–구리–남양주를 연결하는 수도권 동부 지역 성장축 선상에 있는 지역이다. 복선전철화 예정인 중앙선(도농역) 및 국도 6호선, 서울외곽순환도로, 올림픽대로 등 기간교통망이 잘 갖추어져 있어 서울과 인근 도시로의 접근성이 양호하다. 수도권 동부지역 임대주택 가운데 최적지라는 평가를 받고 있다.

가운지구 동쪽 기존 야산의 녹지축과 지구 서쪽의 녹지축을 중앙공원으로 연결하고 지구 내 흐르는 하천을 생활 활동축으로 설정해 단지와 연계한다. 하천변과 기존 시가지변에는 다양한 아파트 배치로 개방감을 확보할 예정이다.

의왕 청계지구　　　경기도 의왕시 청계동, 포일동 일대. 서울도심 남측 약 20km 지점에 위치하고, 안양의왕–성남을 연결하는 수도권 남부 핵심 축선에 있는 지역이다. 인근에 서울외곽순환고속도로, 과천–의왕 간 고속도로, 국지도 57호선 및 지하철 4호선(인덕원역) 등 기간교통망이 잘 갖추어져 있고, 평촌 신도시가 가까워 교통여건 및 생활여건이 우수하다. 뿐만 아니라 지구 주변에는 청계산, 백운호수, 학의천 등 주변의 자연경관이 수려하다.

청계지구 북쪽에 있는 산의 자연요소와 지구 내 야산을 보전하는 동시에 근린공원으로 조성해 녹지를 연결한다. 아울러 지구를 관통하는 하천을 활용해 자연환경과 어우러지는 공공 보행로를 연결한다.

의정부 녹양지구　　　경기도 의정부시 녹양동 일원으로 서울 도심 반경 20km 지점에 있다. 서울–의정부–동두천을 연결하는 수도권 북부 지역에 있는 지역이기도 하다. 녹양지구에는 경원선, 교외선, 국도 3, 39호선이 상호 교차하는 교통의 요충지이며, 서울 및 인근 도시로의 접근성이 양호하다. 녹양역 주변지역 개발로 인해 수도권 북부지역의 새로운 주거단지로 각광 받을 것으로 예상된다.

녹양 지구 동쪽에 있는 녹양역에서 초등학교에 이르는 생활가로를 조성하고 가로변에는 ㄷ자 또는 ㅁ자형의 4~5층 주택을 배치하여 경관과 보행이 어울려 도시적인 활력이 살아나는 도시마을로 조성된다. 녹양역 주변지역과 연계해 기존 자연환경을 최대한 보전하고, 근린공원 및 초등학교를 연결하는 보행 녹지체계 구축 등 친환경적 주거단지 조성에 역점을 둘 방침이다.

고양 행신 2지구　　　　　경기도 고양시 덕양구 행신동, 도내동 일대.
　　　　　　　　　　　행신 2지구는 서울도심 반경 12km 지점에 위치해, 서울-고양-파주를 연결하는 수도권 서북부 축선에 있다. 복선전철화 예정인 경의선(강매역), 지하철 3호선(화정역), 국가지원 지방도 23호선, 지방도 310, 398호선 등 기간 교통망이 잘 갖추어져 있어 서울 및 인근 도시로 접근하기 쉽다.

행신 2지구를 관통하는 십자형의 도시계획도로를 중심으로 산지와 접하는 동쪽 부분은 저밀도 아파트를 건설하고 기존 시가지와 접하는 부분에는 중밀도 혹은 고밀도 아파트를 배치한다. 지역 내 하천을 중심으로 공원도 들어선다.

안산 신길지구　　　경기도 안산시 신길동, 원곡동 일대로 서울 시계로부터 약 20km 지점에 있다. 인근에 서해안고속도로(서안산IC), 국도39호선, 안산–시흥 도로와 안산선 전철(안산역)이 통과하는 등 기간교통망이 잘 갖추어져 있다. 신길지구 동쪽으로 안산 고잔 신도시와 인접해 교통 및 생활여건이 우수하고 배후에 반월산업단지 및 시흥산업단지가 있어 공단 근로자들의 주거단지 역할도 할 것으로 보인다.

신길지구 내 무명산과 지구를 관통하는 하천을 보전해 보행 동선과 연결시키며, 생태분석을 통해 습지와 생물서식지 등을 공원화해 보전할 계획이다.

성남 도촌지구　　　경기도 성남시 중원구 도촌동, 갈현동 일대로 서울도심에서 동남쪽으로 약 23km 지점에 있다. 주변에 서울외곽순환고속도로(성남IC), 분당–수서 간 고속화도로, 성남대로, 국도3호선 및 분당선 전철(야탑역)이 통과한다. 지구 남서쪽으로 분당 신도시와 접하고 있어 교통여건 및 생활 여건이 우수하다.

도촌지구를 감싸고 있는 풍부한 산록과 지구 내를 동서로 관통하는 하천을 보전할 방침이다. 단지 내 마을마당을 하천과 연결시키고 단지에서 자연경관을 조망할 수 있도록 산록 및 하천변에 다양한 형태의 공동주택 등을 조성할 계획이다.

군포 부곡지구　　　　경기도 군포시 부곡동 및 의왕시 삼동, 초평
　　　　　　　　　　　동 일대로 서울 도심으로부터 약 17km 지
점에 있다. 주변에 영동고속도로(동군포IC), 국도47호선 및 경부선 철
도(부곡역)가 통과하는 등 기간교통망이 잘 갖추어져 있다. 안산-수
원-군포-과천-서울을 연결하는 수도권 남부지역 축선에 있어 개발
압력이 높은 지역이다.

　지구 북쪽의 산지를 최대한 보전하면서 부곡지구 한 가운데 학교
등을 배치해 개방된 공간으로 활용한다. 지구남쪽 하천과 저습지를
공원화하고 지구 동쪽의 부곡역에서 단지 안으로 이어지는 주보행로
를 만든다.

부천 여월지구　　　　경기도 부천시 여월동, 작동 일대로 서울도
　　　　　　　　　　　심에서 남서쪽으로 약 17km 지점에 있다.
주변에 경인고속도로(부천IC), 서울외곽순환도로(중동IC), 춘의로, 수
주로 및 경인선 전철(소사역)가 통과한다. 서쪽으로 중동 및 상동신도
시 등 도시발전이 가속화되고 있어 개발 잠재력이 큰 지역이다.

　여월지구는 친환경적인 국민임대단지 조성을 위한 시범단지로서
'대한국토 및 도시계획학회'에서 마련한 환경친화적인 임대주택단지
조성방안을 적용해 개발된다.

광명 소하지구　　　　경기도 광명시 소하동, 하안동 일대로 서울
　　　　　　　　　　　도심으로부터 남서쪽으로 약 16km 지점에
있다. 주변에 서울 오류-안양 간 도로, 서부간선도로, 경부선 전철(시

홍역) 및 서울 강남순환고속도로(계획)가 관통해 교통 및 생활여건이 우수하다. 개발 용지 부족으로 도시 성장이 지체되고 있는 광명시의 도시발전과 인근 공단지역 근로자들의 주택 용지로 적합한 지역이다. 소하지구는 지구 북쪽과 동쪽에 있는 기존 시가지와 함께 개발한다.

하남 풍산지구　　　　　경기도 하남시 풍산동, 덕풍동 일대로 서울 도심에서 동남쪽으로 약 19km에 있다. 올림픽도로와 외곽순환고속도로 등과 인접해 서울 접근성이 매우 양호한 지역이다. 아울러 풍산지구는 한강 주변에 있는 택지지구라는 장점도 있다. 택지지구 안에 산보 및 자전거 통행이 가능하고 연못과 5개의 테마공원을 갖춘 친환경적인 단지로 조성된다.

수도권 그린벨트 해제지역 현황(단위 호)

지역	전체 공급물량	국민임대	25.7평 이하 분양주택	25.7평 이상 분양주택	단독택지
남양주 가운	3,307	1,842	1,055	330	80
의왕 청계	2,125	1,130	630	270	95
의정부 녹양	2,020	1,218	755	–	47
고양 행신2지구	5,010	2,880	1,225	842	63
안산 신길	4,963	2,630	1,710	490	133
성남 도촌	5,242	2,920	1,140	980	202
군포 부곡	2,991	1,591	846	427	109
부천 여월	3,970	2,056	1,500	230	184
광명 소하	5,898	3,030	미정	미정	148
하남 풍산	5,819	3,095	미정	미정	294

＊ 국민임대 15평형 이상과 전용면적 25.7평 이상은 일반분양 청약저축 가입자 대상 분양
＊ 전용면적 25.7평 이상은 청약예금 가입자 대상 분양

입주권 사야 하나 말아야 하나

1억 7,000만원짜리 딱지

도시개발아파트 '입주권'에 대한 관심이 높아지고 있다. 일명 '딱지'라고 불리는 입주권은 새로운 것은 아니다. 서울시나 각 자치구가 도시계획사업 · 도시정비사업 · 공공사업을 추진하면서 철거민에게 보상 외에 이주 대책용으로 부여해온 자격이다. 입주권을 받은 철거민은 각 자치단체(서울시의 경우 도시개발공사)에서 짓는 아파트를 우선 분양받을 수 있다.

입주권 시장이 부각된 배경엔 상암지구 내 아파트가 천정부지로 치솟은 게 결정타다. 현재 상암지구 내 33평형 시세는 4억 3,000만~5억원 선. 평당 시세로 1,400만원을 웃돌고 있는 실정으로 현 시점에서 일반인들이 매입하기엔 한 마디로 버겁다. 게다가 상암지구 내 입주아파트 물량 6,250가구 중 청약통장 가입자에게 돌아가는 물량은 871가구에 불과하다. 나머지 모두가 임대아파트 내지는 철거민들에게 보상 차원으로 제공되는 물량이다.

결국 상암지구 내 아파트에 입주하려는 사람들이 치열한 청약경쟁률을 뚫지 않고 접근하려면 철거민들에게 보상 차원으로 제공된 입주권을 매입하는 것이 가장 손쉬운 방법이다. 입주권 매입이 치열하다보니 프리미엄도 천정부지다. 현재 7공구에 입주하는 33평형 입주권 시세가 1억 7,000만원을 상회하고 있는 실정이다.

33평형이 8,000만원에 입주 가능?

이런 사정은 장지지구나 강일지구 역시 마찬가지다. 워낙 입지가 뛰어나다 보니 뻔히 투자 수익이 보이지만, 철거민들에게만 분양 기회가 높은 까닭에 입주권 매입을 둘러싼 가격이 폭등하는 상황이다. 하지만 문제는 주택건설촉진법 47조에 의거해 입주권 매입 자체가 불법이라는 데 있다. 불법인 만큼 '말도 되지 않는' 불법과 '뜻하지 않는' 가욋돈이 든다.

속칭 서울택지개발지구 브로커들이 쓰는 가장 흔한 방법 중 하나가 '장지지구 택지개발지구 33평형이 8,000만원이면 입주가 가능하다'는 광고다.

실제 서초구에 결혼 4년차 주부인 김상해 씨의 경우 이런 광고에 속아, '생돈 8,000만원'이 묶인 케이스다. 김씨는 인터넷 사이트에 도배된 강남 S사의 '장지지구 내 33평형 8,000만원 입주 가능'하다는 광고를 보고 신림동 내 철거가옥을 매입했다. 하지만 김씨가 매입한 철거가옥은 재개발 예정지구로 장지택지개발지구와는 아무런 상관이 없는 가옥이었다.

이모순 씨의 경우는 더욱 그럴싸하다. 입주권 업체인 A컨설팅으로부터 '장지지구 내 아파트 입주' 각서까지 쓰고, 청파동 내 철거 시민아파트를 샀지만 정작 배정받은 곳은 도봉구 내 시민아파트였다.

업체에선 장지지구의 규모가 커져 2차 물량이 있을 테니, 걱정하지 말라고 했지만 실상 장지지구의 경우 해당 구청의 반발로 현재로선 '물량 증가가 답보' 된 상태다.

브로커들의 또 다른 수법은 현지 무허가 주택으로 '건물만 있는 매물'을 거래하는 케이스다. 실상 건물만 있는 경우 도시개발공사는 건물가에 대한 보상만 해줄 뿐 입주권은 주지 않는다. 설령 토지와 건물이 같이 있더라도 무허가건물대장에 올라 있지 않을 경우엔 이 역시도 보상 대상에서 제외된다. 그럼에도 불구하고 브로커들은 입주권 부여가 되지 않은 건물을 마치 보상을 받을 수 있다는 식으로 속여, 매매에 나서고 있는 상황이다.

딱지 있다고 내 집 되는 것은 아니다

'33평형 8,000만원이면 입주 가능'이란 말도 '희망사항'일 뿐이다. 입주권은 말 그대로 입주 권리일 뿐, 나중에 도시개발공사가 제시한 분양가를 모두 완납해야 입주가 가능하다. 물론 분양가가 일반분양가보다 낮지만 이 역시도 입지가 뛰어난 곳은 평당 600만~700만원 선을 웃돌아, 33평형 경우 2억 3,000만원 이상의 자금이 필요하다.

통상 원매자의 경우 철거민이나 현지 주민들로, 추후 분양가를 낼 형편이 안 되는 관계로 이를 매도하는 게 일반적이다. 매도가 1회에 그치면 천운이다. 하지만 매도 과정은 여러 사람의 손때를 거치면서 웃돈이 붙는 관계로 현지에선 통상 4~5차례의 손바뀜이 있게 된다. 그런 관계로 설령 입주권을 가지고 있다 하더라도 아파트 분양까지 마음고생은 이루 말할 수가 없다.

예를 들어 철거민 A가 입주권을 받아 B, C, D를 거쳐 E라는 사람에게까지 거래가 이루어졌다고 가정해보자.

E가 아파트를 분양 받기 위해서는 E가 계약을 하는 것이 아니라 원매자 A가 계약을 해야 한다. 도시개발공사는 A에게 입주 권리를 주었기 때문에 아파트를 분양 받을 때도 A가 반드시 계약을 해야 하는 것이다. 이 과정에서 만약 A가 행방불명되거나 또는 A가 웃돈을 요구한다면 맨 마지막에 산 E는 낭패를 볼 수밖에 없다. 실제로 이런 일은 비일비재하다.

문제가 여기서 끝나면 다행이다. 설령 A가 도시개발공사와 계약을 무사히 마친다 해도, E는 A가 도시개발공사에 지급한 취등세와 등록세는 물론 계약금, 중도금, 잔금을 내야 한다. 뿐만 아니라 계약을 마친 뒤 A에게서 아파트를 양도받기 위해서는 계약금액에서 현 시세의 차액에 준하는 양도세도 물어야 한다.

그런데 소위 '물딱지'라고 하는 가짜 입주권을 매입할 경우엔 문제가 더더욱 복잡해진다. 도시개발공사는 철거민 A가 입주권을 거래하는 것에 대해 어떤 책임도 없고, 이에 따른 확인도 해주지 않고 있다.

그 이유는 입주권 거래 자체가 불법이기 때문이다.

실상 A가 1회에 한해 B라는 사람에게 팔았다고 치면 큰 문제는 없다. 하지만 A라는 사람이 서류를 조작해 B에게도 팔고, C에게도 팔 경우엔 확인할 방법이 없다. 즉 물딱지가 생기는 게 바로 이런 이유다. 심할 경우 아파트 입주가 되었을 때 '한 주택에 집주인이 두 명이 되는' 어처구니없는 상황도 배제할 수 없다. 도시개발공사에 따르면 상암지구 내 입주권 물량의 대략 17% 정도가 이런 물딱지인 것으로 파악되고 있다.

이렇듯 입주권 매입에 온갖 난관이 첩첩산중으로 쌓여 있음에도 불구하고 인기를 얻는 데는 '고위험, 고수익' 상품 중 이만한 것이 없기 때문이다. 실상 장지지구의 경우 이런 난관을 헤쳐 아파트에 입주할 경우 주변 아파트 값이 워낙 많이 비싸 속칭 '앉아서 발가락으로 돈을 셀' 정도의 투자수익이 있는 것으로 현장에선 분석하고 있다.

결국 투자자 입장에선 '스스로 확인하고, 문제가 발생할 경우 스스로 책임지는' 각오가 있는 상태에서 입주권 매입을 고려해볼 만(?) 하다는 게 업계의 전언이다.

2004년 임대아파트 공급계획

2004년에 한 해 동안 공공임대, 국민임대, 민간임대 등 임대아파트가 61곳, 3만 8,800여 가구가 공급될 예정이다. 임대아파트 유형별로는 국민임대 41곳(2만 7,097가구), 공공임대 9곳(4,339가구), 민간임대 11곳(7,341가구)가 각각 예정되어 있다. 지역별 공급 규모를 보면 경기, 인천 등 수도권 지역 분양물량이 1만 8,000여 가구에 달해 전체 분양 물량의 46%를 차지하고 있다. 이어 지방에서는 경상도 4,742가구, 전라도 4,457가구, 충청도 4,408가구 등이 공급될 예정이다.

연내 공급 예정인 임대아파트 중 실수요자들이 노려볼 만한 유망 아파트단지는 다음과 같다.

평택 안중지구 주공그린빌

총 638가구의 국민임대아파트가 3월에 공급될 예정이다. 평형별로는 15평형 293가구, 20평형 345가구. 평택시로부터 서쪽으로 약 16.2km 지점에 위치한 안중지구는 총 28만 5,000평 규모로 서측에 평택항과 포승국가산업단지가 있으며, 서해안고속도로와 국도38번과 39번이 지구를 통과한다. 지구 내에 초등학교 3개, 중학교 3개, 고등학교 1개가 계획되어 있다.

동두천 송내지구 주공그린빌

총 1,018가구의 국민임대아파트가 4월 중 공급될 예정이다. 평형별로는 16평형 177가구, 18평형 180가구, 21평형 260가구, 24평형 401가구다.

경원선 복선전철 공사가 2005년 준공 예정으로, 송내지구 내에 내행역이 신설되어 의정부까지 약 10분, 청량리역까지 약 1시간이 소요되는 역세권 아파트가 될 예정이다. 학교 시설로는 초등학교 2개, 중학교 2개, 고교 1개가 신설 예정이며, 소요산, 칠봉산 등이 근접하며 지구 내에 3만여 평에 달하는 풍부한 녹지시설을 갖춘 자연 친화형 주거단지이다.

용인 동백지구

총 1,542가구의 국민임대아파트가 2개 블럭에 나눠 9월 중 분양할 예정이다. 블럭별로는 C2-4블럭의 경우 16평형 177가구, 19평형 180가구, 24평형 248가구, 21평형 15가구. C2-2블럭의 경우 16평형 279가구, 20평형 274가구, 22평형 263가구이다.

경부, 영동고속도로가 근접하여 있고 수도권 남부광역교통망 확충 계획과 분당선 전철 연장과 용인 경전철(2007년 개통 예정)이 도보 거리에 위치할 예정으로 향후 교통사정은 매우 양호해질 것으로 보인다. 더불어 지구 내에 10개 초·중·고등학교가 개설되고 관공서, 금융, 의료, 유통, 문화 등 각종 편익시설이 들어설 예정이다.

국민임대

시기	업체명	위치	평형	가구수
3월	대한주택공사	광주시 북구 양산동	16~20	496
3월	대한주택공사	경기도 평택시 안중읍	15, 20	638
3월	대한주택공사	경기도 수원시 율전동	21	389
4월	대한주택공사	전라북도 정읍시 농소동	15, 19	466
4월	대한주택공사	강원도 정선군 고한읍	21, 23	285
4월	대한주택공사	경기도 용인시 죽전동	17~20	363
4월	대한주택공사	경기도 동두천시 송내동	18~24	1,018
5월	대한주택공사	강원도 춘천시 퇴계동	20, 23	372
5월	대한주택공사	경기도 수원시 오목천동	15~22	1,094
6월	대한주택공사	제주도 제주시 노형동	20, 23	511
6월	대한주택공사	경상남도 통영시 광도면 죽림	16~24	718
6월	대한주택공사	광주시 북구 신용동	15~20	492
6월	대한주택공사	대전시 유성구 노은동	21, 24	642
6월	대한주택공사	전라남도 여수시 화장동 무선지구	17, 20	1,034
6월	대한주택공사	충청북도 음성군 대소면	20, 23	359
6월	대한주택공사	경기도 부천시 소사동	21	557

시기	업체명	위치	평형	가구수
7월	대한주택공사	경기도 용인시 신갈 3블럭	16, 20	693
7월	대한주택공사	전라남도 목포시 용해동	16, 20	475
8월	대한주택공사	전라북도 완주시 삼례동	15~20	520
9월	대한주택공사	경기도 용인시 구성읍 동백	16~21	1,542
9월	대한주택공사	경상남도 함안군 가야읍 도항	18, 20	421
9월	대한주택공사	전라북도 군산시 삼학동	15~20	315
9월	대한주택공사	충청남도 논산시 취암동	20, 23	656
9월	대한주택공사	충청북도 진천군 진천읍 신정	16~25	511
9월	대한주택공사	경기도 남양주시 호평동	16~25	456
10월	대한주택공사	경상남도 사천시 곤명면 진사	15~19	630
10월	대한주택공사	대구시 달성군 다사읍	16~24	801
10월	대한주택공사	경기도 평택시 이충지구	20, 24	879
10월	대한주택공사	전라남도 여수시 화장동 무선	17, 20	463
10월	대한주택공사	인천시 남동구 논현동	17, 20	1,801
10월	대한주택공사	경기도 고양시 풍동	20~24	822
11월	대한주택공사	제주시 제주시 외도동	16, 21	321
11월	대한주택공사	경상남도 진주시 가좌동	15, 20	758
11월	대한주택공사	경상북도 고령군 다산면	21, 24	290
11월	대한주택공사	광주시 광산구 동림동	16, 1	1,442
11월	대한주택공사	경기도 안산시 팔곡이동	16, 20	496
11월	대한주택공사	경기도 용인시 구성읍 동백	16~25	898
11월	대한주택공사	경기도 포천시 소흘읍 송우	20, 23	466
12월	대한주택공사	경기도 용인시 구성읍 동백	16~22	816
12월	대한주택공사	경기도 양주시 광적면 가납	16, 19	390
12월	대한주택공사	인천시 남동구 논현동	17, 20	801

공공임대

시기	업체명	위치	평형	가구수
4월	대한주택공사	대전시 동구 신흥동 주거환경개선지구	16~20	496
7월	대한주택공사	경기도 평택시 안중읍	15, 20	638
7월	대한주택공사	경기도 수원시 율전동	21	389
7월	대한주택공사	전라북도 정읍시 농소동	15, 19	466
7월	대한주택공사	강원도 정선군 고한읍	21, 23	285
9월	대한주택공사	경기도 용인시 죽전동	17~20	363
10월	대한주택공사	경기도 동두천시 송내동	18~24	1,018
11월	대한주택공사	강원도 춘천시 퇴계동	20, 23	372
11월	대한주택공사	경기도 수원시 오목천동	15~22	1,094

민간임대

시기	업체명	위치	평형	가구수
2월	금광건업	충청북도 음성군 음성읍	25, 33	569
3월	부영	전라남도 순천시 연향동 연향지구	30	400
3월	부영	경상북도 경산시 서상동 서부지구	32	510
4월	부영	경기도 동두천시 생연동 생연지구	23, 32	938
4월	부영	경기도 동두천시 생연동 생연지구	23	668
6월	우미산업개발	대전시 동구 가오동 가오지구	25	650
6월	부영	광주시 광산구 신창동	31	1,344
7월	부영	경상북도 경산시 서상동 서부지구	23, 32	688
9월	부영	경기도 동두천시 생연동 생연지구	32	298
9월	부영	광주시 광산구 월계동 첨단산업단지	31	492
12월	부영	전라남도 여수시 안산동	23, 32	784

고수들이 들려주는 이럴 땐 이렇게
임대아파트, 이것이 궁금하다

Q 임대아파트에도 여러 가지 종류가 있다고 하던데요? 어떤 임대아파트가 좋은가요?

A 국민임대, 5년공공임대, 장기민간임대 아파트가 있습니다. 국민임대는 30년 동안 임대하며 나중에 분양하지 않습니다. 5년공공임대는 5년 임대 후 분양하고, 장기민간임대는 10년 임대 후 분양합니다. 5년공공임대는 5년 후 싼 가격에 입주할 수 있어 인기가 높지만 정부에서는 5년공공임대 물량은 줄이고 국민임대와 장기민간임대 아파트 공급을 늘릴 계획입니다.

임대료 수준을 보면 국민임대와 5년공공임대는 주택공사에서 임대료를 정하므로 주변 시세보다 50~70% 쌉니다. 반면 장기민간임대는 민간에서 임대료를 정하므로 시세보다는 싸지만 국민임대나 공공임대보다는 다소 비쌉니다. 평형을 보면 국민임대는 대체로 전용면적 18평 이하이고, 5년공공임대와 장기민간임대는 전용면적 18평 이상 25.7평 이하도 많습니다.

Q 주택공사 외에 민간 건설업체에서도 임대아파트를 공급하던데 어떤 차이가 있나요?

A 민간 임대아파트의 경우 주로 자금력이나 인지도가 상대적으로 떨어지는 중소형 건설업체에서 많이 건설하는 편입니다. 건설회사는 대부분 땅만 매입하고 건설비는 국민주택기금과 대출금 및 임대보증금으로 충당합니다. 분양아파트보다 수익성은 떨어지지만 적은 비용으로 아파트를 건설하여 쉽게 분양할 수 있습니다. 하지만 건설업체가 영세하기 때문에 공사 도중에 혹은 공사가 끝난 다음에도 부도날 가능성도 있습니다.

Q 임대아파트 입주자가 다른 주택을 소유하게 되면 집을 비워야 하나요?

A 임대아파트는 주로 대한주택공사에서 건설하므로 주택공사와 임대차 계약을 맺게 됩니다. 임대계약 기간에 임대인이 주택을 구입하면 자동적으로 임대계약은 해제됩니다. 세대원 가운데 누구든 주택을 보유하게 돼도 마찬가지로 임대계약은 해제됩니다.

Q 임대아파트 건설업체가 부도 날 경우 임대차보호법의 적용을 받을 수 있나요?

A 주택공사는 정부기관이나 마찬가지이기 때문에 부도날 가능성은 거의 없지만 민간 건설업체는 부도가 날 수도 있습니다. IMF 외환위기 직후에는 임대아파트 사업자가 부도를 내는 사례가 왕왕 있었습니다. 따라서 임대아파트에 입주 신청하기 전에 건설사의 재무상태와 근저당, 가압류 금액 등을 확인하는 것이 좋습니다. 아울러 입주와 동시에 확정일자를 받아놓아야 합니다. 건설회사가 부도 나더라도 확정일자 받아놓으면 임대차보호법의 보호를 받습니다. 단 임대차보호법으로도 100% 보호를 받기는 어려우므로 주택공사나 지역 도시개발공사에서 분양하는 임대주택에 입주하는 것이 훨씬 마음 편하겠죠.

Q 국민임대아파트에 입주 대기 예약하려면 어떻게 해야 하나요?

A 새로 짓는 국민임대아파트에 당첨되지 않는다면 기존 임대아파트에 입주 대기 신청을 해놓는 것도 방법입니다. 이때도 마찬가지로 청약통장 가입자여야 하며 지역 도시개발공사에서 임대주택 입주자 예약을 받습니다. 자세한 내용은 서울특별시도시개발공사 홈페이지(www.smdc.co.kr) 공공임대주택방에 들어가시면 확인할 수 있습니다.

PART 05

이것만 알면 나도
부동산 고수

불패신화의 견인차, 재건축 투자

전 국민을 떴다방으로 만들다

부동산 불패신화가 화려하게 부활했다. 80년대 말부터 90년대 초까지 진행된 부동산 값 폭등에 비교될 정도로 아파트, 토지, 상가 등 부동산 전반의 가격이 큰 폭으로 올랐다. 또 전문 투기꾼은 물론 가수요자와 실수요자까지 투자 대열에 가세하여 '전 국민의 떴다방화'라는 신조어도 등장했다.

이런 부동산 불패신화를 이끈 견인차는 바로 재건축 아파트라고 해도 과언이 아니다. 실상 강남구의 2000년 이후 가격 상승률을 따져보면 대략 130%를 상회하는데, 이 중 재건축 아파트의 가격 상승률은 150%에 육박할 정도다. 말 그대로 재건축 바람이 강남 일대를 휩쓴 것이다.

이러한 송파, 강동, 강남 등 강남권 일대 재건축 바람의 거센 배경엔 끊이지 않는 수요, 학군 프리미엄, 그리고 시공사 선정을 계기로 구체화되는 사업 추진 등 여러 가지 요인이 복합적으로 작용하고 있기 때문이다.

하지만 여느 재건축 사업들과 마찬가지로 현 시점에서의 재건축 아파트 투자 역시 곳곳에 함정이 도사리고 있다는 점을 명심해야 한다. 도시 및 주거환경정비법 실시에 따라 예전과 같은 '묻지 마 투자'를 염두에 뒀다가는 막대한 금융비용은 물론 원금 손실도 불가피할 수 있기 때문이다.

재건축 환경 녹녹치 않다

아직 안전진단을 통과하지 못했거나 조합설립이 되지 않은 초기 단계 재건축 추진 단지들의 경우 현재 더 이상 사업을 진척시키지 못하고 지지부진한 상태를 보이고 있다 그 이유는 '도시 및 주거환경정비법'이 실시되고 소형 평형 의무비율이 60%로 확대한 데 이어 2004년 들어 조합원 지분 거래도 사실상 금지되는 등 재건축에 대한 규제가 강화되었기 때문이다.

각종 규제가 쏟아져나와도 이미 사업승인을 받은 재건축 단지들의 경우 사업 추진이 활발하게 진행되고 있는 것과는 매우 상반되는 모습이다. 그 실례로 얼마 전 강동구 둔촌주공아파트는 안전진단을 신청했지만 서울시와 강동구가 정비구역 지정 전까지 안전진단을 보류시켰다. 서울시에 따르면 정비구역 지정은 1~2년 이상 걸릴 수 있다고 한다. 여기에 통상 안전진단 통과에 걸리는 1~2년을 더하면 길게는 4년 이상 걸린다는 계산이 나온다. 이는 현 시점에 매입할 경우에는 막대한 금융비용을 초래할 수 있다는 점을 암시한다.

설령 정비구역 지정이 빨리 이뤄진다 하더라도 안전진단 통과는 쉽지 않을 전망이다. 안전진단이 구조 안정성, 주거환경 성능, 마감 및 설비 성능, 비용 분석 등을 종합평가해 30점 이하로 계량화되면서 통과 여부가 불투명해졌기 때문이다.

용적률 문제도 걸림돌이다. 서울시는 각 아파트별로 종(種)세분화를 결정해 통보한 상태다. 종세분화는 일반주거지역을 도시의 건전한 발전과 주거환경 확보를 위해 1종(용적률 150% 이하, 4층 이하), 2종(용적률 200% 이하, 7층 이하와 12층 이하), 3종(용적률 250% 이하, 층수 제한 없음)으로 나누어 지정하는 것을 말한다.

통상 재건축의 경우 3종을 받아야 기존 가구수를 넓힐 수 있는 여건이 되는데 2종을 받아 재건축 자체가 불투명한 상태가 허다하다. 단적으로 신림동에 위치한 K아파트의 경우 각 가구별 소유한 땅의 크기가 작은 반면 세대수는 많아 아파트를 높게 지어야 사업이 가능하다. 하지만 이 아파트의 용적률은 200%에 불과해 준주거지역으로 용도변경을 하지 않고서는 사실상 재건축 추진이 어려워진 상태다.

시공사 선정도 어렵게 되었다. 예전에는 시공사를 미리 선정해 여러 가지 사업지원을 받았지만, 이제는 사업시행 인가 전에는 시공사를 선정하지 못하기 때문에 재건축 추진 자체가 어려워졌다.

조합설립 인가 받은 지분 매입이 관건

이렇게 재건축 환경이 바뀜에 따라 사업추진이 빠른 곳과 뒤처지는 아파트 간 가격 양극화 현상이 두드러지게 나타나고 있다. 대표적으로 잠실주공 1단지의 경우 사업이 급물살을 타면서 최근 들어 전 평형에 걸쳐 2,000만원 이상 가격이 올랐고, 개포주공 1단지도 3,000만원 이상 뛰었다.

반면 종세분화 문제가 걸려 있는 가락시영이나 둔촌주공의 경우 10·29 부동산 대책 이후 1억원 이상 가격이 빠진 상태고, 현재도 매물이 쌓이면서 가격 하락을 주도하고 있는 상황이다.

결국 투자자 입장에선 자금 부담이 크더라도 사업승인 단지를 매입하거나 조합설립 인가를 받은 단지의 조합원 지분을 매입하는 게 보다 유리하다. 그런데 이 과정에서도 주의할 부분이 있다. 조합원 지위 양도가 허용되는 재건축 아파트라고 해도 속칭 물딱지(무자격 지분, 분양자격 박탈 대상)가 될 가능성이 있는 아파트는 매입하지 않도록 주의를 기울여야 한다. 2004년 1월부터 시행되고 있는 도시 및 주거환경정비법은 조합설립 인가 이후부터 재건축 조합원 지위(아파트 분양자격) 양도를 금하고 있다. 조합설립 인가 이후 지분은 팔 수 있으나 새로 산 매입자는 아파트를 분양 받지 못하고 현금청산(분양 자격 박탈)하도록 한 것이다.

다만 도시 및 주거환경정비법은 2003년 12월 말 현재 재건축 조합 설립 인가를 이미 받은 아파트에 대해선 1회에 한해서 지위 양도를 허용하는 예외규정을 두고 있다. 하지만 일선 구청에선 2003년 12월 말 현재 조합설립 인가를 마쳐 1회에 한해 지위 양도가 허용된 아파트를 매입해도 매도자가 재건축 미동의자일 경우에는 현금청산이 된다고 밝히고 있다. 실제로 2003년 12월 조합설립 인가를 받은 조합이 적지 않다.

문제는 조합설립 인가의 경우 80% 이상만 동의하면 된다는 것이다. 바꿔 말해 80%는 조합원, 20%는 미동의자(비조합원)인 셈이다. 2003년 12월 말 현재 조합설립 인가를 완료했어도 20%의 아파트 소유자는 비조합원으로 분류돼 '1회에 한해 전매 허용'이라는 규정을 적용 받지 못하는 것이다. 이 지분을 매입하면 현금청산이 된다. 이른바 물딱지인 셈이다.

결국, 재건축 아파트에 관심이 높은 투자자라면 다음 세 가지 사항을 염두에 두어야 한다.

첫째, 사업추진이 빠른 재건축 단지를 중심으로 투자 포인트를 잡는다. 둘째, 구체적인 추가부담금 등 금융비용이 나와 있는 단지를 찾는다. 셋째, 지분 거래가 가능한 매물을 찾되, 물딱지의 위험이 없는 매물을 선택한다.

재건축시장 호시절 다 갔나

상류층 프리미엄 열풍

하늘 높은 줄 모르고 치솟던 강남권 재건축 아파트의 호가가 수천 만원에서 수억원대까지 떨어지고, 급매물이 속출한다는 기사가 주류를 이루고 있다. 이에 따라 향후 서울지역 재건축 아파트의 향방과 투자를 묻는 문의가 급증하고 있다. "재건축시장 투자는 호시절 다 갔다. 그러니 다른 투자처를 골라 달라"는 주문이 대다수다.

그러나 불행하게도(?) 재건축, 특히 강남권에 위치한 저밀도와 대규모 택지지구 내 재건축 아파트는 물밑 거래를 통한 가격 상승의 신호탄을 잇달아 쏘아올리고 있는 실정이다

그렇다면 "앞으로 조합원 지위도 팔 수 없고, 여러 채를 갖고 있으면 중과세하겠다"는 정부의 엄포에도 불구하고 재건축 아파트 값은 왜 다시 뛰는 것일까? 그 이유는 저금리로 오갈 데 없는 부동자금이 눈덩이처럼 불어나고 마땅한 대체 투자처가 없다는 데 있다. 여기엔

'상류층 프리미엄'을 지향하는 수요자들의 바람도 한 몫 단단히 하고 있다. 풍부한 부동자금의 물꼬를 트지 않고는 쉽사리 부동산시장, 특히 강남권 재건축 아파트를 가라앉히기는 어렵다는 게 재건축 아파트 값의 반등으로 일부 입증되고 있는 셈이다.

하지만 이미 이 일대 아파트 가격은 많이 올라, 실상 1억원 내외의 돈으로 투자하기는 힘들다. 적어도 3억원 정도의 자금이 있는 사람들이 접근할 수 있는 시장이 된 셈이다.

잠실지구 　　　총 2만 여 가구의 달하는 잠실지구는 5개 저밀도 지구 중 가장 큰 규모를 과시하는 단지다. 잠실지구는 이미 사업이 승인된 상태이기 때문에 소형 평형 의무 비율 60% 적용 대상이 아니다. 게다가 조합원 지분 전매금지 요건에 해당되지 않으므로 1회에 한해서 양도가 허용된다. 분명 여타 재건축 단지와 비교할 때 유리하다.

그리고 무엇보다 입지가 뛰어나다는 것이 강점이다. 강남에 인접해 있고 한강 조망이 가능하며 규모가 크기 때문이다. 가격 면에서도 저평가 의견이 강하다. 가령 잠실주공4단지 일반분양가의 경우 평당 1,800만원 선으로 강남 시세를 감안하면 10~20% 이상 저렴하다.

암사 · 명일지구 　　　강동구에 위치한 저밀도 아파트 지구인 암사 · 명일지구는 2003년 12월 30일 강동시영 1차 아파트가 서울시 심의를 통과하고, 사업승인을 얻음으로써 사실상 모든 조합의 재건축이 순조롭게 진행 중이다. 강동시영 2차는

24~43평형 22개 동, 1,622가구로 거듭난다. 현대건설과 대림산업이 시공사로 현재 이주가 한창이다.

반포지구   재건축 아파트의 소형 평형 의무비율 60% 확대로 인해, 사업 추진에 가장 큰 차질을 빚은 단지가 바로 서초구 반포지구다. 사업승인을 받지 않은 상태였다는 게 그 이유다. 반포주공은 다른 저밀도 재건축 단지와 달리 20평형 이상 중대형 아파트가 많아, 소형 평형을 60%까지 지을 경우 상대적으로 소형 평형을 강제적으로 늘려야 하기 때문에 재건축이 이루어지면 기존보다 더 작은 평형을 배정받는 기현상을 낳는다. 이에 따라 평형 조정에 어려움을 겪고 있는 상태다.

청담·도곡 지구   잠실지구와 함께 사업 추진이 빠르다. 입지 등 여러 면에서 노른자위 단지로 꼽힌다. 이미 도곡주공 1차와 영동 3단지의 분양이 마무리된 상태이고, 개나리 1, 2차와 3차, 도곡주공 2차, 해청아파트 등이 2004년 안에 분양을 앞두고 있다.

도곡동 중개업소 관계자는 "도곡주공 1차 26평형 조합원 시세가 5억~5억 5,000만원 선으로, 도곡주공 2차 24평형의 경우 평당 1,800만~1,900만원 선에 나올 경우 가격 경쟁력이 있다"라고 점쳤다. 분당선 한티역과 3호선 도곡역이 가깝고 대도초, 단대부중, 단대부고, 중대부고, 숙명여고 등의 학군이 형성돼 있다. 단지 뒤편이 산으로 쾌적성이 돋보인다.

화곡 2·3주구　　　　화곡 2주구는 2003년 사업시행 인가 신청을 했지만, 서류 미비로 현재 보완 상태이다. 조합과 시공사는 보완서류를 접수했고, 2004년 상반기경에 사업시행 인가를 받을 전망이다. 이 단지는 그나마 소액 투자가 가능하다는 평가다. 현재 주공 13평형 시세는 2억 5,000만원 선. 추가부담금과 금융비용을 감안할 때 총투자비용은 3억 2,000만원 선이다. 주변 동일 평형대 아파트 시세가 3억 8,000만원 인 점을 감안하면 가격 경쟁력은 있는 셈이다.

화곡 3주구는 2003년 3월 안전진단을 받았고, 현재 사업시행 인가를 준비 중이다. 다만 조합 이견이 다소 있어 금융비용을 최소화하는 게 투자 포인트다.

옐로칩에서 블루칩을 꿈꾼다

강남을 재건축 바람으로 들끓게 만든 진원지 중 하나가 바로 개포동 일대다. 국내 재벌 건설업체들의 시장판을 방불케 할 정도로 건설업체들이 치열한 경합을 벌여 화제가 되기도 했다. 이는 비단 개포뿐 아니라 고덕, 가락시영, 둔촌, 은마 등도 비슷한 양상을 보이면서 엄청나게 아파트 값이 뛰었다.

하지만 각종 규제책이 이어지면서 이들 아파트 단지의 인기는 하루아침에 급전직하했다. 그렇다면 향후 이들 단지의 향배는 어떻게 될 것인가?

은마아파트　　　　　대치동 은마아파트는 2003년 12월 말 재건
　　　　　　　　　　축추진위원회 설립승인을 받았다. 하지만
재건축 추진을 위한 주변 여건은 그리 녹녹치 않다. 안전진단이 반려
된 데다 서울시가 여전히 재건축에 난색을 표하고 있기 때문이다. 하
지만 일부에서 제기되고 있는 리모델링에 대해 조합 측 관계자는 "일
고의 논의 가치가 없다"고 잘라 말하는 상태다.

34평형의 경우 2000년 3억 5,000만원이던 것이 2003년 9월 무려 8
억 6,000만원까지 치솟아 한때 '금마아파트'라 불리기도 했다. 최근
엔 7억원 선까지 하락하는 등락을 겪었다.

개포지구　　　　　총 110만 평 규모 1만 2,000여 가구에 달하
　　　　　　　　　　는 메머드급 단지다. 개포지구는 현재 개포
주공 1단지만 조합설립 인가를 받은 상태다. 추진위 등록을 마친 나
머지 개포주공 2, 3, 4단지와 시영아파트 등은 2003년 11월 실시한
정밀안전진단이 통과되기를 기다리고 있다.

2003년 6월 서울시가 구역 전체의 평균 상한 용적률을 200% 이하
로 정해놓았으나, 각 단지별 용적률 배분 기준이 없어 적잖은 걸림돌
이 되고 있다. 각 단지별로 추진하고 있는 희망 용적률이 달라 이를
평균 200%로 조율하기가 쉽지 않기 때문이다. 일단 용적률 배분이
끝나야 이에 따른 지구단위계획이 확정될 수 있는데 단지별로 첨예한
이해관계로 인해 구청 측에서도 용적률 배분에 엄두를 내지 못하고
있다.

둔촌주공　　　　　삼성물산, 대림산업, SK건설, 롯데건설 등
　　　　　　　　　대형 4개사가 공동 추진하는 강동구의 대표
적인 재건축 단지이다. 둔촌주공아파트는 2003년 10월 구청으로부터
승인을 받았고 같은 해 12월 24일 '정비구역 지정 후 안전진단 실시'
결정을 받고 재건축 추진이 탄력을 받고 있다.

고덕지구　　　　　강동구 고덕·상일동 일대 고덕지구는 택지
　　　　　　　　　개발지구여서 현재 지구단위계획을 수립 중
에 있다. 2003년 9월 용적률이 결정될 예정이었으나 서울시가 용적률
결정을 유보했다. 결정이 유보된 가운데 2종 12층 이하가 유력한 것
으로 알려졌다.

　지구단위계획에서는 용적률과 건폐율이 정해지고, 특별계획구역
으로 지정해 단지별로 사업이 진행될 전망이다. 준공연도 등 단지여
건에 따라 사업 속도가 달라지게 된다. 사업 추진이 가장 빠른 고덕주
공 1단지가 2003년 6월 조합설립 인가를 받았다. 조합 관계자는 1단
지의 경우 2006년 중 일반분양(후분양제 적용)이 이뤄질 것으로 내다
봤다.

본격화되는 수도권 재건축 3인방

　수도권 재건축 바람은, 정부의 연이은 투기억제 대책으로 인해 서
울지역 재건축시장이 위축하자 이에 투자처를 찾지 못한 뭉칫돈들이

수도권 재건축시장으로 몰려듦으로 인해 생겨났다고 볼 수 있다.

현재 수도권 재건축시장을 이끌고 있는 곳은 과천, 광명, 수원 3곳을 들 수 있다. 이들 지역 아파트들은 이미 사업승인을 받았거나 사업 추진이 임박한 상태다. 특히 과천에는 1회에 한해 전매가 허용되는 재건축 단지가 많아 수도권 재건축 지역 중 가장 인기가 높다.

과천시 재건축　　과천주공아파트의 재건축 사업이 초읽기에 들어갔다. 그 첫번째 사업지는 주공 11단지다. 이미 사업시행 인가를 신청한 상태로, 3단지도 최근 사업시행 인가를 신청 중이다. 과천시 전체 아파트의 3분의 1에 달하는 3, 11단지의 재건축을 시작으로 향후 과천 일대 재건축 추진이 본격화될 전망이다.

과천시는 2개 단지씩 묶어 순차적으로 사업시행 인가를 내줄 방침이어서 3단지와 11단지는 비슷한 속도로 사업이 추진될 것으로 보인다. 11단지의 추가부담금은 32평형에 입주할 경우 1억 3,000만원 선, 40평형은 3억 2,000만원 선으로 잠정결정된 상태다. 3단지의 추가부담금은 33평형에 입주할 경우 13평형이 1억 6,300만원, 15평형이 1억원 정도다.

광명시 재건축　　광명시는 지하철 7호선이 개통되고, 경부고속철도 광명역사 건립이 본격화된 후 주택 수요자들의 관심이 높아진 곳이다. 광명시 내 재건축 아파트 중 관심 단지로는 하안주공 본 1, 2단지와 철산주공 2, 3단지다.

하안주공 본 1단지의 장점은 대지가 높아 조망권이 탁월하다는 것과 총 2,440가구로 4개 단지 중 최대 규모다. 하안주공 본 2단지는 총 940가구로 4개 단지 중 규모가 가장 적다는 것이 단점이지만 철산초, 철산여중, 진성고 등 다른 단지보다 학교가 가까운 것은 장점이다. 철산주공 3단지는 지하철 7호선이 도보로 5분 거리로 입지 여건이 가장 좋아 4개 단지 중 시공사 프리미엄이 가장 높을 것으로 예상되는 단지다. 그래서 다른 단지보다 각 평형별로 1,000만원가량 매매가가 높다.

수원시 재건축　　　　신매탄주공 2단지를 비롯해, 인계주공, 천천주공, 권선주공 1차 연립, 화서주공 2단지, 백조, 향원 등 7개 단지가 사업승인을 신청한 상태다. 그러나 재건축 연한인 20년을 넘지 않은 상태고, 택지지구 내에 위치해 있어 사업 추진이 더디게 진행될 가능성이 높다. 게다가 최근 경기도교육청이 수원시내 재건축 단지에 고교 부지 채납을 요청함에 따라 조합원의 추가부담금이 높아질 가능성이 있어 재건축 사업 추진에 마이너스 요인이 되고 있다.

수원 재건축 단지 중 실수요 접근이 가능하다고 여겨지는 단지는 신매탄주공 2단지. 수원시내 요지로 꼽히는 매탄동에 위치해 있으며, 3종 주거지역으로 허가된 탓에 수요자들의 관심이 높다. 현재 1억 5,000만원 내외인 15평형을 매입해 32평형으로 이주할 경우 추가부담금과 세금 등을 고려할 때 총투자금액은 2억 3,100만원 선으로 주변 시세와 비교할 때 가격 경쟁력은 갖췄다는 분석이다.

소액 투자 가능한 재개발 투자

재건축 투자가 부담스럽다면 재개발 투자는 어떨까

서울시는 재개발 사업 진행이 더딘 구역이 늘자 재개발 기본계획을 재정비하고 있다. 따라서 사업 초기단계에서 재개발 추진 구역을 관심 있게 지켜보면 의외로 좋은 물건을 저렴한 가격에 매입할 수 있다.

재개발 투자는 1~2억원의 소액 투자가 가능해 재건축 아파트나 토지 등에 비해 투자 부담이 덜하다. 반면 일반 아파트 재건축 이상으로 사업진행 절차가 복잡하다. 구역지정과 조합설립 인가, 사업시행 인가, 관리처분계획 인가 등 추진 절차가 복잡하고, 시공사 선정이 사업시행 인가 이후로 늦춰져 장기적인 관점에서 투자해야 한다는 게 단점이다. 게다가 같은 구역 내 조합원지분이라도 투자가치가 제각각이다. 이미 지정된 재개발구역은 지분값이 오를 만큼 올랐다고 볼 수 있으므로 여윳돈 투자나 실제 입주를 겨냥한 실수요 위주로 접근해야 한다.

적은 돈으로 투자할 최적의 타이밍을 찾아라

'소문에 사고, 사실 확인 후 파는' 투기적 행태가 일반화되어 있는 것이 재개발 투자다. 일부 투기 세력들이 기본계획 수립도 안 된 지역의 토지와 주택을 사들여 '재개발 된다더라'는 소문을 퍼뜨리면서 투기적 거래가 시작되는 셈이다.

재개발 사업의 투자 수익은 구역지정 후 사업시행 인가까지 걸리는 기간이 좌우한다 해도 과언이 아니다. 사업이 지연될수록 기회비용 손실이 커져 투자수익도 떨어질 수밖에 없기 때문이다. 특히 재개발 구역 내에 국·공유지가 많으면 사업추진이 더디므로 가급적 국·공유지가 적은 구역을 골라 투자해야 한다.

재개발 사업에서 구역지정은 사업의 시작을 의미한다. 구역지정이 이뤄지면 재개발추진위가 인가를 받고 조합설립 인가를 위한 준비에 들어간다. 이 과정을 거치면서 재개발 지분은 단계별로 가격이 뛰게 된다. 구역지정 후 사업이 별 탈 없이 순조롭게 진행된다면 사업시행 인가까지 걸리는 기간은 보통 3년 정도다. 하지만 이는 극히 이례적인 사례로 구역지정고시가 된 지 10년이 지났는데도 사업시행 인가를 받지 못하고 있는 재개발 구역이 허다하다. 행정절차가 까다로운 재개발 사업에 주민 간 이해관계까지 얽힐 경우 사업이 상기화되세 마련이다.

따라서 일반적으로 재개발 투자의 적정 타이밍은 지분 매매가격이 오르기 직전인 각종 인·허가 통과 직전 시점으로 본다. 따라서 구역지정, 조합설립 인가, 사업시행 인가, 관리처분 인가, 이주 등의 각 단계 이전에 지분을 구입하는 게 좋다. 초기에 사면 '고위험, 고수익' 법칙이 적용되고, 늦을수록 '저위험, 저수익'이 따른다는 점을 염두에 둬야 한다.

특히 구역 지정 직전에는 투자에 신중을 기해야 한다. 최근에는 구역지정이 되면 사업시행 인가나 관리처분 인가 수준의 매매가격까지 한번에 오르는 경향이 있어 미리 조합원 지분을 사는 경우가 많다. 하지만 구역 미지정 상태가 수년간 계속될 경우 그만큼 금융비용이 많이 들고 환금성도 떨어지기 때문에 자칫 손해를 볼 수도 있다. 구역지정 단계에서 재개발 지분투자에 나서는 투자자들이라면 '구역 내 사업장기화 요인은 없는지', '재개발 사업에 대한 주민 동의가 적극적인지' 등을 살펴본 뒤 투자에 나서야 한다.

따라서 재개발 투자를 염두에 둔 투자자라면 사업초기단계인 막 구역지정을 받은 지역, 그리고 상대적으로 가격이 저렴한 곳, 투기 거래가 뜸한 곳을 중심으로 투자 여부를 저울질해볼 만하다.

안정성에 비중을 둬야 하는 초보투자자나 실수요자라면 사업시행 인가나 관리처분계획 인가 전후 시점에 투자하는 게 좋다. 사업시행 인가 시점에는 아파트 건립계획이, 관리처분 시점에서는 투자비용의 윤곽이 드러나므로 투자위험을 피할 수 있기 때문이다.

투자자들 발길 잦은 재개발 구역

2004년 현재 구역지정 입안 신청과 가격된 재개발 구역은 행당 4

구역, 흑석 5구역, 불광 3구역, 수색 4구역, 응암 7·8·9구역 등 모두 8곳이다.

이들 재개발 구역 중 구역지정고시가 임박한 행당 4구역과 최근 조건부로 지구 지정이 가결된 불광 3구역에 투자자들의 발길이 잦다. 또 3,300여 세대의 대규모 단지로 거듭나는 응암 7·8·9구역도 관심 지역으로 손꼽힌다.

행당 4구역

서울시에 구역지정 입안을 신청한 행당 4구역은 지하수 사용권 문제가 일단락되면서 지정 고시 일정이 빨라질 것으로 점쳐지고 있다. 또 15층까지 건립이 가능한 3종 주거지역으로의 변경도 도시계획위원회에서 허가함으로써 사업 추진에 급물살을 타고 있다.

행당 4구역은 강남과 강북의 중간 지역에 위치해 입지가 뛰어나다. 2호선 상왕십리역이 가깝고 주변 일대가 대규모 아파트 촌으로 형성돼, 주거 편리성도 좋다.

구역지정고시가 임박했다는 소문과 함께 가격도 높게 형성된 상태다. 4~5평형은 평당 1,900만~2,000만원, 7~9평형은 평당 1,800만원 선. 그러나 20평형대 구옥은 평당 900만원 선으로 상대적으로 낮다.

현 시점에서 투자 수익을 점검하면 전용면적 18평(행당 4구역은 25평형)에만 들어갈 수 있는 쪼갠 지분 5평형 매입 가격은 1억원 선. 공시지가를 감안한 대지지분 감정가액은 2,500만~3,000만원 선. 관리처분단계에서나 정확한 추가부담금을 알 수 있지만, 인근 행당 3구역의 추가부담금액인 1억 2,000만~1억 8,000만원을 적용하면 25평형 입주에 들어가는 총비용은 2억 3,000만~2억 7,000만원 선이다.

2004년 4월 입주 예정인 브라운스톤 행당의 23평형 조합원 분양권이 2억 9,000만원 선인 점을 고려하면 행당 4구역의 쪼갠 지분의 가격 경쟁력은 충분하다는 게 현장 중개업자의 설명이다.

불광 3구역　　　　　　　　조건부 지구지정이 가결된 불광 3구역은 1억원 미만의 투자자들의 발길이 잦은 곳이다. 북한산 자락에 위치해 주거 쾌적성과 조망이 좋고, 지하철 6호선 독바위역에서 걸어서 2~3분 거리에 위치해 있어 대중교통에도 큰 불편함이 없다. 하지만 주변 도심으로 이어지는 단지 앞 도로가 좁아 도로 사정은 열악하다.

구역지정이 조건부로 가결된 이후 지분 시세도 평당 100만원 정도가 올라 25평형 입주가 가능할 것으로 보이는 10평형 시세는 평당 1,000만원 선이고 구옥 22평형은 평당 800만원, 구옥 50평형은 평당 500만원 선이다. 매매가격이 1억원인 대지 10평, 건물 15평짜리 빌라의 전세가격은 4,000만~5,000만원 선. 실제 초기투자자금은 5,000만원 정도인 셈이다. 소형 매물은 찾기가 쉽지 않지만 15평짜리 빌라(평당 1,000만원)는 심심찮게 찾아볼 수 있다. 전세가격이 7,000만~8,000만원 선. 32평형 아파트의 조합원 분양가와 일반 분양가의 차이(평당 250만~300만원)를 대략 8,000만~9,600만원 정도로 본다면 15평짜리 빌라를 구입해 32평형에 입주할 경우 일반 분양가보다 1,000만~2,600만원 정도 싸게 아파트를 가질 수 있다는 계산이 나온다.

하지만 단기차익을 노린 섣부른 투자는 금물이다. 사업초기 800명

정도에 이르던 조합원수가 1,100명으로 불어나면서 일반 분양이 70가구로 줄어드는 등 조합원 추가부담금도 다소 늘어날 것으로 예상되기 때문이다. 또한 서울시 도시계획위원회가 요구한 구역 내 도로를 정비하기 위해서는 예상보다 공사비가 늘어나 투자수익이 줄어들 수 있다는 것도 염두에 둬야 한다. 따라서 시세상승을 노린 단기차익보다는 실거주를 겸한 투자가 바람직하겠다.

응암 7 · 8 · 9구역　　응암 7 · 8 · 9구역은 서울시가 이들 지역을 한 곳으로 묶어 도로와 공원 등의 설계를 보완해줄 것을 요구함에 따라 밑그림 자체를 다시 그려야 할 사항이다. 응암 7구역은 한 차례 구역지정 신청이 반려된 상황이고, 응암 8 · 9구역은 2003년 8월 서울시에 제출한 구역지정 입안신청이 현재 계류 중인 상황이다. 이곳은 각 구역별로 학교용지와 도로 및 공원 등의 용지를 어떻게 분담할 것인지 등의 세부적인 조율안이 아직 마련되지 않고 있어 사업추진에 상당한 진통이 예상되고 있다.

지분 시세도 쪼갠 지분 10평짜리가 2003년 8월 구역지정에 대한 기대감으로 평당 100만원 이상 올랐다가 최근 들어 50~100만원 정도가 떨어진 800만~850만원선에 형성돼 있다.

하지만 이 지역은 각 구역별 학교용지 부담금 문제와 기반시설 실치 등의 걸림돌만 해결된다면 투자처로 무난하다는 평가다. 3개 구역을 합쳐 3,300여 가구의 대규모 단지로 조성되는 데다 백련산 자락을 등지고 있어 주거환경도 뛰어나기 때문이다.

지분투자를 계획하고 있는 투자자라면 전세를 안고 소형 지분을 구입하는 게 유리하다. 8 · 9구역에 비해 건물노후화가 덜한 7구역 일대 전세가가 높은 편으로 단독주택 8평짜리를 전세금 2,700만원 정도 안고 4,500만원 정도면 구입이 가능하다.

재개발 투자 포인트

단지규모가 큰 곳일수록 사업 수익성과 환금성이 좋아 안전성이 높다. 단 규모가 크면 클수록 조합원 간 분쟁 발생 때 이견을 좁히기가 어렵다는 문제가 있다. 그러므로 해당 조합과 현지 부동산중개업소, 시공사 등을 통해 갈등요소가 있는지 여부도 체크해야 한다.

예정 건립 가구수와 조합원수를 살펴 일반분양분이 아예 없거나 50가구 미만인 곳은 투자를 피하는 게 좋다.

서울시의 도시계획 등을 확인해 해당 지역의 개발밀도가 높고, 건축제한이 적은 곳을 고르는 것도 요령이다. 특히 입주 때 조합원이 내는 추가부담금은 해당 지분의 자산가치가 높을수록 줄어든다. 따라서 이왕이면 감정평가액이 높은 지분을 고르는 게 좋다. 우선 도로에 인접해 있고, 평지이거나 땅 모양이 정방형에 가까운 곳일수록 감정평가액이 높다.

재개발 지분 투자는 입주 후 아파트 값이 어떻게 형성되느냐에 따라 수익성이 달라진다. 따라서 해당 지역의 아파트 평당가는 물론 인근 아파트 시세도 감안해야 한다. ·

한강변 재개발 투자

한강 조망 프리미엄, 대박이 기다린다

서울시의 재개발 사업지 중 가장 인기가 높은 곳이 한강변이다. 청약통장이 필요 없는 데다 치열한 당첨 경쟁을 거치지 않고도 로열층을 배정 받을 수 있기 때문이다. 또한 한강 조망권 프리미엄이 갈수록 높아지고 있다는 점도 투자자들을 불러들이는 요인 중의 하나다.

하지만 한강변 재개발 투자가 무조건 장밋빛인 것만은 아니다. 이제 막 사업이 추진되는 곳은 구역지정, 조합설립 인가 등 사업 추진을 위한 시간과 거쳐야 할 단계가 많이 남아 있다. 설령 사업승인을 마쳤더라도 용적률이 낮아져 건립 가구수나 평형이 줄어드는 경우도 많다. 특히 한강변 재개발 지역은 2003년 한 해 동안 지분 가격이 많이 올라 초기투자비가 높고, 추가부담금도 만만치 않아 실수요 위주의 투자를 해야 한다는 지적도 나오고 있다.

성동구 일대

금호 · 행당 · 옥수동 일대에 걸쳐 한강 조망이 가능할 뿐만 아니라 재개발 다발지역으로 투자 수요가 많은 곳 중 하나다. 성동구 일대에서 구역지정을 추진하거나 신청 단계 이상인 곳은 금호 11 · 13 · 14 · 15 · 17 · 19구역과 옥수 12 · 13구역, 행당 4구역을 꼽을 수 있다.

금호 11구역　　　　　이들 지역 중 사업 추진이 가장 빠른 곳은 관리처분 단계를 마친 금호 11구역으로 대우 건설이 시공사로, 오는 4월에 일반분양에 나설 계획이다. 달맞이고개 안쪽에 있어 전 세대에 걸쳐 한강 조망이 가능하다는 평가를 받아왔다. 하지만 이미 가격이 많이 올라 24평형을 제외한 33평형과 42평형은 주변 시세를 웃도는 실정이다.

조합원 분양가에 프리미엄이 붙어 거래가 되고 있는, 24평형 입주가 가능한 지분의 시세는 조합원 분양가 1억 4,950만원에 프리미엄만 1억 3,000만~1억 4,00만원 정도가 붙어 2억 8,000만~2억 9,000만원 선. 인근 금호동 대우 24평형 한강 조망 로열층 시세가 3억 3,000만원을 호가하고 있는 점을 감안하면 4,000만~5,000만원 정도의 가격 상승을 점칠 수 있다.

반면 33평형은 조합원 분양가 2억 5,000만원에 무려 2억원 정도의 웃돈이 붙은 4억 6,000만원 선이다. 그리고 42평형 입주하기 위한 지분도 조합원 분양가 3억 9,650만원에 웃돈만 3억원 이상이 들 것으로 보인다.

금호 14구역　　　　구역지정 신청 단계로 대우건설이 시공권을
　　　　　　　　　　갖고 있다. 총 700여 세대로 임대아파트 14
평형을 포함해, 24, 33, 42평형으로 지어질 예정이다. 현재 시세는 10
평형 이하는 평당 2,200만~2,300만원선, 15평형 내외는 평당 1,600
만~1,800만원선, 20평~30평형은 평당 1,400만~1,600만원 선이다.

　인근 금호 11구역의 관리처분 내용을 근거로 투자 수익을 점검하
면 15평형을 매입해 33평형으로 입주할 경우 매입금액 2억 7,000만
원과 추가부담금 1억 5,000만원을 합해 총투자금액은 4억 2,000만원
이 든다. 인근 금호동 대우 33평형 로열층 시세가 4억 6,000만원인 점
을 감안하면 가격 상승의 여지는 있지만, 금융 비용 등을 고려할 때
현 시점에서 단기 투자 수익을 노리는 것은 무리라는 게 현장의 분위
기다.

금호 19구역　　　　구역지정 심의를 준비 중으로 주민동의율이
　　　　　　　　　　높아 사업 추진 6개월 만에 이의 신청을 받
을 정도로 사업진행이 빠르다. 삼성물산이 시공사로 현재 2종으로 용
적률 200%에 맞춰져 있지만, 조합관계자는 구역 바로 옆에 도로계획
이 잡혀 있어 기부채납을 한 후 용적률 3종 250%를 받는 것을 추진하
고 있다고 밝혔다. 현재 25, 33, 42평형 753가구에 맞춰 사업을 추진
하고 있지만, 용적률이 250%로 늘 경우 1,000가구로 세대수가 늘 수
있다고 보고 있다.

　시세는 입지와 한강 조망 등을 고려하면 다소 낮게 형성돼 있다. 현
재 10평형 이하 시세는 평당 1,500만~1,600만원 선, 15평형 내외는

평당 1,450만~1,500만원 선, 20평형 이상은 평당 1,400만원 이하에 거래되고 있는 상황이다.

동작구 일대

동작구 동작동 국립묘지 후면과 중앙대학교 인근을 끼고 인접한 흑석 4, 5, 6구역과 상도터널 인근에 위치한 본동 5구역 등이 대표적인 한강 조망 단지로 거론되고 있다.

흑석 4, 5, 6구역   2004년 상반기 내에 구역지정 통과를 목표로 하고 있는 흑석 4구역은 5구역과 인접한 곳으로, 대우건설이 시공사로 현재 900가구 내외로 사업을 추진할 예정이다. 지분 시세 가격은 5구역에 비해 평당 200만~300만원 정도 낮은 상태다. 10평형 이하 시세가 평당 1,200만~1,300만원 내외다.

구역지정 신청 4년 만에 지정을 받은 흑석 5구역은 산 중턱에 위치해 한강 조망이 가능하고 국립묘지 후면에 위치해 주거쾌적성이 뛰어나다는 평가다. 동부건설이 시공사로 총 578가구로 규모로 지어질 계획이다. 현재 5구역 노후 주택가격은 10평형 내외가 평당 1,500만원 선, 15평형은 평당 1,300만~1,400만원 선, 20평형 이상은 평당 1,200만~1,300만원 선이다.

최근 들어 투자 문의가 활발한 지역은 중앙대학교 정문 부근에 위치한 흑석 6구역 일대다. 현재 주민동의를 받고 있는 상태로, 서울시의 재개발기본계획에서 1단계를 받아 2005년부터 사업이 본격화될 전망이다. 현재 10평형 이하 시세는 평당 1,000만원 선이고, 15평형 은 평당 700만~800만원 내외 선에서 거래가 이뤄지고 있다.

본동 5구역　　　　　구역지정 입안 신청까지 마무리한 동작구 본 동 5구역은 상도터널 부근에 위치하고, 지하 철 9호선 상도터널역과 맞닿아 있어 입지면에서 단연 뛰어나다. 하지 만 주민동의율이 낮은 상태여서, 사업 진척도는 다른 지역에 비해 느 리다는 게 현지 중개업소의 설명이다. 하지만 매물이 거의 없는 상태 에서 지분 시세는 높아 10평형 내외는 평당 1,000만원을 호가하고 있 는 실정이다.

인근 지역에 위치한 삼원빌라 인근 재개발 사업이나 본동 교회 일 대 사업도 주민동의를 받는 중이지만 뚜렷한 사업 진행은 거의 없는 상태다. 시세는 평당 800만원 내외다.

용산구 · 마포구 일대

뉴타운 지역으로 지정된 용산구 일대는 보광동과 동빙고동, 한남 동, 이태원동 일대에 걸쳐 33만 5,000여 평 규모로 뉴타운이 추진되 고 있는 상태다. 뉴타운 지역 내 재개발이 추진되고 있는 곳은 동빙고 동 1 · 2구역, 한남 1 · 2구역, 보광동 1 · 2 · 3구역 등이다.

한남 1, 2구역　　　　　지하철 1호선 한남역과 6호선 이태원역에 인접한 한남구역은 다가구 주택이 주류를 이루고 있으며, 뉴타운 지정 전 이미 한 차례 손바뀜이 이뤄져 가격에 큰 변화가 없는 상태다. 현재 한남동 일대 지분 시세는 10평형 미만이 평당 1,600만~1,900만원 선, 10평~20평 이상은 평당 1,400만~1,500만원 선이고, 보광동 일대는 이보다 평당 100만원 낮은 선에 거래되고 있는 상황이다.

동빙고동 1, 2구역　　　　　입지면에서 뛰어난 동빙고동 일대는 시세가 10평 미만이 평당 2,000만~2,200만원 선, 10평~20평형이 1,500만~1,800만원 선을 형성하고 있지만 거래는 뜸하다.

용강 2구역　　　　　마포구에선 용강 2구역 사업이 한강 조망이 가능한 재개발 구역으로 거론되고 있는 상황이다. 용강동 285번지에 위치한 용강 2구역은 한 차례 구역지정 신청이 반려된 뒤 최근에 다시 심의를 요청한 상태다. 당초 계획에서 지구 내 안쪽 빌라를 추가로 매입해 총 500세대 내외로 추진되고 있는 용강 2구역은 6~7평 지분 시세가격이 평당 2,500만원에 달할 정도로 가격이 폭등한 상태다. 반면 15평형 내외는 평당 1,500만~1,700만원 선으로 거래가 한산하다는 게 현장의 이야기다.

발품 팔아 시세차익, 경매 투자

경매시장이 시끄럽다

오랜 침체기를 보였던 법원경매 시장이 최근 들어 난리다. 시중 뭉칫돈이 도매시장 격인 법원경매로 몰릴 조짐을 보이고 있기 때문이다. 급작스레 법원경매장에 사람이 몰리면서 앉을 자리는 물론 설자리도 없다는 이야기가 흘러나올 정도다. 전문가들은 요즘 경매물건 경쟁률을 예측하기가 보통 힘든 게 아니라고 토로한다. '많아야 10명 정도 몰리겠지' 하는 심정으로 경매장을 찾으면 몰려든 인파에 혀를 내두를 정도다. 과거 2~3회 유찰 뒤 낙찰이던 것이 요즘은 1회에 주인을 찾는 경우가 비일비재하다는 게 업계의 설명이다.

법원경매란 말 그대로 빚을 진 사람이 돈을 갚지 못할 경우 법원이 부동산을 경매로 처분하는 것을 말한다. 채권, 채무 관계에 의해 문제를 해결하지 못할 경우 채권자는 담보 물건을 경매에 붙여 제3자가 낙찰 받게 하고, 이에 따른 금액으로 채무를 해결하는 것이다. 따라서 시세보다 10~20% 정도 저렴해, 경매를 받을 경우 통상 단기에 시세차익을 실현하는 경우도 비일비재하다.

보통 법원이 입찰방법으로 경매물건을 일반에 공개매각하는데 공매에 비해 물건이 많아 선택의 폭이 큰 편이다. 물건도 아파트에서 상가, 토지, 오피스텔 등 다양하다.

신규 유입매물이 늘고, 파주·김포 신도시 주변 토지 등이 심심찮게 선보이고 있어 법원경매가 수익형 투자수단으로 인기를 끌 전망이다. 법원경매 정보제공 업체인 디지털태인에 따르면 2003년 12월 서울지역 전체 진행물건은 2,328건으로 전월에 비해 28%나 늘었다.

경매가 이처럼 인기를 끌고 있는 배경은 정부가 발표하는 각종 부동산 거래 규제에도 불구하고, 토지 거래 허가 등을 피해갈 수 있는 유일한 투자방법인 데다 발품만 들인다면 시세차익을 통한 부동산 수익을 올릴 수 있는 효과적인 수단으로 인식되고 있기 때문이다.

경매시장에서 전통적으로 인기가 높은 물건은 아파트인데, 그만큼 다른 물건에 비해 낙찰가율이 높은 편이다. 과거에는 아파트의 경우 낙찰가율이 90%를 넘었는데, 최근 정부의 부동산 대책 발표와 불경기가 계속 됨에 따라 낙찰가율도 70%대로 떨어졌고 경매시장에 나오는 아파트들도 많아졌다. 잘만 찾아보면 시세보다 훨씬 싸게 아파트를 장만할 수 있는 셈이다.

그리고 내 집 마련과 재테크를 함께 생각한다면 단독주택이나 다세대주택 등도 적극적으로 살펴볼 필요가 있다. 아파트에 비해 환금성이 떨어지는 탓에 아파트보다 비교적 낮은 가격에 낙찰 받을 수 있다. 또 뉴타운 건설, 재개발 등의 호재를 안고 있는 지역에서 나오는 물건은 경우에 따라 개발에 따른 시세차익을 기대할 수도 있다.

물건 선정과 현장 답사

법원경매는 보통 4~9개월에 걸쳐 진행되는데, 먼저 경매 신청부터 매각기일까지 통상 2개월 정도가 드는 만큼 투자자라면 만만치 않은 발품을 팔아야 한다. 경매 투자에 있어 가장 중요한 것이 물건 선정이기 때문이다.

경매 물건에 대한 정보는 일간신문의 법원경매 공고를 통해 얻거나 경매 정보지를 통해 살펴볼 수 있다. 이 경우 사건번호, 면적, 최초 경매가 등을 확인하는 게 중요하다. 또 권리관계와 임대차 여부도 분석해야 한다. 충분한 상담과 고려를 통해 경매 물건을 선택하고 그에 따른 경매 접수와 해당 물건 관련 서류조사, 현장 답사가 필요하다. 위치, 도로 및 주변 환경은 물론 물건의 하자 유무, 관리비 체납 여부 등은 반드시 확인해야 할 대목이다. 여기에 지적도, 토지대장, 등기부등본 등을 발급 받아 확인하는 것은 기본이다.

현장 답사 후 문제가 없다면 매각 당일 관할 법원 경매법정에서 입찰을 신청하면 된다. 통상 경매법정은 오전 10시에 개정하며, 입찰신청자는 11시까지 열람대에 비치된 사건목록을 열람하고, 입찰표를 작성하면 된다. 입찰표 작성 때 입찰금액 및 보증금란은 절대 수정할 수 없고 수정이 필요하면 입찰표를 다시 교부받아 작성해야 한다.

이렇게 입찰이 완료되면 현장에서 가장 높은 가격을 써낸 입찰자가 최고가 낙찰자로 선정된다. 관할 법원은 1주일 후 낙찰자에게 매각을 허가할지를 결정한다. 이때 주의해야 할 것은 감정가보다 싸다고 무리하게 낙찰 받았다가 잔금을 치르지 못하면 입찰보증금(10~20%)만 날릴 수 있기 때문에 철저한 자금계획을 수립하는 것이 중요하다.

매각대금은 1개월 이내에 완납해야 하며, 잔금 납부가 끝나면 소유권 이전등기를 할 수 있고 잔금 납부 후 1~2개월 정도면 입주가 가능하다. 다만 낙찰 받은 건물에 임차인이 있을 경우엔 '명도'를 요청하되, 임차인이 이를 거부할 경우엔 강제적으로 내보낼 수밖에 없는데 소송을 통해 해결하게 된다. 이때 임차인을 내보내는 방법으로는 인도명령과 명도소송이 있다.

인도명령은 매수인이 낙찰대금을 납부한 후 6개월 안에 경매법원에 신청을 하고 경매법원은 임차인을 불러 심문한 후 인도명령 결정을 한다. 따라서 인도명령을 신청해 인도명령 결정을 받기까지는 1개월 정도면 된다. 인도명령 결정을 받게 되면 인도명령집행문이 나오는데 이는 법원집행관이 언제든지 해당 부동산을 점유한 사람을 내보낼 수 있다는 뜻이다. 다시 말해서 법원에서 신청인에게 곧바로 부동산을 인도하라는 명령인 것이다.

하지만 명도소송은 법원의 소송절차를 통해 판결이 선고되기 때문에 6개월 정도가 소요되고 변호사 선임도 해야 하기 때문에 비용도 만만치 않게 들어간다. 따라서 낙찰자 입장에서는 인도명령을 택하는 것이 훨씬 유리하다.

부동산 '땡처리시장' 공매 투자

안전도는 물론 수익성도 높다

기업이 빚을 갚지 않을 때 주거래은행은 기업이 팔아달라고 맡긴 물권이나 담보로 잡힌 물건, 세금 체납으로 인해 압류된 물건 등을 자산관리공사에 맡겨 일반인에게 공개 매각하게 되는데, 이를 두고 공매라 한다. 그래서 일반적으로 공매시장을 부동산의 '땡처리시장'이라고 말하기도 한다.

공매 부동산은 수수료를 붙여 매각하는 형식을 취하기 때문에 겉으론 경매보다 값이 비싸다. 하지만 등록세와 취득세가 면제되고 위험성이 거의 없어 실질적으로는 법원경매보다 낫다고 할 수 있다. 다만 물건이 한정돼 있어 공고를 열심히 보고 부지런히 발품을 팔아야 흙 속에서 진주를 고를 수 있다.

공매 물건의 경쟁력은 우선 1년에서 3년까지 할부로 구매할 수 있다는 점이다. 낙찰자의 자금 사정에 따라 1년에 2차례, 2년에 4차례,

3년에 6차례 등으로 6개월마다 대금을 납부할 수 있다. 그리고 금융기관을 통해 자금 마련도 손쉽다. 통상 주택은 잔금의 50% 이내에서 5년짜리 저금리 대출을 해주는 게 일반적이다. 대금을 완납하지 않고도 입주할 수 있다. 물건에 따라 차이가 있지만 낙찰대금의 33% 정도만 내면 공매로 구입한 주택에 들어가 살 수 있다.

공매 절차를 살펴보면 우선 공매 부동산은 직접 공매에 참여해 낙찰을 받거나 공매에서 유찰된 물건을 수의 계약으로 살 수도 있다. 공매 일정은 필요할 때마다 수시로 정하는 데 통상 한달에 한번 꼴로 실시된다.

공매에 참여하려면 먼저 각 영업점에 비치된 부동산 매각목록과 감정서를 열람하고 현장을 직접 돌아보면서 꼼꼼히 물건을 파악해야 한다. 본인이 입찰에 참가할 경우 응찰금액의 10%에 해당하는 현금을 준비하고 주민등록증과 주민등록등본 2통, 도장을 갖고 가야 한다. 만일 대리인이 응찰할 경우에는 10%에 해당하는 입찰보증금 외에 인감증명원이 첨부된 위임장, 대리인의 주민등록증과 위임한 사람의 주민등록등본 2통, 도장을 지참해야 한다.

공매는 입찰일에 공사에서 제시하는 최저 매매가격보다 높은 수준에서 가장 높은 가격을 제시하는 사람에게 낙찰된다. 공매에서 팔리지 않는 유찰 물건은 수의계약을 통해 구입할 수 있다. 낙찰을 받았을 때는 낙찰일로부터 5일 안에, 수의계약시는 매입할 때는 신청일로부터 5일 안에 계약해야 한다.

공매, 이것만은 알아두자

첫째, 공매를 통해 부동산을 구입하려면 무엇보다 공매 공고 일정을 잘 알고 있어야 한다. 매주, 매월 시행되는 법원 경매와 달리 공매는 부정기적으로 이뤄지기 때문이다.

둘째, 공매 물건이 법적으로 안전하다고 하지만 입찰에 들어가기 전에 반드시 현장을 방문하여 해당 부동산에 대한 정보를 사전에 파악해둬야 한다.

셋째, 구입조건을 따져야 한다. 공매 가격, 납부 조건, 대출 혜택 등을 꼼꼼하게 살펴야 한다. 자산관리공사 매각상담실에 비치된 서류나 사진만 보고 입찰에 참여할 경우 후회할 수 있다.

마지막으로 세입자 현황을 반드시 살펴야 한다. 세금을 내지 않아 공매에 부쳐지는 압류된 물건의 명도 책임은 원칙적으로 낙찰 받은 사람에게 있다. 그러므로 공매 물건을 사기 전에 반드시 임대차 현황을 파악해야 한다.

재건축과 경매, 기본 상식을 알아야

Q 저밀도 재건축, 중층·고층 재건축 어떻게 다른가요?

A 서울지역에서 저밀도 재건축으로 불리는 곳은 70년대 말부터 80년
대 초에 걸쳐서 지어진 대단위 저층 아파트단지로 잠실지구, 반포지
구, 청담·도곡지구, 화곡지구, 암사·명일지구를 말합니다. 밀도란 용적률
과 세대밀도를 의미하는 것으로, 법규상 저밀도, 중밀도, 고밀도라고 분류하
는 용어도 없을 뿐만 아니라 기준도 없습니다.

다만 이 지역들은 70~130% 정도 용적률로 밀도가 낮아 저밀도 아파트라고
부릅니다. 이 아파트들이 관심을 끄는 것은 하나같이 입지가 뛰어나고, 무엇
보다 밀도가 낮아 추후 재건축을 통해 용적률을 현행 일반 아파트 규모인
250% 내외로 높일 경우 투자 수익이 클 것으로 점쳐지기 때문입니다. 반면
중층 아파트나 고층아파트로 불리는 아파트의 경우 용적률이 대개 200%를
넘는 것이 많아, 재건축을 해도 평형 늘리기가 쉽지 않고, 이들 단지는 까다
로운 재건축 요건을 적용 받아 사업 추진이 더딘 경우가 많습니다.

Q 재건축 아파트 중 거래가 가능한 단지가 있고, 그렇지 못한 단지가 있다
고 하던데 그 기준은 무엇인가요?

A 재건축 아파트가 강남 집값 폭등의 진원지로 부각되면서 정부는
2003년 9월 4일에 재건축 아파트의 경우 사업승인을 받았거나 신청
한 단지의 경우 1회에 한해 지분 거래가 가능하고, 기타 단지는 조합원 지분
을 거래하지 못하도록 조치했습니다. 뿐만 아니라 사업승인을 신청하지 못

한 단지는 전용면적 25.7평형 이하를 60%로 의무적으로 짓도록 해 단지 간 희비가 엇갈렸습니다. 단적으로 잠실저밀도, 청담, 도곡, 강동시영 1·2차 등은 사업승인을 신청한 상태였기 때문에 9·4 부동산 대책에도 불구하고 1회에 한해 거래가 가능한 반면 반포지구는 60%의 소형 평형을 지어야 하는 어려움에 빠졌습니다.

Q 경매를 통해 부동산을 낙찰받으면 토지거래허가 규제를 피할 수 있다고 하던데 사실인가요?

A 부동산 경매는 이전 권리와 규제 등이 말소되는 것으로 특정구역이 토지거래허가구역으로 묶였다고 해도 경매로 낙찰을 받을 경우엔 규제를 받지 않습니다. 이런 이유로 경매시장에서 속칭 인기지역이라고 할 수 있는 판교, 파주, 김포, 천안, 평택 토지가격은 낙찰 경쟁이 치열합니다. 일부 투기꾼들은 토지거래허가 규제를 피하기 위해 일부러 채무관계를 설정 하여 경매를 통해 낙찰 받는 경우도 있다고 합니다.

Q 얼마 전 경매를 통해 부동산을 낙찰 받은 사람이 막대한 관리비를 냈다 는 이야기를 들었는데 왜 그런가요?

A 통상 경매를 거친 매물은 일체의 비용이 들지 않는 것으로 알려져 왔 습니다. 실상 임차인이 있다고 해도 법적 테두리 내에서 명도소송을 통해 해결 할수 있습니다. 하지만 관리비, 특히 공동관리비 등은 경매를 거쳤 다고 해도 반드시 내야 합니다. 많은 경매 투자자들이 연체된 공동관리비, 각 종 공동 비용에 대한 신경을 쓰지 않다가 나중에 낭패를 보는 경우가 많습니 다. 그만큼 세입자 항고 문제 못지않게, 현장을 방문해 관리비 연체 및 각종 잡비 현황이 어떤지를 파악하는 게 중요합니다.

PART 06

주택담보대출 100배
활용하기

대출 정보를 꿰차면 내 집이 보인다

25평형 아파트 사는 데 18년

"집값이 비싸서 언감생심 집 살 엄두가 안 난다." 2000년 이후 집값이 폭등하면서 집 없는 사람들이 내뱉는 한탄 섞인 이야기다. 실제 우리 나라는 소득에 비해 집값이 가장 비싼 나라로 꼽힌다. 직장인이 결혼 이후 내 집을 마련하는 데 8~10년 정도 걸린다는 통계자료를 보면 한숨이 절로 나온다.

얼마 전 부동산뱅크에서 발표한 자료를 보면 더 큰 절망감이 느껴진다. 자료를 들여다보면 도시근로자가 대출 없이 자기 돈으로 서울 지역 25평형 아파트를 사는 데 18년이 걸리는 것으로 나타났다. 32평형을 사려면 무려 23년 3개월이나 걸린다. 부동산뱅크는 통계청에서 분기별로 발표하는 도시근로자 월평균 가계소득과 자체적으로 조사한 서울 지역 아파트 시세를 바탕으로 이런 자료를 발표했다.

2003년 3분기 현재 도시근로자 월평균 가계소득은 301만 9,000원이며, 2003년 말 현재 서울지역 아파트 평균 평당 가격은 1,046만원이다. 부동산뱅크는 도시근로자 가계소득에서 가계지출을 뺀 금액을 은행에 매달 은행에 저축하는 것으로 가정했다. 우리 나라 집값이 소득에 비해 얼마나 비싼지를 뼈저리게 느끼게 해준다.

평당 600만원도 안 되는 아파트도 있다

하지만 이와 같은 통계를 액면 그대로 받아들일 필요는 없다. 서울지역은 아파트 값이 비싸지만 전국 평균 평당 아파트 시세는 600만원이기 때문이다. 서울 지역 평당 가격에 비하면 절반 수준이다. 더구나 서울에서도 지역에 따라 큰 차이를 보이고 있다. 강남구와 서초구, 송파구 등 이른바 강남지역은 평당 2,000만원이 넘지만 강북지역은 평당 600만원도 안 되는 아파트도 있다.

서울지역 아파트 값 평균이 높게 나오는 것은 재건축 아파트가 다수 포함돼 있기 때문이다. 이런 아파트는 재건축에 대한 기대감이 반영돼 현재 가치보다 값이 부풀려져 있다. 강남 재건축 아파트 가운데는 20평도 안 되는 소형 아파트가 5억원이 넘는 것도 있다. 이런 아파트들의 미래 가치가 반영돼 아파트 값 통계는 다소 왜곡되어 있는 셈이다. 나아가 주택담보대출을 효과적으로 이용하면 내 집 마련 시기를 앞당길 수 있다. 집값의 대부분을 모을 때까지 기다리기보다는 적극적으로 주택담보대출을 이용하는 것이 좋다. 빚을 지는 것을 극도로 싫어하는 사람도 있지만 집을 살 때는 생각을 달리해야 한다.

대출 잘 받으면 장롱 속 돈뭉치 부럽지 않다

H기업에 다니는 장대만(31) 씨는 2004년 1월에 오랫동안 사귄 여자친구와 결혼에 골인했다. 2002년 2월에 8,000만원 주고 구입한 서울 마포구 성산동 18평형 아파트가 결혼하는 데 큰 자산이 됐다고 한다. 재작년 집값이 싼 곳을 찾다가 1982년에 입주한 성산동 S아파트를, 재건축이 될 수도 있다는 기대감에 대출을 끼고 구입했다. 그는 전세보증금을 빼 4,000만원을 마련했고 나머지 4,000만원은 대출을 받았다. 이 아파트는 재건축 사업이 본격화되면서 2004년 1월 현재 1억 5,000만원까지 올랐다.

장씨는 양도세 비과세 요건(3년 보유, 2년 거주)이 충족되는 2005년 2월에는 이 아파트를 처분하고 마포구 중동 26평형 K아파트를 구입할 생각이다. 해당 아파트의 시세는 현재 1억 9,000만원 안팎인데 상암동 택지개발지구와 가깝다는 장점이 있다. 그는 상암지구 개발이 본격화되면서 K아파트도 값이 오를 것으로 보고 있다. 그리고 K아파트를 구입할 때도 주택담보대출을 이용할 계획이다.

장씨처럼 적절한 대출 계획을 갖고 집값이 오를 만한 지역의 아파트를 사두면 내 집 마련 시기를 앞당길 수 있다. 나중에 평형을 넓힐 때도 훨씬 유리한 위치를 섬할 수 있다. 그래서 "대출 잘 받으면 장롱 속에 돈뭉치 부럽지 않다"는 말도 있지 않은가. 우선 구입하려는 아파트 값과 자신의 경제적 여건을 고려해 적절한 대출 상품을 골라잡는 지혜가 필요할 것이다.

모기지론, 미래소득으로 집을 산다?

집값의 30%만 준비하자

2004년 3월부터는 집값의 30% 정도만 있으면 장기 할부로 집을 살수 있다. 미국, 일본 등 선진국에서는 보편화된 모기지론이 우리 나라에도 도입되었기 때문이다. 예컨대 월소득 250만원인 직장인이 1억 5,000만원짜리 모기지론을 통해 25평형 아파트를 구입한다고 치자. 전세금을 빼서 집값의 33%인 5,000만원을 미리 지불하면 앞으로 20년 동안 매달 원리금 76만원(고정금리 6.8%)을 부담하는 조건으로 구입할 수 있게 된다. 이자 비용에 대해서 연말에 소득공제 받는 것까지 감안하면 매달 내야 하는 원리금은 68만원으로 줄어든다.

모기지론을 이용하면 목돈이 없는 사람도 미래 소득을 담보로 집을 장만할 수 있게 된다. 이를 테면 20대 후반인 사회 초년생도 미래소득만 확실하다면 집값의 30%를 마련해 내 집을 장만할 수 있게 된다. 마치 자동차를 할부로 사는 것처럼 집도 장기 할부로 구입하는 셈이다. 물론 자동차보다는 집값이 훨씬 비싸기 때문에 최소한 15년 이상 할부금을 내야 한다.

여기서 질문을 하나 던져보자. 모기지론을 이용해 미리 집을 장만하는 것이 과연 유리할까? 나중에 돈을 모았다가 집을 장만하는 것이 좋지 않을까?

모아서 살까? 대출 받아서 살까?

앞서 예로 든 직장인이 집을 구입하지 않고 당분간 전셋집에서 살면서, 모기지론을 이용할 경우 매달 부담해야 하는 원리금 76만원을 저축한다고 가정해보자.

은행권에서 추천하는 최고의 금융상품은 7년 만기 장기주택마련저축이다. 이 상품은 비과세인데다 세대주라면 연말에 소득공제(불입액의 40%, 300만원까지)도 받을 수 있기 때문이다. 장기주택마련저축에 월 76만원을 불입하면 7년 뒤 7,515만원을 확보할 수 있다.

이것을 전세금 5,000만원과 합하면 1억 2,515만원이다. 1억 5,000만원짜리 아파트를 사는 데 필요한 자금의 83%를 확보한 셈이다. 하지만 집값을 생각해보사. 분명 제자리를 지키고 있지는 않을 것이다. 집값이 중장기적으로 안정세를 보여 매년 5% 안팎으로 상승한다고 가정해도 7년 후 집값은 2억 1,107만원이다. 결국 7년 동안 열심히 저축해도 집값의 59%밖에 확보하지 못하게 된다. 더구나 소득공제 효과를 고려하면 격차는 더 벌어진다. 장기주택마련저축은 불입액의

40%, 300만원까지 소득공제를 받지만, 장기주택담보대출인 모기지론을 이용하면 납입 이자 전액에 대해서 1,000만원까지 소득공제를 받을 수 있다.

집값이 5% 안팎으로 상승한다고 가정한 것은 집값이 안정세를 보일 때 이야기다. 만약에 집값이 10% 이상 오른다면 미리 집을 사는 것이 훨씬 더 유리해진다. 착실하게 적금을 부어봤자 집값이 날아오르면 따라잡는 것이 거의 불가능하게 마련이다. 모기지론으로 집을 사면 언제 집값이 폭등할지 모른다는 불안감을 어느 정도 떨쳐버릴 수 있다. 입지 조건이 좋은 지역에 집을 미리 사두면 나중의 재산 가치 증가를 생각해도 괜찮은 전략일 것이다.

게다가 7년 동안 전셋집을 살면서 한두 번은 이사를 가게 된다. 내 집을 갖고 있다는 심리적인 안정까지 계산한다면 모기지론을 이용해 일찍 집을 사는 것이 현명한 선택이다.

소득이 없으면 집도 없다

모기지론이 가장 발달한 나라는 미국이다. 그만큼 미국 사람들은 집을 살 때 장기 할부 제도가 널리 이용하고 있다. 고급 주택에 살면 그만큼 비싼 할부금을 지불할 능력이 된다는 뜻이다. 그래서 직장을 옮겨 연봉이 크게 오른 사람은 더 좋은 집으로 이사 가려고 한다.

키아누 리브스가 주연한 영화 〈데블스 에드버켓〉을 보면 주인공은 총망받는 시골 변호사이다. 그는 알 파치노(악마 역)에게 자신의 능력을 팔아 뉴욕에 진출한다. 작은 집에 살던 그는 뉴욕에 가자마자 방이 수많은 큰 집을 갖게 된다. 미국 영화에서는 이처럼 소득이 크게 늘어나면서 좋은 집으로 이사 가는 장면이 자주 등장한다.

반대로 직장을 잃거나 소득이 크게 줄어들면 집 앞에 'For sale' 이라는 팻말을 걸어놓는 경우도 있다. 할부금 갚을 능력이 없어지면 더 이상 큰 집에 살 수 없게 되는 것이다. 그래서 미국에서는 "소득이 없으면 집도 없다"는 공식이 성립한다.

모기지론, 얼마나 빌려주나

이처럼 모기지론은 목돈 없이도 쉽게 집을 살 수 있게 해주지만 자신의 처지를 고려하지 않고 무작정 대출을 받아서는 곤란을 겪을 수 있다. 따라서 자신의 소득 수준을 감안해 대출 규모를 결정해야 한다. 20년 동안 원리금을 안정적으로 상환하기 위해서는 대출 규모를 원리금 상환액이 가계소득의 30%를 넘지 않는 선에서 정하는 것이 좋다. 물론 개인의 소득이나 지출 규모에 따라 제한선은 달라질 수 있을 것이다.

만약 시중금리가 현재 수준을 유시한나고 가정하면 모기지론 대출 금리는 7% 안팎에서 결정될 것이다. 1억원을 20년 만기로 빌리면 약 77만 5,000원, 1억 5,000만원을 빌리면 116만원을 매달 상환해야 한다. 대출한도인 2억원까지 빌리면 원리금 상환금액은 155만원으로 늘어난다. 1억원을 빌리려면 월 가계소득이 232만원, 1억 5,000만원을 빌리려면 348만원 이상이어야 하는 셈이다. 대출한도인 2억원까지 빌리기 위해서는 465만원이 돼야 한다. 장기간 원리금 상환이 부담스럽다면 가능한 초기 부담금을 늘려 매달 상환액을 줄이는 것도 좋은 방법이다.

원리금 상환액이 가계소득의 30%로 제한하는 것은 나중에 소득의 줄어들거나 지출이 늘었을 때를 대비하기 위해서다. 상환액이 매달 수입의 30%를 넘으면 생활에 쪼들려 지쳐버릴 수 있기 때문이다. 나아가 은행에서도 가계소득을 기준으로 대출금액을 제한하게 된다. 예컨대 월 가계소득이 300만원인 사람이 2억원까지 빌리겠다고 하면 대출을 거부할 수 있다. 모기지론이 널리 이용되고 있는 미국에서도 비슷한 기준이 적용되고 있다. 대출 받을 때 내는 원리금 상환액을 월 가계소득의 28%와 월 가계소득의 30%에서 자동차 할부금 등 가계 부채를 뺀 금액 가운데 낮은 액수로 제한하고 있는 것이다.

강북이나 수도권 중소형 아파트는 무난

서울 강남처럼 아파트 값이 비싼 동네에서는 모기지론을 이용해 집을 산다는 것이 거의 불가능하다. 최고 대출한도인 2억원까지 대출을 받아도 집값을 감당할 수 없기 때문이다. 설령 대출을 받을 수 있다고 해도 매달 지불해야 하는 금액이 너무 커지게 된다. 예컨대 서울 강남에선 집값의 30%를 미리 내고 25형 아파트를 사려면 연소득 8,000만원이 넘어야 한다는 계산이 나온다. 이에 비해 서울 강북지역에선 연소득 3,000만원 정도면 같은 조건으로 25평형 아파트를 구입할 수 있다. 그리고 수도권 지역에서 중소평형 아파트를 살 수 있는 기회는 더 많아질 것이다.

실제로, 주택 구입 의사가 있는 사람들이 모기지론에 많은 관심을 보이고 있는 것으로 나타났다. 부동산뱅크가 자사 회원 1,366명을 대상으로 조사한 결과 "모기지론을 통해 내 집 마련 의사가 있느냐"는 질문에 응답자의 65.9%가 긍정적으로 답변했다. 응답자의 29.8%는 "적극적으로 활용하겠다"고 답했고, 36.1%는 "자금 부담 등을 고려해 적정 수준의 대출을 받겠다"고 답해 전체 응답자의 3분의 2가 모기지론 활용할 생각이 있음을 밝혔다.

집값 거품 빠지면 어쩌나?

집값이 지속적인 하락세를 보인다면 미리 집을 사놓는 것은 잘못된 선택이 될지도 모른다. 그렇게 되면 매달 원리금을 내는 것이 무척이나 억울할 것이다. 실제 일본에선 1990년대 부동산 거품이 붕괴하면서 장기 대출을 받은 사람들이 큰 손해를 봐야 했다. 우리 나라에서도 전국적으로 집값 거품이 빠질 것으로 판단되면 모기지론을 이용하지 않는 것이 좋다.

하지만 IMF 외환위기 때처럼 큰 경제위기가 오거나 일본처럼 우리 경제가 장기불황에 빠지지 않는다면 전국적으로 집값이 떨어질 가능성은 별로 없어 보인다. 우리 나라에서 집값은 하방 경직성이 강하다. 사람들의 주택에 대한 소유 욕구가 강하고 웬만해서는 손해 보고 팔려고 하지 않기 때문이다.

더욱이 최근 몇 년 동안 우리 나라에서 진행된 집값 상승은 일본의 부동산 거품과는 다른 양상을 보이고 있다. 일본의 경우 1980년대 말부터 1990년 초까지 주택과 땅을 포함한 모든 부동산이 전국적으로 폭등했다. 하지만 우리 나라에서는 서울과 수도권을 중심으로 집값이 폭등했다. 특히 2003년에는 서울 강남지역과 충청권 일부 지역이 폭등했을 뿐 다른 지역은 비교적 안정세를 보였다.

이 밖에도 많은 차이점이 발견된다. 일본에선 기업들이 부동산 투자에 열을 올렸고 부동산 담보대출 비율도 100%에 달했다. 이에 비해 우리 나라에서는 기업이 부동산 투자에 나서지는 않았고 담보대출 비율이 낮은 편이었다. 이렇게 볼 때 강남 재건축 아파트 등 일부 거품이 낀 부동산은 가격 조정을 받을 수도 있지만 과거 일본처럼 전국적으로 부동산 거품이 꺼지는 일은 없을 것으로 보인다.

내 월급으로 살 수 있는 곳은 어디?

강남이 강북보다 4배 비싸다

서울과 수도권에서 내 월급으로 아파트를 살 수 있는 지역을 살펴보도록 하자. 맞벌이 부부라면 가계소득으로 살 수 있는 아파트를 생각하면 될 것이다. 집값의 30%는 초기부담금으로 미리 내고, 크기는 25평형 아파트에 눈높이를 맞췄다. 대출기간은 20년, 금리는 정부에서 발표한 6.8%를 적용했다.

먼저 아파트 인터넷 시세조사 업체인 부동산뱅크에 부탁해 지역별 25평형 아파트 값을 알아보았다. 조사대상은 서울 25개 자치구와 경기 일산, 분당, 용인, 과천, 평촌 등 모두 30개 지역이다. 조사 결과 서울·수도권의 지역별 25평형 아파트 평균가격은 4배가량 차이가 났다. 아파트 값이 가장 싼 지역은 서울 강북구로 1억 3,300만원이었다. 이에 비해 가장 비싼 지역은 서초구로 5억 2,200만원에 이르렀다.

서울 강북구에서 모기지론으로 25평형 아파트를 구입하려면 매달 가계소득이 237만원이면 된다. 하지만 서초구에서 똑같은 아파트를 사려면 매달 929만원의 고소득자여야 한다. 모기지론 대출한도가 최고 2억원이라는 점을 감안할 때 서초구에선 초기부담금 30%를 내고 25평형 아파트를 사는 건 불가능하다.

내 소득에 맞는 짝을 찾아라

이제 내 소득 수준과 지역을 구체적으로 짝지어 보자(표 참조). 불행히도 매달 가계소득이 200만원 미만인 사람이 25평형 아파트를 살 수 있는 지역은 조사대상인 30개 지역에서는 없는 것으로 나타났다. 다만 이 통계는 어디까지나 지역별 평균 가격임을 염두에 두자. 지역별로 자세히 들여다보면 평균 시세보다 싼 아파트는 얼마든지 있다.

가계소득 300만원 미만인 사람이 25평 아파트를 사려면 집값이 1억 6,800만원 이하이면 된다. 강북지역 아파트는 평균으로만 따지면 이 정도 소득 수준으로 모두 살 수 있는 것으로 나타났다. 서울 강북구(238만원), 노원구(255만원), 도봉구(268만원), 성북구(269만원), 은평구(297만원) 등 5개 구의 아파트 가격이 이 범위에 들어갔다. 아울러 구로구(288만원), 금천구(270만원) 등 강서권 일부 지역과 중랑구(158만원)과 종로구(264만원)에서도 내 집 마련이 가능한 것으로 나타났다. 경기도 지역에서는 일산과 용인 지역이 포함됐다.

가계소득이 400만원 미만이면 선택의 폭이 훨씬 넓어진다. 아파트 값이 2억 2,100만원 이하 지역은 노려볼 만하기 때문이다. 특히 서울에서는 앞서 얘기한 지역을 포함해 강서구(300만원), 양천구(321만원), 영등포구(340만원) 등 강서권역이 모두 들어갔다. 서대문구(334만원), 중구(312만원) 등 도심권 일부 지역과 성동구(374만원), 동대문구(307만원), 동작구(385만원), 관악구(315만원)에서도 25평형 아파트를 구입할 수 있다. 이외에 경기도 지역에선 과천을 제외한 분당(368만원), 평촌(300만원) 등 거의 대부분 지역이 사정권 안에 들어왔다.

지역별로 모기지론을 이용할 수 있는 가계소득(25평형 기준)

지역	집값	월 가계소득	지역	집값	월 가계소득
강남구	4억 5,400만원	808만원	성동구	2억 1,000만원	374만원
강동구	2억 8,400만원	507만원	성북구	1억 5,100만원	269만원
강북구	1억 3,300만원	238만원	송파구	2억 5,200만원	449만원
강서구	1억 6,800만원	300만원	양천구	1억 8,000만원	321만원
관악구	1억 7,700만원	315만원	영등포구	1억 9,100만원	340만원
광진구	2억 4,500만원	437만원	용산구	3억원	535만원
구로구	1억 6,200만원	288만원	은평구	1억 6,700만원	297만원
금천구	1억 5,100만원	270만원	종로구	1억 4,800만원	264만원
노원구	1억 4,300만원	255만원	중구	1억 7,500만원	312만원
도봉구	1억 5,000만원	268만원	중랑구	1억 5,800만원	281만원
동대문구	1억 7,200만원	307만원	과천	4억 9,200만원	875만원
동작구	2억 1,600만원	385만원	분당	2억 6,000만원	368만원
마포구	2억 2,700만원	405만원	용인	1억 3,200만원	235만원
서대문구	1억 8,800만원	334만원	일산	1억 3,900만원	248만원
서초구	5억 2,200만원	929만원	평촌	1억 6,900만원	300만원

* 강남권역과 서초구는 재건축 아파트가 다수 포함돼 시세가 높게 나왔음.
* 25평형 아파트를 사면서 집값의 30%를 미리 내는 것으로 가정하고 구한 가계소득임.
* 지역별 25평형 아파트 평균 시세는 부동산뱅크(2003년 7월 기준) 참조.
* 대출금은 집값의 70%라고 가정함.
* 원리금 상환액이 가계소득의 30%를 넘을 수 없다.

이 밖에도 서울 강동구(507만원)와 송파구(449만원) 등 강남권역 일부 지역과 광진구(437만원), 마포구(405만원) 등에서도 모지기론을 이용해 집을 살 수 있는 것으로 나타났다. 이들 지역은 서울에서도 아파트 값이 비싼 축에 속한다. 25평형 아파트 평균 가격은 2억 2,700만원에서 2억 8,400만원이다. 다만 이들 지역에서는 가계소득이 400만원이 넘어야 부담 없이 25평형 아파트를 살 수 있다.

초기부담금 30%를 내고 미리 살 수 있는 아파트 한계가격은 2억 8,500만원이다. 아파트 값이 그 이상이면 모기지론을 이용해 집을 살 수 없다. 모기지론 대출 한도가 2억원까지이기 때문이다. 따라서 지금까지 언급하지 않았던 서울 강남구, 서초구, 용산구와 경기 과천은 모기지론을 이용해 미리 집을 사기에는 곤란한 지역이다.

설령 대출 한도를 늘린다고 해도 이들 지역에선 억대 연봉자가 아니면 모기지론으로 집을 살 수 없다. 강남구는 매달 소득이 808만원, 서초구는 929만원, 과천은 875만원이 돼야 하기 때문이다. 이처럼 집 값이 비싼 동네에서는 초기 부담금을 대폭 늘려야 모기지론을 이용할 수 있다. 사실상 목돈을 모은 이후에야 집을 살 수 있는 셈이다.

대출이자 한푼이 아깝다

단기대출이냐 장기대출이냐

회사원 최상철(34) 씨는 2004년 4월 서울 강서구 방화동에 있는 24평형 아파트를 구입할 계획이다. 아파트 매매가는 1억 8,000만원인데, 최씨는 이 중 8,000만원을 주택구입자금으로 대출 받아 융통하려고 한다. 그는 3년 만기 변동금리 대출 상품을 이용할 것인지, 아니면 만기가 20년이면서 고정금리를 적용하는 모기지론을 이용할지 고민이다.

주택담보대출 상품은 만기에 따라 단기대출과 장기대출로, 금리에 따라 변동금리와 고정금리 상품으로 구분할 수 있다. 2000년 이후 본격적으로 늘어난 주택담보대출 상품은 만기는 짧으면서 대부분 변동금리를 적용한다. 현재 200조원이 넘는 것으로 추정되는 주택 관련 대출 시장의 70~80%는 3년 만기 변동금리 대출이다.

단기대출은 변동금리가 좋다

3년 만기 변동금리 대출이 담보대출 시장의 주류를 차지한 것은 다른 상품에 비해 금리가 낮기 때문이다. 이 상품은 양도성예금증서(CD)의 유동수익률에 따라 3개월마다 금리가 변한다. 최근에 금리가 다소 오르기는 했지만 여전히 6%를 약간 넘는 수준을 유지하고 있다. 물론 만기 3년 이하 담보대출 가운데도 고정금리를 적용하는 상품이 있기는 하다. 하지만 금리가 2% 정도 높기 때문에 거의 이용하는 사람이 없다.

따라서 단기대출을 이용할 생각이라면 3년 만기 변동금리 상품을 선택하는 것이 좋다. 현재 경제 상황을 고려했을 때 당분간 금리가 2% 이상 급등할 가능성은 별로 없기 때문이다. 하지만 단기간에 돈을 갚을 능력이 없다면 3년 만기 변동금리 대출은 좀 부담스럽다. 지금은 금리가 낮긴 하지만 금융 불황이 오면 단기간에 이자비용이 급등할 가능성도 있기 때문이다. 그리고 은행에서 만기를 연장해주지 않으면 최악의 경우 집을 팔아서 대출금을 갚아야 할지도 모른다.

장기대출은 고정금리가 좋다

그렇다면 10년 이상 장기 주택담보대출을 이용하는 건 어떨까? 단기대출 상품은 만기에 대출금을 일시 상환하는 방식인 데 비해 장기대출 상품은 원금과 이자를 분할 상환한다. 여기에도 고정금리와 변동금리 상품이 있다. 고정금리를 적용하는 것이 모기지론이고, 변동금리를 적용하는 것이 은행권 장기대출 상품이다.

모기지론은 20년 만기에 7% 안팎의 고정금리를 적용하여 집값의 70%까지 빌릴 수 있다. 20년 동안 원금과 이자를 분할 상환하면 된다.

은행권 장기대출 상품 역시 원리금을 20~30년 동안 분할 상환하는 것으로, 대출금리는 대체로 6~8% 안팎이다. 모기지론과는 달리 변동금리를 적용한다. 시중은행 자체 상품은 조달 자금의 만기가 대체로 5년 이하라서 장기 대출에 고정금리를 적용할 수 없다.

은행권 장기대출 상품은 금리가 3개월마다 변동하는 상품과 1년 단위로 변동하는 상품으로 구분할 수 있다. 3개월 변동금리 상품은 양도성예금증서(CD) 유동수익률에 따라 금리가 변동하는데 6%가 약간 넘는 수준이다. 1년 단위로 금리가 변하는 상품은 은행에서 발행하는 채권 금리에 영향을 받는데, 7~8% 수준이다. 이들 상품은 변동금리를 적용하기 때문에 대출 기간 동안 금리 변동 위험을 감수해야 한다는 단점이 있다. 아울러 매달 갚아나가는 원리금이 달라져 재정 계획을 짜는 데 어려움을 겪을 수도 있다.

모기지론이든 은행권 장기대출이든 둘 다 소득공제를 받을 수 있다. 2003년까지는 10년 이상 장기주택담보 대출을 받은 사람은 매년 이자 상환액의 600만원까지 소득공제를 받을 수 있었고, 2004년부터는 15년 이상 장기대출에 대해서만 매년 이자 상환액의 1,000만원까지 소득공제를 해준다. 기준이 엄격해진 대신 소득공제 금액은 커진 셈이다. 예컨대 1억원을 7% 금리로 대출 받고 1년 동안 대출 이자를 700만원 물었다면 연말정산 때 과세표준 세율에 따라 59만~238만원의 세금을 돌려받을 수 있다(연봉 3,000만원인 사람은 연말정산 때 138만 6,000원의 세금을 돌려받을 수 있다).

이처럼 소득공제를 받으면 실질금리가 크게 떨어지는 셈이다. 따라서 실질금리는 약 5.6%로 낮아져 소득공제를 받을 수 없는 3년 만기 변동금리 상품(금리 6% 안팎)보다 훨씬 유리하다. 단 소득공제는 세대주가 전용면적 25.7평 이하 주택을 구입할 때만 받을 수 있다.

5년 이상 대출은 모기지론을 선택하자

주택담보대출을 이용할 때는 대출금 상환 계획을 우선적으로 고려해야 한다. 대출금을 5년 안에 충분히 상환할 수 있다고 판단되면 장기대출보다는 단기대출을 이용하는 것이 좋다. 예컨대 매년 2,000만원 이상 저축할 수 있는 능력이 되는 사람이 6,000만원 대출을 받는다면 3년 만기 변동금리 대출 상품을 이용해도 무방하다.

장기대출 상품은 소득공제를 받을 수 있지만 일찍 상환하면 수수료를 물어야 하기 때문이다. 모기지론을 이용해 20년 만기 대출을 받았다가 5년 이내에 조기 상환하면 중도상환 수수료를 내야 한다. 특히 장기주택마련저축 등 다른 금융상품에서 충분히 소득공제를 받는 사람이라면 금리가 낮은 3년 만기 대출이 유리할 수 있다. 하지만 원리금을 모두 상환하는 데 5년 이상 걸린다면 장기대출을 이용하는 것이 유리하다.

그리고 은행권 장기대출과 모기지론 둘 중 하나를 선택하라면 역시 모기지론이다. 모기지론은 금리변동 위험에서 자유롭기 때문이다. 사실 장기대출에 변동금리를 적용하는 대출상품은 다른 나라에서는 쉽게 찾아볼 수 없다. 금리 변동에 따른 위험을 모두 소비자가 부담하는 기형적인 상품인 셈이다.

고정금리로 대출받았다가 금리가 떨어지면 손해를 볼지도 모른다고 생각하는 사람도 있을 것이다. 실제 금리가 낮아지면 변동금리로 대출받는 것이 유리하다. 하지만 모기지론을 이용해도 5년이 지나면 언제든지 중도상환 수수료 없이 낮은 금리 대출로 갈아탈 수 있다. 모기지론을 권하는 이유는 5년 이내에 금리가 크게 떨어질 확률이 별로 없어 보이기 때문이다.

주택담보대출 유형별 비교

구분	3년 만기 대출	은행권 장기주택담보대출	모기지론
금리	3개월 CD 연동금리 (6% 초반)	3개월 CD 연동금리(6% 초반), 1년 은행채권 연동금리(7~8%)	고정금리 (7% 안팎)
대출기간	3년(연장 가능)	10~35년	15~20년
담보비율	최고 50%	최고 60%	최고 70%
소득공제	없음	가능	가능
대상	제한 없음	제한 없음	1가구1주택자 혹은 무주택자
상환방식	만기 일시상환	원리금 분할상환	원리금 분할상환
중도상환 수수료	3년 뒤에는 없음	은행별로 정함	5년 뒤 면제

자격이 된다면 정책자금을 노려라

정부의 정책자금을 활용하는 것도 괜찮은 방법이다. 정부 자금은 무주택자를 지원하기 위해 조성된 국민주택기금을 바탕으로 운영되며, 모기지론이나 은행권 상품보다 좋은 조건으로 대출을 받을 수 있다. 따라서 자격이 된다면 정책 자금을 우선적으로 고려하는 것이 좋다. 모기지론과 비교하면 금리가 0.5% 정도 낮다.

원래 국민주택기금 대출로는 '생애최초 주택구입자금대출'(고정금리 6%, 신규 주택)과 '근로자와 서민을 위한 주택구입자금대출'(고정금리 6.5%, 기존 주택)이 있었다. 하지만 2004년부터는 근로자와 서민을 위한 주택구입자금대출로 통합 운영된다. 통합과 함께 금리도 연 6%로 낮아졌다. 아울러 신규 주택뿐만 아니라 기존 주택을 구입할 때도 이용할 수 있게 됐다. 만기 또한 최장 20년(1년 거치 19년 상환 또는 3년 거치 17년 상환 중 선택 가능)으로 연장되는 등 무주택자들에게 상당히 유리하게 개편됐다.

대출자격은 연간급여(소득)가 3,000만원 이하인 근로자 및 서민으로서 대출신청일 현재 6개월 이상 무주택세대주(단독세대주 포함) 또는 대출신청일로부터 1개월 이내에 결혼으로 인하여 세대주가 예정된 자이며, 대상주택은 전용면적 25.7평 이하이다. 집값의 70% 이내에서 최고 1억원까지 빌릴 수 있으며, 분양받은 아파트를 담보로 할 경우 입주 전까지 중도금 형식으로도 빌릴 수 있다. 대출이자에 대한 소득공제 혜택도 있기 때문에 무주택자 입장에서는 모기지론보다 훨씬 더 유리한 셈이다.

무대포 정신이 재앙을 부를 수도

대출은 지렛대와 효과를 발휘해 주택구입자금이 부족한 경우 내 집 마련을 가능하게 해준다. 주도면밀하게 대출 계획을 세워 유망한 지역에 집을 사두면 재산 형성에 큰 도움이 될 수도 있다. 실제 최근 몇 년 동안 집값이 오르면서 대출을 받아 미리 집을 장만한 사람들은 큰 이득을 챙길 수 있었다.

하지만 집값이 보합세일 때는 무리하게 대출에 의존했다가는 큰 곤란을 겪을 수도 있다. 더구나 정부가 투기억제 정책을 강화하면서 주택담보대출 한도를 크게 줄여놓았다. 투기지역에서 3년 만기 주택담보대출을 이용해 집을 사려면 집값의 60%는 확보하고 있어야 한다. 투기지역에서는 집값의 40%까지만 대출 받을 수 있기 때문이다(표 참조).

주택투기지역 지정지구(2003년 12월 기준)

구분	대상지역
서울	강남구, 송파구, 강동구, 마포구, 서초구, 광진구, 용산구, 영등포구, 금천구, 동작구, 양천구, 은평구, 중랑구
인천	서구, 남동구, 부평구
경기도	수원시, 안양시, 안산시, 과천시, 화성시, 광명시, 성남시 수정구·중원구, 부천시, 군포시, 고양시 일산구, 용인시, 구리시, 김포시, 파주시
강원도	춘천시
충청남도	천안시, 오산시, 아산시
대전	서구, 유성구
충북	청주시
부산	북구, 해운대구
경상남도	창원시

설령 100%까지 대출을 받을 수 있더라도 무리한 대출은 피하는 것이 좋다. 3년 뒤 만기 연장이 안 되면 부득이 집을 팔아야 할지도 모르고, 만기 연장을 해주더라도 은행에선 대출금액 가운데 일부 상환을 요구하거나 대출금리를 높일 수도 있다. 소득 수준에 비해 너무 많은 대출을 받으면 이자 갚는 데 급급해 곤란을 겪을 수도 있다. 따라서 대출을 이용할 때는 원금 상환까지 염두에 두어야 한다. 금리가 낮으니까 대출을 이용해 일단 사고 보자는 '무대포 정신'은 집값이 크게 오를 때는 통할지 모르지만 이제는 큰 재앙을 부를 수도 있다.

어떤 곳이 투기지역으로 지정되나?

투기지역은 물가상승률과 주택가격 상승률을 종합적으로 고려해 재정경제부 부동산 가격안정심의위원회에서 지정한다. 주택투기지역과 토지투기지역으로 나뉘는데 주택투기지역은 아파트와 빌라, 단독주택 등 주택을, 토지투기지역은 토지가 포함된 모든 부동산을 규제한다.

전달 부동산 가격 상승률이 소비자물가상승률보다 30% 이상 높은 지역 가운데 직전 2개월 평균 가격상승률이 전국 평균 상승률보다 30% 이상 높거나 전년 동월 대비 가격상승률이 직전 3년간 전국 평균 가격상승률보다 높은 지역이 투기지역으로 지정된다. 투기지역으로 지정되면 집이나 토지를 팔 때 실거래가를 기준으로 양도소득세를 내야 한다. 아울러 양도세율을 최고 15%까지 높일 수 있어 양도세 부담이 커진다.

현재소득과 미래소득 동시에 챙기기

서울 성북구 동소문동에 사는 신영주(34) 씨는 2002년 7월 32평형 아파트를 2억 5,000만원에 구입했다. 이 가운데 1억 4,000만원은 3년 만기 주택담보대출로 마련했다. 집을 살 때는 대출 조건이 좋고 수입도 안정적이어서 무리가 없을 것으로 생각했다. 하지만 불경기로 남편 월급이 줄어들고 두 아들이 학교에 들어가 지출이 늘면서 월 70만원 안팎인 이자를 감당하는 것도 부담스러워졌다.

신씨는 집을 팔고 다시 전세로 가야 할지 아니면 부담스러운 대출을 껴안고 계속 살아야 할지 고민이다. 그동안 집값이 4,000만원가량 올랐지만 집을 팔게 되면 보유기간이 3년 미만이라 양도세를 내야 한다. 처음으로 마련한 집을 되팔고 전세로 옮기는 것도 씁쓸하다. 하지만 대출을 껴안고 계속 살자니 역시 부담스럽다. 2005년 7월이면 만기가 돌아오는데 연장이 안 되면 결국 집을 팔아야 할지도 모르기 때문이다. 다행이 집값이 오르고 예전 수준으로 수입이 늘어나면 문제가 없을지도 모르지만 왠지 불안하다.

이처럼 대출규모가 크면 불경기로 인해 개인의 소득이 줄어들었을 때 문제가 생길 수 있다. 더욱이 기존 3년 만기 담보대출은 금리가 낮기는 하지만 변동금리를 적용하기 때문에 시중금리가 오르면 이자비용이 늘어난다. 3년마다 만기를 연장해야 하는 것도 부담스럽다.

따라서 담보대출을 이용할 때는 불확실한 상황을 충분히 흡수할 수 있는 여유를 두고 대출규모를 정하는 것이 좋다. 아울러 현재 소득과 미래 소득 수준까지 고려해 중장기적인 상환 계획을 짜야 한다.

금리 따라 출렁이는 3년 만기 담보대출

서울 동작구에 사는 김철진(38) 씨는 요즘 고민에 빠졌다. 대출금리가 은근슬쩍 오르고 있기 때문이다. 김씨는 2001년 2월 아파트를 구입하면서 은행에서 8,000만원을 대출받았다. 당시 대출금리는 3년 만기 양도성예금증서(CD) 연동금리였다. 그리고 그동안은 금리가 계속 떨어져 이자가 부담스럽지 않았다.

하지만 2003년 4월 대출 만기를 앞두고 상황이 많이 달라지고 있다. 현재 시중금리가 야금야금 오르고 있을 뿐만 아니라 경기가 본격적인 회복 국면에 들어가면 더 오를 가능성도 있기 때문이다.

실제 3년 만기 국고채 유통수익률은 2003년 10월에 연 3.98%로 바닥을 찍은 뒤 2004년 1월20일 현재 4.94%까지 올랐다. 3개월 만기 CD수익률도 최저점보다 0.5%가량 올라 2004년 1월 20일 현재 4.24%를 기록했다. 이에 따라 CD수익률에 따라 움직이는 3년 만기 주택담보대출 금리도 상승해 연 5% 후반에서 6% 초반대로 올랐다. 이처럼 3년 만기 담보대출은 금리를 고스란히 반영하게 된다.

게다가 정부와 시중은행에서는 단기 주택담보대출을 최대한 억제하려는 모양새다. 정부는 2003년 10·29 부동산대책 때 투기지역 내 3년 만기 대출 담보인정비율을 40%로 낮췄다. 시중은행에서는 신규 단기대출뿐만 아니라 기존 단기대출에 대해서도 관리를 엄격하게 적용하고 있다. 이를 테면 하나은행은 만기를 연장하려는 고객의 대출 잔액이 바뀐 담보한도를 넘으면 0.2~0.4%포인트의 가산금리를 적용하기로 했다. 국민은행도 2005년부터는 약간 금리를 올리거나 원금을 일부 갚을 때만 만기를 연장해주는 방안을 검토하고 있다. 사정이 이렇다면 3년 만기 담보대출을 새로 받는 것뿐만 아니라 만기를 연장하는 것조차 까다로워지는 셈이다.

장기대출 갈아타기

그동안 3년 만기 주택담보대출을 받은 사람이 적지 않다. 예를 들어 국민은행만 봐도 2004년에 만기가 돌아오는 대출액만 40조원에 이른다. 은행들이 2000년께부터 3년 만기 주택담보대출을 본격적으로 판매했기 때문이다.

하지만 크게 걱정할 필요는 없다. 은행들은 나름의 해법을 제시하고 있다. 3년 만기 담보대출을 장기대출로 전환하는 것이다. 장기 주택담보대출로 갈아타는 것은 만기 때 대출기간 등 일부 조건을 바꿔 연장하면 간단히 처리할 수 있다. 아울러 15년 이상 장기담보대출로 바꾸면 소득공제를 받을 수 있어 유리하다. 장기대출은 표면금리가 약간 높아 보여도 소득공제 혜택을 고려한 실질금리는 3년 만기 대출보다 오히려 낮다.

더구나 시중은행에서 장기 주택담보대출 금리를 크게 내려 금리 부담도 한결 줄었다. 국민은행은 2003년 9월, 장기주택담보대출 금리를 1~1.5%포인트 인하했다. 이에 따라 3년 만기 대출과 금리 차이가 0.5~1.5%포인트 수준으로 크게 줄었다. 하나은행이나 외환은행, 기업은행도 3년 만기 대출과 비슷한 수준의 금리를 적용하는 최장 30년 만기 주택담보대출 상품을 내놓았다.

   은행권이 제시하는 해법 이외에, 정부가 시행하는 모기지론으로 전환하는 것도 적극적으로 고려해볼 만하다. 모기지론을 이용하면 새로 대출을 받는 사람들뿐만 아니라 이미 3년 만기 담보대출을 받은 사람도 모기지론으로 갈아탈 수 있다. 모기지론으로 갈아타는 것은 새로 대출을 받아 기존 대출금을 갚는 형식으로 이루어진다. 따라서 같은 은행에서 처리하면 근저당권 설정비 등 추가 비용을 내지 않아도 된다.

무이자 대출로 중도금 뛰어넘기

무이자 대출 꼼꼼히 따져보자

최근 '중도금 무이자 대출' 조건을 내건 분양 현장을 심심찮게 발견할 수 있다. 주택 경기가 위축되자 건설업체들이 분양률을 높이기 위해 소비자들을 '유혹' 하는 것이다. 중도금 무이자 대출은 내 집 마련 실수요자들이 '유혹에 빠지고 싶을 만큼' 여러모로 편리한 점이 많다. 입주할 때까지 금융비용을 걱정할 필요도 없고, 은행을 찾아가는 번거로움도 덜 수 있다. 그러나 무이자 대출에는 주의할 점도 적지 않다. 따라서 무이자 대출을 100배 활용하려면 '체크 리스트'를 작성해 미리 꼼꼼히 따져보는 게 좋다.

먼저 중도금 무이자 대출의 장점을 꼽으라면 실질적으로 다소 싼값에 아파트를 분양을 받을 수 있다는 점이다. 전문가들은 무이자 대출이 대략 4~5%의 분양가 인하 효과가 있다고 말한다. 2억원짜리 아파트를 분양받으면 이자비용 1,000만원 정도를 싸게 사는 셈이다.

두 번째로 실수요자의 피부에 가장 와닿는 것은 입주할 때까지 금융비용을 걱정할 필요가 없다는 점이다. 아파트를 분양받으면 대개 분양가의 20%를 계약금으로 내고, 중도금을 여섯 차례에 걸쳐 나누어 낸다. 나머지 잔금 20%는 입주할 때 지불한다. 이때 분양가의 60%에 이르는 중도금이 가장 부담스럽다. 목돈을 준비하지 못한 사람들은 은행에서 중도금을 대출 받아 매달 이자를 지불해야 하는 것이다. 나중에 전세금을 빼 한꺼번에 갚을 생각을 하면서 말이다.

원래 중도금 대출 금리는 주택담보 대출보다 높은 편이다. 아파트 분양권이 담보가 되려면 주택금융신용보증에서 발행하는 보증서가 필요하다. 이 과정에서 연 0.7%의 수수료가 대출 금리에 얹혀진다. 게다가 여러 차례 대출을 받게 되면 입주 날짜가 가까워질수록 이자 부담이 기하급수적으로 늘어난다.

예를 들어 1억 7,000만원짜리 아파트를 분양받으면서 1억원가량의 중도금 대출을 받는다면 6차례에 걸쳐 1,600만원씩 대출을 받게 된다. 이때 매달 이자는 처음엔 8만 7,000원이지만 대출금이 늘어나면서 6번째에는 54만원으로 불어난다(금리 6.5% 기준). 건설업체가 중도금 대출 이자를 대신 내주면 소비자 입장에서는 이런 이자 부담이 없어지는 셈이다.

입주하고 개별등기까지 2, 3개월 동안의 '등기 공백' 기간에도 이자 부담을 걱정할 필요가 없다. 건설사에서 대출 기간을 여유 있게 잡아놓았기 때문이다. 따라서 개별 등기를 마친 뒤 주택담보대출로 바꾸어도 아무런 문제가 없다.

과신하다 큰 코 다칠라, 건설사를 살펴라

그러나 이런 이점만 있는 것은 아니다. 자칫하면 무이자 대출이란 '가시'에 찔릴 수도 있다. 우선 건설 중에 시공사가 부도나면 이자 상환 부담이 고스란히 소비자 몫으로 돌아온다. 실제 무이자 중도금 대출의 명의는 소비자, 즉 분양권 매입자로 돼 있다. 따라서 건설사 부도 시점부터는 소비자가 이자를 내야 한다. 물론 다른 건설사가 인수를 할 수도 있다. 하지만 인수가 늦어지면 이자를 내야 하는 기간도 그만큼 길어진다. 게다가 다른 건설사가 인수를 한 뒤에도 무이자 중도금 대출을 계속해준다는 보장이 없다. 따라서 최초 분양을 받기 전에 건설사가 튼튼하고 안전한지 꼭 점검해봐야 한다.

또한 입주한 뒤에도 전에 살던 집의 전세금이 빠지지 않으면 중도금 대출 금액만큼 이자를 내야 한다. 담보대출로 바꾸어도 6% 안팎의 이자부담이 생기기 때문이다. 그동안 이자를 내지 않았던 소비자들은 상환이 부담스러워질 수 있다.

마지막으로 대출조건이 좋을수록 분양 매력이 적을 가능성도 염두에 두어야 한다. 아무리 내 집 마련 목적이라도 환금성이 떨어지는 아파트는 가능한 한 피하는 게 좋다. 융자혜택이 있는 아파트를 분양 받을 때는 입지 조건, 단지 규모, 건설업체 브랜드 등을 꼼꼼히 살펴볼 필요가 있다.

중도금 무이자 대출 vs 이자 후불제

중도금 무이자 대출과 마찬가지로 '중도금 이자 후불제'도 소비자들의 금융 부담을 덜어주는 서비스라고 할 수 있다. 이자 후불제를 이용하면 아파트 건설 기간에 건설업체가 중도금 이자를 대신 내준다. 소비자는 입주할 때 원금과 이자를 한꺼번에 갚으면 된다.

이자 후불제는 수도권과 지방을 가리지 않고 이미 널리 퍼져 있다. 중도금 무이자 대출과 마찬가지로 대출기간 동안 소비자가 이자 부담을 지지 않는다. 하지만 이자 후불제는 입주할 때 그동안 쌓인 이자를 모두 갚아야 하므로 무이자 중도금 대출보다 부담이 더 커진다.

나중에 한꺼번에 낼 이자가 만만치 않기 때문이다. 예를 들어 대출기간 3년, 금리 6%로 6차례에 걸쳐 모두 1억원을 대출받았다면 입주할 때 1,368만원의 이자를 내야 한다.

따라서 이자 후불제는 입주할 때 정기적금을 타는 사람에게 유리하다. 또한 무이자 대출과 마찬가지로 전세금을 빼서 목돈을 낼 여력이 있는 사람이 이용할 만하다.

담보대출금 인수 제대로 하기

새 주인이 전 주인의 빚을 갚아야 한다?

집을 사면 대개 은행빚, 즉 주택담보대출금을 함께 넘겨받는다. 이 때 "대출통장만 받으면 끝나는 것 아니냐"고 생각하는 사람들이 적지 않다. 하지만 은행빚을 승계할 때는 포괄근저당이나 명의 변경 등을 꼼꼼히 살펴봐야 한다. 그러지 않으면 큰 낭패를 볼 수도 있다.

회사원 김억수(37) 씨는 얼마 전, 꿈에 그리던 아늑한 보금자리를 장만했다. 새로 산 집에는 전 주인 이철면(40) 씨가 ㄱ은행에서 받은 담보대출금 2,000만원이 있었다. 대출금을 갚기 위해 은행을 찾은 김씨는 황당한 얘기를 들어야 했다. 이씨의 신용대출금 500만원까지 갚지 않으면 근저당권을 없애줄 수 없다는 거였다. 김씨는 서둘러 이씨에게 500만원을 갚으라고 요구했지만 이씨는 '배째라' 식으로 나왔다. 은행 쪽에서도 "김씨 집엔 '포괄근저당'이 설정돼 있다"는 말만 되풀이했다. 전 주인이 갚지 않으면 새 주인이 신용대출금까지 대신 갚아야 한다는 뜻이었다.

포괄근저당을 확인하라

담보대출의 성격을 제대로 이해하지 못하면 이런 골치 아픈 일이 일어날 수 있다. 담보대출을 받으면 대체로 주택에 '포괄근저당'이 설정된다. 포괄근저당을 설정하게 되면 대출금을 모두 갚은 뒤에도 또다시 쉽게 대출을 받을 수 있다는 장점이 있다. 그리고 다시 대출을 받을 때 추가 설정비용도 들어가지 않는다. 하지만 포괄근저당의 경우 이후에 발생하는 채무자의 신용대출까지도 '피담보 채무'에 포함된다는 점이 문제다. 따라서 새 주인이 담보대출금을 모두 갚더라도 이전 주인이 연체한 다른 채무가 있으면 심할 경우 집이 경매에 넘어갈 수도 있다.

이런 '불상사'를 미리 막는 방법은 딱 한 가지밖에 없다. 집을 살 때 담보대출의 성격을 반드시 확인하는 것이다. 만약 포괄근저당이 설정돼 있다면 집을 사는 사람과 파는 사람이 함께 은행에 찾아가 '피담보 채무 확인서'를 발급받아야 한다.

이러한 포괄근저당 외에 금융기관에서 이용되고 있는 근저당의 종류로는 한정근저당과 특정근저당이 있다. 한정근저당권은 채무자가 채권자에 대하여 설정계약서에 기재한 내용과 같은 종류의 거래로 말미암아 현재 및 장래에 부담하는 모든 채무가 피담보 채무에 속한다. 그리고 특정근저당권은 채무자가 채권자에 대하여 설정계약서에 기재한 대출약정서에 의한 거래로 말미암아 현재 및 장래에 부담하는 모든 채무가 피담보 채무에 속한다.

명의 변경 안 하면 신용불량자 된다

소유권을 이전할 때는 채무자 명의를 사는 사람 쪽으로 바꾸는 일
도 잊지 말아야 한다. 이는 집을 팔 때도 마찬가지이다. 은행에선 담
보물건의 소유자가 바뀐 것을 일일이 확인하지 않는다. 따라서 새 주
인이 원리금을 성실하게 갚아나가지 않으면 전 주인의 신용에 문제가
생길 수도 있다. 실제 이와 같은 사례가 심심치 않게 발생하고 있다.

회사원 김재용(36) 씨는 지난해 10월 경기도 일산의 25평 아파트를
시가보다 1,500만원 싸게 팔았다. 김씨는 아파트를 살 때 은행에서
대출받은 돈 중 1,500만원을 갚지 못했는데, 대출 잔액을 산 사람이
대신 갚는다는 조건으로 싸게 판 것이다. 그런데 아파트를 매도한 후
1년이 지나도록 아파트를 산 사람이 대출통장을 인수하지 않아 김씨
가 곤경에 처했다. 은행에 조회해본 결과 대출 잔액은 여전히 김씨 명
의로 남아 있었다.

게다가 아파트 매수자가 이자를 연체를 하는 바람에 김씨는 신용불
량자로 등재될 것이라는 통지까지 받았다. 김씨는 앞으로 은행 신규
대출은 물론 신용카드도 발급받지 못할 위험에 처했다. 김씨는 새 주
인에게 찾아가 빨리 빚을 갚을 것을 요구했지만 "돈이 마련되는 대로
갚겠다"는 이야기만 듣고 돌아와야 했다.

집을 거래할 때 이와 같은 분쟁을 사전에 예방하기 대출자 명의를
말끔하게 바꿔놓아야 한다. 명의를 바꿀 때는 당사자가 함께 은행을
방문해야 한다. 사는 사람은 등기권리증, 인감증명서, 인감도장, 등기
부등본 따위를 준비해 간다. 파는 사람은 주민등록증만 있으면 된다.

고수들이 들려주는 이럴 땐 이렇게
모기지론 무엇이든 물어보세요

Q 모기지론을 이용할 수 있는 주택의 종류는 무엇인가요?

A 아파트는 물론 연립주택, 단독주택, 다세대주택도 이용할 수 있습니다. 다만, 다가구주택은 다수의 가구에게 임차되는 주택이므로 이들에 대한 임차보증금을 뺀 금액을 담보가치로 인정받기 때문에 모기지론 이용이 어려울 것으로 판단됩니다. 아울러 상가, 오피스텔 등 주택법상 주택이 아닌 건축물은 제외됩니다.

Q 모기지론을 받으면 나중에 팔 때 힘들지 않나요?

A 집을 사는 사람이 장기 대출을 승계해주면 문제는 간단히 해결됩니다. 하지만 구매자가 집값을 모두 내거나, 채무를 승계하지 않고 다른 대출상품을 이용하면 대출금을 미리 갚아야 합니다. 이때는 5년 이내에 중도상환하면 수수료를 물어야 합니다. 중도상환 수수료는 잔여 원금의 1~2% 수준입니다.

Q 모기지론은 누구나 받을 수 있나요?

A 만 20세 이상의 무주택자 또는 1주택 소유자면 누구나 받을 수 있습니다. 참고로 모기지론의 대출 취급기준은 다음과 같습니다.
- 자금용도 : 주택구입, 소요자금보전, 기존대출의 장기전환
- 대출한도 : 2억원 이내

- 대출비율 : 집값의 70%까지
- 상환능력 : 매월 대출상환액이 소득의 1/3 이내
- 대상주택 : 6억원 초과 주택은 제외, 전용면적 25.7평 이하 우선 지원

Q 모기지론은 확정금리인가요 고정금리인가요?

A 시장금리에 따라 첫 대출 금리를 정하기 때문에 대출을 받는 시점과 개인에 따라 금리가 달라질 수 있습니다. 하지만 한번 정해진 금리는 만기 때까지 갑니다. 예컨대 처음에 금리 6.8%로 대출을 받으면 20년 동안 줄곧 이 금리가 적용되는 것이죠. 다만 5년이 지나면 중도상환 수수료 없이 다른 대출로 갈아탈 수 있습니다.

Q 대출조건의 일부인 소득수준은 어떻게 산정합니까?

A 모기지론 대출 취급기준의 하나인 월소득은 대출신청자가 제시하는 세금공제 전 연간소득을 12개월로 나누어 평가합니다. 근로소득자는 근로소득 원천징수영수증으로, 자영업자는 세무서에서 발급하는 소득금액증명서로 소득을 입증해야 합니다. 참고로 맞벌이 부부의 경우 배우자의 소득을 합산할 수 있으나, 이 경우 소득뿐만 아니라 부채도 합산되며 배우자는 연대보증을 해야 합니다.

Q 아파트 중도금의 경우에도 모기지론을 이용할 수 있습니까?

A 모기지론은 완성된 주택에 저당권을 설정하면서 대출을 실행하게 되므로 아파트를 신규로 분양받아 중도금을 납부하는 경우에는 원칙적으로 이용이 불가능합니다. 다만, 앞으로 주택이 완공되어 저당권 등기가 가능한 시점에선 모기지론으로 종전의 중도금 대출을 상환할 수 있습니다.

Q 모기지론 이자상환액은 무조건 소득공제 대상인가요?

A 모기지론을 이용한 대출이자 납부액에 대한 소득공제를 위해서는 아래의 소득공제 조건을 충족해야 가능합니다.

- 1가구 1주택(전용면적 25.7평 이하 국민주택 규모)
- 15년 이상의 장기대출에 대한 이자납부액
- 근로소득자(자영업자는 공제 혜택 없음)
- 소유권 이전 등기일로부터 3개월 이내 대출 취급

Q 모기지론 이용 도중에 연체를 하면 어떻게 됩니까?

A 이러한 경우에는 현재 은행권의 주택담보대출을 연체한 경우와 유사합니다. 다시 말해 연체가 발생하면 일정한 기간 내에 연체를 정리해야 하고, 계속하여 연체가 정리되지 않는 경우에는 경매(저당권 실행)를 통하여 대출금을 회수하게 됩니다.

Q 모기지론이 부동산 투기를 부추기지 않을까요?

A 모기지론은 매달 원리금을 장기간 분할 상환하기 때문에 주로 실수요자들이 이용할 것입니다. 아울러 모기지론이 3년 만기 일시상환 대출보다 경쟁력을 갖기 위해서는 소득공제 혜택을 받아야 하는데 이러한 혜택은 1가구 1주택 이하 세대주만 누릴 수 있습니다. 따라서 모기지론이 도입된다고 해도 투기 바람이 일어날 가능성은 많지 않습니다. 주택 투기에 적합한 대출 형태는 모기지론이 아니라 표면금리가 낮은 3년 만기 주택담보대출입니다. 다만 모기지론 도입으로 수요가 늘어나 일부 지역에선 아파트 값이 상승할 수도 있습니다.

PART 07

시장조사부터 등기까지

돈되는 부동산 정보 찾기

싸게 사는 것이 '장땡'이다

예전에 자취하면서 처음 세탁기를 돌렸을 때가 기억에 남는다. 자취집에 세탁기가 있기는 했지만 필자는 한동안 어떻게 돌려야 하는지 몰라 사용을 못했다. 반자동이라 탈수통과 세탁통이 분리돼 있었고 버튼도 무지하게 많았다. 몇 달 동안 빨래방에 돈을 갖다 바치고 나서야 세탁기를 돌려보기로 결심했다.

혹시나 하는 마음에 주인집 아주머니에게 사용설명서를 빌려 달라고 했더니 다행히 아주머니는 사용설명서를 보관하고 있었다. 하지만 사용설명서를 펼치자마자 당황할 수밖에 없었다. 뭐가 이렇게 복잡한가. 한 시간 이상 설명서를 살펴본 뒤에야 세탁기를 고장 내지 않고 돌릴 수 있겠다는 믿음이 생겼다. 정작 세탁기를 돌리는 방법은 그리 어렵지 않았다.

처음에는 복잡하고 어려울 것 같아 주저하다가도 막상 해보면 어렵지 않다고 느껴지는 경우가 많다. 집을 사는 것도 마찬가지다. 세탁기를 돌리는 것보다는 훨씬 복잡하기는 하지만 한번 해보면 자신감이 생기게 마련이다.

5,000원짜리 수박 한 통도 남들보다 비싸게 사면 기분이 언짢아진다. 하물며 전 재산을 털어 산 집이 실거래가보다 비싸다면 분통이 터지게 마련이다. 물건을 소개해준 사람의 멱살을 잡고 항의해도 이미 계약한 것을 물릴 수는 없는 노릇이다.

집을 살 때 던지는 질문은 크게 4가지로 요약할 수 있다. 주거 여건은 괜찮은가? 적정가격은 얼마인가? 주변 지역은 발전 가능성이 있나? 집값은 앞으로 어떻게 움직일까? 이러한 의문점을 풀기 위해서는 부동산에 대해 늘 관심을 가져야 한다. 그래야만 적절한 매수 시점을 잡고 종목(지역)을 잘 선택할 수 있다. 어디에 투자하든 오를 만한 물건을 가장 쌀 때 사는 것이 '장땡'이다.

물론 싸게 사는 것도 중요하지만 거래기술에 따라 매수 가격이 달라진다는 사실도 명심하자. 부동산은 사람과 사람 사이에 이루어지는 거래이기에 협상능력이 무엇보다 중요하다는 이야기다. 비슷한 시기에 사더라도 급매물을 잡거나 가격 협상을 잘하면 시세보다 5~10% 싸게 구입할 수도 있기 때문이다.

아울러 집을 살 때는 집값 이외도 취득세와 등록세 등 세금과 중개업소 및 법무사 수수료, 등기 비용 등 거래 비용이 많이 든다. 거래 비용을 모두 합하면 1,000만원은 족히 든다. 따라서 집을 싸게 사는 것뿐만 아니라 거래 비용을 줄이는 것도 돈 버는 길이다.

다행히 최근에는 신문과 잡지, 인터넷 사이트에서 부동산 관련 정보를 쉽게 접할 수 있다. 신문이나 잡지를 통해서는 부동산시장 동향과 분양 정보, 정부의 부동산 관련 정책을 읽을 수 있다. 인터넷 사이트에서는 지역별 집값 시세와 매물정보, 부동산 관련 칼럼 등을 볼 수 있다. 정보가 넘쳐나기 때문에 많은 정보 가운데 꼭 필요하고 정확한 정보를 골라내는 안목을 갖출 필요도 있다.

신문기사 옥석 가리기

부동산 정보를 가장 쉽게 접할 수 있는 곳은 신문이다. 하루에도 수십 건에 달하는 부동산 관련 기사가 신문 지면을 통해 쏟아져 나온다. 신문 기사는 시장 흐름을 읽는 데 꼭 필요한 정보를 제공하기는 하지만 모든 내용을 액면 그대로 믿기는 어렵다.

집값이 오를 때는 "○○지역 집값 폭등" 혹은 "○○아파트 투자수익 최고" 등 투기를 부추기는 듯한 내용이 많고, 반대로 집값이 떨어질 때는 "○○아파트 최고 2억원 폭락"이나 "○○지구 아파트 청약경쟁률 제로" 등 집값 거품이 급속히 커질 것 같은 분위기의 기사가 많다. 하지만 실제 현장에 가보면 사실과 다를 때가 가끔 있다. 일부 아파트 값이 오른 경우 혹은 급매물이 나와 시세보다 낮은 가격으로 거래된 사례를 갖고 '침소봉대' 했기 때문이다. 따라서 반드시 현장 확인을 통해 아파트 시세나 청약경쟁률을 확인해봐야 한다.

아울러 설문조사 등 통계자료를 인용하는 기사도 신빙성이 떨어질 때가 있다. 예컨대 부동산 정보제공업체에서 "올해 여윳돈을 어디에 투자할 계획이냐?"는 내용으로 네티즌 설문조사를 했다고 치자. 부동산 정보제공업체 사이트를 방문하는 사람은 대체로 부동산에 관심이 많다고 봐야 한다. 그리고 이 사이트를 가장 자주 방문하는 사람은 회원 중개업소 관련자들이다. 주식이나 채권보다는 부동산에 투자하겠다는 사람이 훨씬 많이 나오는 것은 너무나 당연하다. 하지만 신문에서는 업체에서 제공하는 자료를 토대로 '올해도 부동산이 투자 1순위'라는 제목으로 기사를 쓰곤 한다.

그리고 분양광고는 절반은 접고 들어갈 필요가 있다. '지하철에서 도보로 5분 거리인 역세권'이라는 광고의 경우 실제로는 7~8분가량 걸리거나 심지어 10분 이상 걸어야 할 때도 있다. 특히 '최고의 수익률'이나 '파격 분양' 등과 같은 말들은 걸러서 들어야 한다. 최근 소비자보호원 조사 결과를 보면 일간 신문 아파트 분양광고 내용이 입주 후 실제내용과 50% 이상 차이가 있는 것으로 나타나기도 했다.

이처럼 신문은 독자들에게 많은 정보를 제공하지만 100% 정확한 것은 아니다. 정확한 정보를 알아보기 위해서는 직접 발품을 팔아야 한다. 다만 정부 정책은 신문 기사를 통해 확인하는 것이 비교적 정확하다. 정부 정책은 부동산시장에 가장 큰 영향을 미치므로 주의 깊게 살펴보자. 실례로 2003년 10월 29일 발표된 정부의 부동산 투기억제 대책으로 위만 보고 뛰던 집값이 하향 안정세로 돌아섰다.

뿐만 아니라 신도시건설이나 택지개발지구 지정, 지자체의 도시개발계획 등의 알짜 정보들도 신문을 통해 상세히 알아볼 수 있다. 이 밖에도 부동산 관련 법 개정이나 아파트 청약제도 및 부동산 세제 변경, 경매 및 공매, 대출 관련 정보도 신문을 통해 얻을 수 있다.

인터넷 시세 믿을 만한가?

요즘에는 아파트 값을 알아볼 때 주로 인터넷 사이트를 이용한다. 군이 부동산 중개업소를 찾아다니며 발품을 팔지 않아도 돼 참으로 요긴하다. 인터넷 시세를 제공하는 업체로는 부동산114, 닥터아파트, 부동산뱅크, 스피드뱅크 등이 있다.

인터넷 시세는 부동산 정보제공업체에 가입한 중개업소에서 올리는 정보를 토대로 만들어지는데, 업체별로 많게는 1만 3,000개가 넘는 중개업소에서 시세정보를 받고 있는 곳도 있다. 따라서 해당 사이트에 접속하면 서울과 수도권에 있는 아파트는 대부분 시세를 확인할 수 있다.

그렇다면 인터넷 시세를 어느 정도까지 믿어야 할까? 정보제공업체에서 제공하는 시세는 업체에서 재차 확인 작업을 거치기는 하지만 '부르는 가격'와 '실거래가'가 뒤섞여 있는 경우가 많다. 마음먹기에 따라서 현지 중개업소에서 부르는 가격, 다시 말해 호가를 올려놓을 수도 있는 것이다.

현장에서 매매가가 오를 때는 비교적 빠르게 인터넷 시세에 반영된다. 일부 중개업소에서는 고객을 끌기 위해 오르기 전 가격을 그대로 유지하는 경우도 있지만 대체로 가격이 오를 때는 시세가 즉각 반영되는 편이다. 이때 실제 거래는 안 되면서 호가만 오르는 경우도 왕왕 있다.

하지만 값이 떨어질 때는 다소 늦게 반영되는 경향을 보인다. 집값이 하락세를 보일 때는 대체로 거래량도 떨어진다. 일부 급매물이 나와 거래가 이루어지더라도 시세에는 잘 반영되지 않는다. 낮은 가격으로 거래되는 물건이 많아지고 그것이 시세로 굳어지기까지는 시간이 걸리게 마련이다. 다만 급매물이 쏟아져 나오고 하락세가 완연하게 나타날 때는 즉각 반영될 수도 있다.

이처럼 인터넷 시세의 맹점은 실거래가가 아닌 중개업소에서 보고하는 시세정보에 의존한다는 데 있다. 실거래가를 조사할 수 있으면 좋겠지만 우리 나라에서는 그런 통계를 갖고 있는 곳은 없다. 실거래가는 사는 사람과 파는 사람 그리고 중개업자만이 알고 있기 때문이다.

진짜 시세 이렇게 확인해야

최대한 정확한 시세를 알아보려면 어떻게 해야 할까?

첫째, 부동산 정보제공업체 사이트를 3곳 이상 둘러보자. 업체에 따라 같은 단지라도 1,000만~2,000만원까지 차이가 나는 경우가 있다. 이는 업체별로 회원업소와 시세정보를 산출하는 방식이 다르기 때문이다. 업체별 시세를 평균하면 비교적 정확한 시세를 알 수 있다.

둘째, 중개업소 몇 군데에 직접 전화해 아파트의 실거래가를 파악한다. 아울러 최근에 비슷한 아파트가 얼마나 거래됐는지도 확인해본다. 이때 사는 사람과 파는 사람 입장에서 동시에 파악하는 것이 중요하다. 대개 중개업소는 사는 사람에게는 가격을 높게, 파는 사람에게는 가격을 낮게 제시하는 경우가 많다. 이런 방식으로 시세를 확인하다 보면 실제 어느 정도 가격이면 원하는 아파트를 구입할 수 있는지도 감을 잡게 된다.

셋째, 실거래가가 파악되면 현장 확인이 필요하다. 중개업소 서너 곳을 들러 원하는 지역의 아파트 시세를 직접 확인한다. 전화로 물어봤을 때랑 직접 찾아갈 때랑은 이야기가 다를 수 있다. 이미 실거래가를 알고 있기 때문에 대면 협상 시 유리하다. 중개업소를 상대할 때는 실제로 살 의사가 있다는 믿음을 심어줘야 한다. 중개업소에서는 거래 의사가 확실한 사람에게만 정확한 정보를 주게 마련이다.

마지막으로 부동산은 주식시장과는 다르다는 점을 명심해야 한다. 같은 단지 내 같은 평형이라도 동호수와 전망, 방향에 따라 가격이 큰 차이를 보일 수 있다. 아울러 대출을 얼마나 끼고 있느냐, 파는 사람이 얼마나 급하냐에 따라 실거래가는 달라질 수 있다. 주식투자가 '타이밍의 예술'이라면 부동산투자는 '거래의 예술'이라고 말하는 이유가 여기에 있는 것이다.

중개업소와 친해지기

최근에는 소비자들이 부동산 관련 정보를 쉽게 접할 수 있세 되면서 거래가 투명해지고 있다. 아울러 부동한 거래로 이득을 취하기보다는 소비자들을 합리적으로 대하는 중개업자들이 점차 늘어나고 있는 추세이다. 다만 협상력을 키우기 위해서는 철저한 준비가 선행돼야 한다. 평소에 부동산에 관심을 갖는 것은 물론, 자신이 원하는 지역에 대한 정보를 충분히 습득할 필요가 있다. 중개업소를 자주 찾을수록 많은 매물을 접할 수 있고, 적정가격과 지역 분위기 등 다양한 정보도 얻을 수 있다.

중개업소에선 대체로 거래를 성사시키기 위해 많은 노력을 기울인다. 집을 팔려는 사람이나 사려는 사람이나 한 곳에만 의존하는 것이 아니라 여러 군데에 부탁해놓기 때문이다. 그로 인해 오로지 거래를 성사시키려는 목적에 감언이설로 고객을 설득하기에만 급급할 수도 있다. 간혹 일부 중개업소에서 팔려는 사람이 희망하는 가격보다 높게 받아주겠다는 조건으로 별도의 수수료를 챙기는 경우도 있으니 주의해야 한다. 물론 최근에는 시세가 인터넷에 공개되기 때문에 시세보다 지나치게 높은 가격을 부르는 일은 거의 없어졌다.

중개업소를 선택할 때는 중개업자가 고객을 얼마나 합리적으로 대하는지 살펴봐야 한다. 결정을 내리는 데 필요한 정보와 지역 상황을 객관적으로 설명해주는 곳을 선택하는 것이 좋다. 이를 위해서는 사전에 시세정보와 지역현황을 알아보고 가야 한다.

그리고 무엇보다도 거래를 서두르는 곳은 조심해야 한다. 급하게 전화를 걸어서 좋은 물건이니까 빨리 계약해야 한다고 하거나 다른 사람이 계약하려고 하니 오늘내일 중으로 계약하자고 하는 경우는 사려는 사람의 판단을 흐리게 하려는 전략일 수도 있으므로 꼼꼼히 따져볼 필요가 있다. 조급한 마음에 계약을 서두르다 보면 큰 손해를 볼 수도 있다. 정말 급해서 계약을 서두르는 경우도 있지만 간혹 문제가 있는 물건일 수도 있기 때문이다.

부동산정보 사이트 모두 모여라

1. 부동산114(www.r114.co.kr)

시세정보를 온라인 상에 가장 먼저 제공한 업체다. 아파트, 오피스텔, 상가 등 부동산 상품별로 다양한 시세정보를 모아놓은 것이 강점이다. 서울 지역 동시분양이 있을 때마다 투자가치를 분석해준다.

2. 닥터아파트(www.drapt.com)

부동산 커뮤니티 사업을 제일 먼저 시작한 만큼, 입주예정 및 내 집 마련 동호회를 비롯한 다양한 커뮤니티에서 요긴한 정보를 얻을 수 있다. 클럽 닥터아파트에서는 전문가들이 아파트 투자 자문 서비스를 해준다.

3. 스피드뱅크(www.speedbank.co.kr)

동종 업계에서 가장 많은 회원업소(1만 3,000여 개)를 확보하고 있는 만큼 다른 사이트에 비해 매물 정보가 가장 풍부한 것이 강점이다.

4. 부동산뱅크(www.neonet.co.kr)

가장 오래된 부동산 시세 제공업체로 1988년부터 시세를 집계 발표하고 있다. 16년 동안의 자료를 바탕으로 아파트 단지별로 과거와 현재 시세를 비교해 볼 수 있다. 미래의 아파트값을 예측하는 서비스도 제공한다.

5. 부동산서브(www.serve.co.kr)

아파트 시세를 비롯해 부동산 재테크 상식, 연립주택, 빌라에 대한 정보를 얻을 수 있다. 또한 소비자들의 입맛에 맞는 맞춤형 서비스도 제공한다.

6. 파인드하우스(www.findhouse.co.kr)

벼룩시장의 온라인 버전인 파인드올(www.findall.co.kr)에 있는 부동산 매물 코너다. 지역별, 시세별, 평형별 검색이 손쉽다. 개인이 부동산 중개업소에 정보를 올리면서 벼룩시장에 정보를 올리기 때문에 다양한 매물 정보를 접할 수 있다. 특히 전월세를 구하는 사람에게 다양한 정보를 제공한다.

7. 우리집닷컴(www.woorijip.com)

아파트 분양정보를 비롯해 청약예금 및 부금에 대한 자세한 정보를 얻을 수 있다. 특히 아파트 청약 결과를 조회할 수 있으며, 주택매매, 이사 정보 등의 서비스도 제공 받을 수 있다.

8. 대한주택공사(www.jogong.co.kr)

대한주택공사는 국민임대주택, 공공임대주택, 공공분양주택을 공급한다. 주택건설을 위한 택지개발과 주택관리도 겸하고 있다. 따라서 임대주택이나 공공분양 주택 공급 일정과 분양 정보를 얻을 수 있다.

9. 한국토지공사(www.iklc.co.kr)

한국토지공사는 신도시 및 택지개발지구를 조성해 주택사업자와 일반인에게 토지를 분양한다. 토지공사 홈페이지에선 '복권형 부동산'이라 불리는 단독택지 분양 정보를 얻을 수 있다.

10. 인포케어(www.infocare.co.kr)

경매정보를 중심으로 부동산 매물정보, 부동산 뉴스 등 정보를 제공 받을 수 있다. 특히 경매 초보자에게 유용하다. 경매 시황을 비롯해 경매결과, 경매물건 수익성 분석, 부동산 법률 대한 권리분석 등도 제공한다.

부동산 매매 절차 알아두기

계약금, 중도금, 잔금 복잡하기도 하지

집을 사고팔 때는 보통 한두 달 이상 시간이 걸리게 마련이다. 부동산 거래에는 나름의 절차와 방법이 있기 때문이다. 따라서 집을 사려면 다소 복잡한 절차를 이해할 필요가 있다. 부동산 거래는 거래 단계에 따라 법적 성질이 달라진다.

우선 목돈을 주고 집을 살 때 거래 금액을 한꺼번에 내는 일은 거의 없다. 현재 살고 있는 사람이 보금자리를 옮기려면 시간이 필요하고 집을 산 사람도 이사를 준비를 하는 데 여유가 있어야 하기 때문이다. 따라서 매입 금액을 지불할 때도 계약금과 중도금, 잔금으로 나눠서 내게 된다.

우선 계약금이란 계약을 체결할 때 사는 사람이 파는 사람에게 계약이 성사됐다는 의미에서 지불하는 돈이다. 일반적으로 계약금은 매매금액의 10% 안팎이다. 계약금을 내면 계약 내용이 법적인 효력을 갖게 되어 계약상 분쟁이 발생했을 때 법원의 판단 기준이 된다.

계약서에는 계약 당사자의 인적사항과 매매금액 및 지급 방법, 부동산의 인도방법, 계약을 위반했을 때 배상문제, 계약일시 등의 내용이 들어간다. 계약을 체결한 이후 매도자나 매수자가 계약을 해제할 경우에는 위약금을 물어야 한다. '특별한 사정이 없는 한' 매수자가 계약을 위반하면 계약금을 포기해야 하며, 매도자가 계약을 해제하면 계약금의 두 배를 배상해야 한다. 다만 특약으로 "일정한 기간 이내에 한쪽이 계약을 해제할 수 있다"는 단서 조항이 있다면 위약금 없이 계약을 해제할 수도 있다.

중도금은 한두 차례 많게는 세 차례에 걸쳐 나눠 내는데, 중도금을 지불한 이후에는 한쪽이 일방적으로 계약을 포기할 수 없게 된다. 중도금을 내고 나면 해당 계약은 법적인 효력을 갖기 때문이다. 따라서 계약을 해제할 사정이 생기면 되도록 중도금을 내기 전에 상대방에게 계약 포기 의사를 전달해야 한다. 다만 상대방과의 협의에 따라 계약 내용을 이행하지 않았을 때는 계약을 해제할 수 있다는 약정을 미리 해둘 수 있다.

하지만 해제요건이 갖춰진 상황이라고 해도 일방적으로 해제하기보다는 내용증명을 통해 증거를 남겨두는 것이 좋다. 내용증명은 통지의 내용을 법적으로 증명할 수 있도록 증거를 남겨놓는 작업이다.

마지막으로 잔금을 치르면 부동산 계약은 완성된다. 계약을 한 이후에는 되도록 분쟁의 소지를 없애는 것이 좋다. 분쟁이 발생해 계약을 포기하게 되면 그동안 공들인 것이 물거품이 될 뿐만 아니라 금전적으로 손해를 볼 수도 있기 때문이다. 따라서 계약을 하기 전에는 분쟁의 여지가 없도록 충분히 합의하고, 합의한 내용은 세세한 부분까지 계약서에 적어두는 것이 좋다.

분양 아파트는 법인과의 계약

아파트를 분양 받을 때도 절차는 비슷하다. 청약신청을 했다가 아파트에 당첨되면 우선 분양가의 10~20% 정도를 계약금으로 내게 된다. 계약을 마치면 분양권 소유자가 된다. 분양권이란 아파트가 완성됐을 때 해당 주택에 입주할 수 있는 권리를 말한다. 투기과열지구에선 입주할 때까지 분양권을 팔 수 없지만 나머지 지역에서는 거래가 가능하다.

계약금을 내고 난 뒤에는 입주할 때까지 5~6차례에 걸쳐 중도금을 내야 한다. 중도금은 분양가의 60% 안팎이다. 잔금은 입주할 때 내며 입주를 마치고 집을 등기하면 비로소 완전한 소유권을 갖게 된다. 아파트를 분양 받은 후 입주할 때까지는 2~3년이 걸린다. 이 기간 동안 계약금이나 중도금을 은행에서 빌릴 수도 있다.

계약서 꼼꼼 작성법

부동산 계약서는 보통 중개업자가 대신 작성해준다. 하지만 거래 당사자도 계약서에 반드시 기재되어야 하는 내용을 알고 있어야 한다. 계약서는 법적인 강제성을 갖는 중요한 서류이기 때문에 꼼꼼히 기재할 필요가 있기 때문이다. 단순히 소유권을 이전하는 데 필요한 요식행위라고 생각했다가는 큰 코 다치기 십상이다.

우선 거래당사자의 성명, 주민등록번호, 주소, 연락처는 필수적으로 적어두어야 한다. 중개업소에서 계약서를 작성할 경우 중개업자의 인적사항도 함께 기재한다. 아울러 부동산의 소재지, 동 호수, 면적도 필수 기재 사항이다.

매매대금을 지급하는 방식도 꼼꼼히 적어두어야 한다. 계약금과 중도금, 잔금을 각각 언제 어떻게 지급하는지 구체적으로 기재하는 것이 좋다. 또한 집을 비워주는 시기와 소유권 이전등기 예정일도 잊지 말고 기재한다.

이 밖에 특별히 합의한 내용이 있으면 특약사항으로 계약서 빈칸에 적어둔다. 특약사항도 되도록 구체적으로 기입하는 것이 중요하다. 거래과정에서 합의한 내용을 모두 계약서에 적어두면 앞으로 발생할지 모르는 분쟁을 피할 수 있다.

등기부등본 어디를 어떻게 살필까

집을 살 때는 신중, 또 신중해야 한다. 집에 얽힌 권리 관계를 제대로 확인하지 않으면 낭패를 볼 수 있기 때문이다. 집을 산 뒤 법률적인 문제가 생기면 되팔기 힘들어지고 심지어 재산권 행사가 어려울 수도 있다. 이러한 위험을 피하기 위해서는 공문서를 꼼꼼히 확인하는 것은 물론, 갖가지 안전장치를 마련해두어야 한다.

우선 부동산을 거래할 때 가장 먼저 확인해야 하는 것은 등기부등본이다. 등기부등본이란 부동산의 소재지, 면적, 소유자 등이 기록된 공적 장부이다. 등기부등본은 해당 부동산과 관련된 각종 권리사항을 일반인에게 공시하는 역할을 하기 때문에 누구나 쉽게 찾아볼 수 있다. 대법원 등기 인터넷 서비스(www.registry.scourt.go.kr)를 이용하면 등기부등본을 열람할 수 있다.

등기부등본은 토지와 건물로 나뉜다. 아파트와 빌라, 다세대주택 등 공동주택은 토지와 건물을 한 등기부등본에서 확인할 수 있지만, 단독주택이나 상가는 토지와 건물의 등기부등본이 각각 구분돼 있다. 등기부등본을 떼어보면 소유권 변동 사항과 근저당 설정, 가압류 등 각종 권리 사항을 상세하게 알 수 있다.

등기부등본은 '표제부'와 '갑구', '을구'로 구성된다.

표제부에는 해당 부동산의 소재지, 면적, 건평, 층수, 구조, 용도 등이 표시되어 있다. 아파트의 경우 동, 호수는 물론 대지지분도 확인할 수 있다. 대지지분은 아파트 한 세대가 차지하고 있는 땅의 면적을 말한다. 표제부에서는 부동산의 소재지와 면적을 살펴볼 수 있다. 아울러 등기부등본 상의 기재 내용이 실제 계약하려는 물건과 일치하는지도 따져봐야 한다.

갑구에는 소유권 변동 내역을 비롯해 압류, 가압류, 경매신청, 가등기, 가처분, 환매등기, 예고등기 등의 권리 관계가 상세히 적혀 있다. 갑구에 가등기, 가압류, 가처분 등 소유권을 제한하는 권리가 기록돼 있으면 사지 않는 것이 좋다. 아울러 거래가 잦아 소유권이 많이 바뀐

물건은 하자가 있을 수 있으므로 주의를 기울여야 한다.

민법상 실제 소유자와 거래해야 법적인 효력이 가지므로 파는 사람이 실제 소유자와 같은 사람인지도 잘 확인해야 한다. 등기부등본에 기록된 소유자와 실제 주인이 다른 경우도 가끔 있을 수 있다. 이럴 때는 거래할 때 더욱 신중해야 한다. 하지만 부동산실명법은 명의신탁, 다시 말해 실제 소유권자가 다른 사람 이름으로 등기하는 것을 금하고 있다. 그러므로 등기부등본에 올라 있는 주인과 계약해야 법적 효력이 생긴다. 다만 분쟁의 소지가 있는 부동산일 때는 차라리 거래를 하지 않는 것이 속 편하다.

을구에서는 근저당, 임차권, 전세권 등 소유권 이외의 권리사항을 따져봐야 한다. 임차권은 주택임대차보호법에 따라 포괄적으로 인수하기 때문에 문제가 생길 여지는 별로 없다. 다만 주로 은행 담보대출인 근저당권은 매도자가 말한 것과 다른 내용이 기록돼 있는지 살펴봐야 한다. 아울러 포괄근저당권이 설정돼 있으면 해제하고 대출자 명의도 바꿔야 한다.

등기부등본 확인 또 확인

계약하기 전에 문제가 없었다고 안심하는 것은 금물이다. 잔금을 치르기 전에 다시 한 번 등기부등본을 떼어보는 것이 좋다. 계약한 뒤에 매도자가 아파트를 담보로 대출을 받을 수도 있기 때문이다. 따라서 계약서를 작성할 때는 "잔금을 치를 때 등기부등본 상에 소유권 이전과 관련해 문제가 될 수 있는 변동 사항이 있으면 계약을 해제한다"는 단서를 다는 것이 좋다. 아울러 원인을 제공한 쪽에서 계약금과 중도금 일부에 해당하는 금액을 위약금으로 지불한다는 조항도 덧붙일 수 있다. 이처럼 매매 계약서를 쓸 때 분쟁 소지가 있는 내용을 단서 조항으로 정리해두면 문제가 생겼을 때 매끄럽게 해결할 수 있다. 계약서는 거래상의 문제를 해결하는 안전장치와 같은 역할을 한다.

마지막으로 혹시 집 주인이 다른 사람과도 계약을 할지 모른다는 의심이 든다면 가등기를 통해 이중계약을 막을 수 있다. 가등기는 소유권 이전등기를 하기 전에 등기소에 임시로 등기를 해놓는 것이다. 단 가등기를 할 때도 비용이 든다는 점에 유의해야 한다. 부동산을 거래할 때는 "돌다리도 두드려 건너라"는 격언을 마음속에 새기고 있어야 한다.

중개업소 수수료 속지 말자

큰돈이 오가는 부동산 거래를 하다 보면 중개수수료쯤은 푼돈 정도로 무시해버리기 일쑤다. 더구나 내 집을 갖게 된다는 만족감에 별다른 고민 없이 수수료를 주게 된다. 하지만 부동산 중개수수료를 정확히 알지 못하면 바가지를 쓰는 경우가 많다.

회사원 김억수(27) 씨는 얼마 전 분양가 1억 4,000만원짜리 분양권을 8,000만원에 구입했다. 계약금 1,500만원, 중도금 4,500만원, 프리미엄 2,000만원이 포함돼 있었다. 앞으로 남은 중도금과 잔금 6,000

만원만 내면 아파트에 입주한다. 중개업소에서는 중개수수료로 80만원을 요구했다. 프리미엄 2,000만원을 합친 1억 6,000만원에 수수료율 0.5%를 적용한 금액이었다.

하지만 실제로 김씨가 내야 하는 중개수수료는 40만원이다. 분양권을 살 때는 초기 계약금과 중도금, 프리미엄을 더한 금액에다 해당 수수료율을 곱한 금액만 내면 되기 때문이다. 이처럼 미리 중개수수료 계산법을 알고 거래하지 않으면 바가지를 쓸 수 있다.

집을 살 때 치르는 중개수수료는 거래금액에 따라 달라진다. 5,000만원 이상 2억원 미만인 집을 사면 거래가액에 최대 0.5%를 곱한 금액만큼만 수수료를 내면 된다. 예를 들어 1억 6,000만원짜리 집을 사면 80만원 이하로 내면 된다.

여기서 꼭 알아둬야 할 점이 있다. 1억 9,000만원짜리 집을 사더라도 수수료로 0.5%인 95만원을 낼 필요는 없고 80만원 이하로만 내면 된다는 것이다. 5,000만원 이상 2억원 미만의 집을 거래할 때는 수수료가 80만원을 넘지 못하도록 규정하고 있기 때문이다. 5,000만원 미만 주택을 구입할 때는 거래가액에 최대 0.6%를 곱한 금액을 수수료로 지불하며 수수료 한도는 25만원이다. 6억원 미만일 때는 0.4%이며 수수료 한도는 없다.

전·월세를 구할 때는 계산법이 좀 까다로운 편이다. 전세로만 구했으면 5,000만원 미만은 0.5% 이내에서 한도액 20만원, 5,000만~1억원은 0.4% 이내에서 한도액 30만원, 1억~3억원은 0.3% 이내를 곱해 수수료를 계산한다. 다만 3억원 이상이면 0.2~0.8% 내에서 중개업자와 고객이 협의해 결정하게 된다.

월세를 내는 경우에는 보증금액에 월세금액과 계약기간 월수를 곱한 금액을 더한 뒤 전세 수수료율을 적용한다. 일부 중개업소에선 월세를 월 1% 이율로 환산한 전세금에 보증금을 더해 정상 수수료보다 더 챙기기도 하는데, 이렇게 계산하면 수수료가 2배 가까이 늘어나기도 한다.

만일 중개업자가 관행이라며 법정 중개수수료가 넘는 돈을 요구하면 어떻게 해야 할까? 중개업자에게 시청이나 구청 등 각 지방자치단체에 있는 부동산중개업 분쟁조정위원회에 조정을 신청하겠다고 말하면 된다. 이미 중개수수료를 턱없이 많이 냈다면 꼭 영수증을 챙겨둬야 한다. 소비자보호원이나 부동산중개업 분쟁조정위원회에 조정 신청을 하면 법정 중개수수료 초과분을 돌려받을 수 있다.

서울 지역 중개수수료율

구분	거래가액	수수료 요율상한	한도액
매매	5,000만원 미만	0.6%	25만원
	5,000만원~2억원	0.5%	80만원
	2억원~6억원	0.4%	한도액 없음
	6억원 이상 혹은 일반주택을 제외한 중기대상물	법정수수료율 0.2~0.9% 내에서 고객과 중개업자가 상호 계약을 통해 결정	-
임대차	5,000만원 미만	0.5%	20만원
	5,000만원~1억원	0.4%	30만원
	1억원~3억원	0.3%	한도액 없음
	3억원 이상 혹은 일반주택을 제외한 중개대상물	법정수수료율 0.2~0.8% 내에서 고객과 중개업자가 상호 계약을 통해 결정	-

집 구입할 때 살펴보야 하는 공문서

토지대장

토지대장은 토지의 소재와 지번, 면적, 개별공시지가 등 토지에 대한 기록을 담고 있다. 토지의 변동사항은 물론 소유자 변경 내용도 알 수 있다. 다른 공문서에 기록된 면적이 토지대장의 면적과 다를 경우 토지대장에 기록된 것이 우선이다. 아울러 토지대장에는 개별공시지가가 기준일과 함께 기록돼 있다.

건축물대장

건축물대장은 건축물의 전체구조와 면적을 비롯해 각 층별 면적, 용도, 구조, 주차장, 엘리베이터, 건축 허가 등을 한눈에 살펴볼 수 있다. 건축물대장을 통해 건물에 대한 상세 정보를 얻을 수 있지만 기록 내용이 실제와 다를 수 있기 때문에 현장 조사를 통해 확인해야 한다.

토지이용계획확인원

토지이용계획확인원에선 해당 부동산이 어떤 용도지역에 해당되는지 어떤 법률적 제약을 받고 있는가를 알 수 있다. 공공개발계획이 잡혀 있는지 혹은 앞으로 어떻게 개발될 수 있는지도 알려준다. 국토이용계획과 도시계획법, 군사시설, 농지, 산림, 자연공원, 수도, 문화재, 토지거래 등의 항목으로 구분해 각 항목의 제약 여부가 표시돼 있다. 아울러 해당 부동산이 토지거래허가구역 내 토지인지도 알 수 있다.

알아야 세금폭탄 피한다

검인계약서 이용해 세금 줄이기

집을 사면 집값의 5.8%를 취·등록세로 내야 한다. 집을 살 때뿐만 아니라 상속이나 증여 등 어떤 경로로 집을 취득하더라도 세금을 피할 수 없다. 2억원짜리 아파트를 사면 무려 1,160만원을 세금으로 내야 한다는 계산이 나온다. '헉!' 소리가 나올 만하다. 하지만 집값의 5.8%를 고스란히 내는 사람은 별로 없다. 세금 부과 기준인 검인계약서를, 구청에 제출할 실거래가보다 낮게 작성하기 때문이다.

2003년 11월 서울 강북지역에서 25평형 H아파트를 1억 6,000만원에 구입한 최실속(38) 씨는 구청에 검인계약서를 제출할 때는 3,800만원에 산 것으로 신고했다. 덕분에 896만원 내야 할 세금을 212만원으로 줄일 수 있었다. 처음에는 거래가격을 4배 이상 낮춰 신고하는 게 꺼림칙했지만, 법적으로 인정된 부동산 거래의 관행이라는 중개업자의 설명을 듣고 안심했다. 구청에 신고할 때도 시가표준액에 맞춰 신고했기 때문에 아무런 문제가 없었다.

원래 부동산을 취득한 사람은 해당 관청에 실거래가로 신고해야 한다. 하지만 지방세인 취·등록세를 신고할 때는 시세의 20~40%에 불과한 시가표준액에 맞춰 '검인계약서'를 작성하게 된다. 거래가격보다 낮은 가격으로 작성한 계약서를 속칭 '다운계약서'라고 하는데 과도한 세율을 피하는 방법으로 널리 이용되고 있다.

시가표준액이란 시군구청에서 부동산별로 정해놓는 표준금액을 말한다. 대개 토지와 건물로 나눠 계산한다. 토지는 면적에 공시지가를 곱한 금액이고, 건물은 면적과 기준시가를 고려해 정해진다. 이 금액에 맞춰 신고하면 취득세(2%)와 등록세(2%), 농어촌특별세(0.2%), 교육세(0.2%)를 합해 신고금액의 5.8%를 세금으로 내게 된다. 다만 국민주택규모(전용면적 25.7평 이하) 주택을 취득하면 농어촌특별세가 면제돼 5.6%만 내면 된다.

현행 지방세법도 사실상 다운계약서 작성을 용인하고 있다. 지방세법 111조를 보면 "취득 당시의 가액은 취득자의 신고에 의한 것이 원칙이지만, 신고 또는 신고가액의 표시가 없거나 그 신고가액이 시가표준액에 미달할 경우 시가표준액에 의한다"고 규정하고 있다. 개인과 개인이 거래할 때는 신고금액이 시가표준액보다 높으면 문제될 게 없다. 실제 해당 관청에서도 신고 가격이 시가표준액보다 높으면 신고가격에 따라 과세하고, 신고가격이 시가표준액보다 낮으면 시가표준액에 맞춰 세금을 부과하고 있다. 물론 지자체에서 실거래가를 확인할 수 있을 때는 그에 따라 과세하지만 개인들이 기존 주택을 거래할 때는 해당 관청에서 일일이 실거래가를 조사하지 않는다.

주택거래 신고제 도입 지역을 조심하자

하지만 주택거래 신고제가 도입되면서(2004년 3월 30일부터 시행) 실거래가로 취·등록세를 내야 하는 지역이 생겼다. 투기지역으로 지정된 지역 가운데 1개월간 주택가격이 1.5% 이상 뛰거나 3개월간 3% 이상 오른 곳은 주택거래 신고지역으로 지정된다.

신고지역으로 지정되면 전용면적 18평 이상인 아파트와 45평 이상의 연립주택을 사고판 사람은 시군구청에 실거래가를 반드시 신고해야 한다. 15일 이내 관할 지자체에 실거래가를 신고하지 않거나 허위 신고한 사실이 적발되면 취득세의 5배에 해당하는 과태료를 물게된다.

예컨대 매매가격이 5억원인 아파트의 시가표준액이 2억원이라고 가정하자. 기존 관행대로 2억원에 신고하면 1,160만원을 내면 되지만 매매가격인 5억원을 고스란히 신고하게 돼 2,900만원을 내야 한다. 세 배 가까이 세금 부담이 늘어나는 셈이다. 이 제도가 도입되는 지역에선 주택 구입을 피하는 것이 좋을 것이다.

분양아파트 세금 부담 크다

아파트 분양권을 산 뒤 입주하면 기존 아파트를 구입할 때보다 세금 부담이 더 커진다. 가격이 비슷한 아파트를 구입해도 취·등록세는 1,000만원이나 차이가 날 수 있다. 따라서 분양권을 구입할 때는 세금 부담을 꼼꼼히 따져봐야 한다.

지난달 서울 강북지역에서 32평형 S아파트를 2억 6,000만원에 구입한 최호기(38) 씨는 취·등록세로 464만 8,000원을 냈다. 이에 비해 이번 달에 입주하는 같은 지역 32평형 C아파트를 2억 4,000만원에 분양받은 김선택(35) 씨는 취·등록세로 1,340만 4,000원을 내야 한다. 이처럼 세금에 큰 차이가 나는 것은 계산 방법이 다르기 때문이다.

이미 등기를 마친 기존 아파트를 살 때는 과세시가표준액으로 신고하고, 여기에 따라 세금을 내면 된다. 최씨는 구청에 검인계약서를 제출할 때 과세시가표준액 8,300만원에 맞춰 신고한 셈이다.

이에 비해 분양받아 입주한 경우에는 분양가를 기준으로 세금을 내야 한다. 과세 당국이 공식적으로 확인할 수 있는 가격이 있으면 그에 따라 취·등록세를 내야 하기 때문이다. 아파트를 분양 받는 것은 법인인 건설업체와 개인인 청약신청자 사이에 이루어지는 계약이다. 건설업체에서 아파트를 분양할 때는 분양가를 소비자에게 공개할 뿐만 아니라 구청에 신고도 한다. 거래 가격을 속일 수 없는 셈이다.

아울러 아파트를 분양받을 때처럼 거래 당사자 가운데 법인이 끼어 있으면 실거래가로 신고해야 한다. 거래가격을 속이고 과세시가표준액보다 낮은 신고하면 탈세가 되기 때문이다. 실제 2003년 7월 검찰에선 부동산 투기회사로부터 토지를 매입하면서 다운계약서를 작성해 세금 23억원을 포탈한 1,300여 명을 기소한 바 있다.

물론 입주가 가까운 분양권을 구입하면 새 아파트에 들어가 살 수 있다는 이점이 있다. 새 아파트에 입주하면 곧바로 아파트 값이 오른다. 아울러 새 아파트 프리미엄이 이어지면서 당분간은 값이 오른다. 하지만 세금 부담이 만만치 않기 때문에 꼼꼼히 따져본 뒤 결정하는 것이 좋다. 다만 주택거래 신고제가 도입되는 지역은 어떤 주택을 사든 취득세와 등록세가 모두 실거래가로 과세되므로 새 아파트를 사든 헌 아파트를 사든 세금 부담이 똑같다.

양도세 무서워 집 못 사겠다

부동산 관련 세금은 크게 거래할 때 내는 세금과 보유기간 동안 내는 세금으로 나뉜다. 거래할 때 내는 세금으로는 집을 살 때 내는 취득세와 등록세, 팔 때 내는 양도세가 있다. 보유세로는 건물에 대한 재산세와 토지에 대한 종합토지세가 있다.

그동안 세금이 무서워 집 못 산다고 하면 "구더기 무서워 장 못 담그냐"는 핀잔을 들어야 했다. 하지만 2004년부터는 상황이 달라졌다. 부동산 관련 세금 부담이 크게 높아졌기 때문이다. 실수요자도 자칫하면 세금 폭탄을 맞을 수 있기 때문에 부동산 관련 세제를 철저히 파악하는 것은 물론 세금을 줄이는 방법도 미리 알아두어야 할 것이다.

우선 2004년부터 1가구 1주택 비과세 요건이 강화된다. 2003년까지는 서울과 경기 과천, 수도권 5대 신도시에선 '3년 보유 1년 거주'만 채우면 양도세 비과세 혜택을 받을 수 있었다. 하지만 이제는 '3년 동안 보유하고 2년 동안 거주해야 양도세가 비과세된다. 이들 지역을 제외한 곳에선 '3년 보유 1년 거주' 조건이 그대로 유지된다.

　그리고 1가구 2주택 이상 보유자는 무시무시한 양도세 부담에 시달리게 됐다. 주택을 두 채 이상 갖고 있던 사람이 보유기간 1년 미만인 채로 집을 팔 경우 양도세율이 40%에서 50%로 늘어났다. 1년 이상 2년 미만인 경우에는 40%의 양도세율이 적용된다. 여기에 투기지역에선 각각 탄력세율 15%가 추가로 더 붙는다(2004년부터 시행). 예컨대 1가구 2주택자가 양도차익이 2억원인 아파트를 1년 미만 보유하고 팔면 9,776만원을 양도소득세로 내야 한다. 투기지역일 경우 탄력세율이 붙어 최고 1억 2,700만원이나 내야 된다.

　2004년에는 버티고 2005년 이후에 팔겠다는 다주택 보유자의 경우 상황이 더 나빠진다. 정부에서 2005년부터 1가구 3주택 이상에 대해 보유기간에 상관없이 양도세율을 60%로 올리기 때문이다. 탄력세율 15%에 주민세까지 포함되면 양도차익의 최고 82.5%를 세금으로 게워내야 한다. 더구나 3주택 이상 보유하면 3년 이상 보유했을 때 받는 장기보유 특별공제에서도 제외된다.

　부동산을 보유하는 기간 동안 내는 세금도 지역에 따라 큰 폭으로 올랐다. 재산세의 경우 부과 기준은 원래 면적이었는데, 2004년부터 아파트는 과세 기준이 시세에 근접한 국세청 기준시가로 바뀐다. 이에 따라 비싼 아파트의 재산세가 크게 늘게 된다. 최근 몇 년 동안 가격이 많이 오른 아파트는 기준시가가 상향조정된 만큼 재산세 부담이 크게 늘어날 것이다.

　실제 서울 강남지역 고가 아파트는 현재보다 재산세 부담이 2배 이상, 최고 7배까지 늘어난다. 이에 비해 강북지역과 수도권의 저가 대형 아파트는 20~30% 세금이 줄어든다. 중소형 아파트는 강남은 2배 이상, 강북은 20% 가량 오른다. 대전이나 대구, 광주는 현재와 같거나 다소 내린다. 다만 단독주택과 다세대 다가구 등은 현재와 마찬가지로 면적에 따른 가감산율을 그대로 적용한다.

1가구 2주택자도 비과세 혜택 받을 수 있다

주택을 두 채 이상 가지고 있다고 무조건 양도소득세 과세대상이 되는 건 아니다. 부득이하게 일시적으로 1가구 2주택이 되면 비과세 혜택을 받을 수 있기 때문이다.

우선 새로운 주택을 취득한 뒤 먼저 갖고 있던 주택을 나중에 파는 경우 일시적으로 1가구 2주택이 된다. 이때 새로운 주택을 구입한 날로부터 1년 이내에 주택을 팔면 양도세 비과세 혜택을 받을 수 있다.

이 밖에도 1주택을 보유하고 있는 사람이 결혼으로 인해 2주택이 되면 혼인한 날로부터 2년 이내에 먼저 양도하는 주택은 양도세를 내지 않아도 된다. 아울러 1주택자로서 부모님(남자 60세, 여자 55세 이상)을 모시기 위해 집을 합친 경우도 2년 이내에 팔면 세금을 내지 않는다. 물론 모든 경우에 기존 주택을 3년 이상 보유해야 한다.

1가구 1주택에 웬 양도세?

서울 동작구에 사는 김철수(41) 씨는 2003년 11월 24평형 아파트를 1억 8,000만원에 내놨다. 김씨는 양도세에 대한 별다른 고민 없이 매매계약서에 도장을 찍었다. 1가구 1주택자라 당연히 양도세를 낼 필요가 없다고 생각했기 때문이다. 하지만 얼마 지나지 않아 법무사로부터 4,000만원이 넘는 양도세를 내야 한다는 청천벽력 같은 이야기를 들었다.

우선 김씨가 상상을 뛰어넘는 양도세 부담을 지게 된 이유를 살펴보자. 그는 부모님 명의로 돼 있던 집에 살았다. 7년 전 그 집이 재건축에 들어가는 바람에 지금까지 전세로 살았다고 한다. IMF 외환위기 전에 시작된 재건축은 2002년 초에 끝났다.

그런데 김씨는 재건축 사업이 한창이던 1998년 부모님한테 해당 주택을 증여받았다. 보유기간은 5년이지만 하루도 해당 주택에 거주하지 않았다. 따라서 양도세 비과세 대상자가 아니었던 것이다. 게다가 동작구는 투기지역이라 실거래가를 기준으로 양도세를 내야 한다. 증여받을 당시 지불한 돈은 증여세 200만원에 불과했다고 한다. 그러므로 아파트 값의 대부분인 1억 7,800만원이 양도차익으로 잡힌다. 양도차익에서 필요경비와 공제액을 뺀 과세표준액은 1억 4,000만원이다.

양도세율은 과세표준에 따라 기하급수적으로 늘어난다. 1,000만원까지는 9%, 1,000만~4,000만원까지는 18%, 4,000만~8,000만원까지는 27%가 적용된다. 8,000만원을 초과하는 부분에 대해서는 최고

세율인 36%가 적용된다. 이뿐만 아니라 양도세액의 10%는 주민세로 내야 한다.

이 공식에 따라 김씨처럼 과세표준이 1억 4,000만원이면 4,257만원(양도세 3,870만원+주민세 387만원)이나 내야 한다. 김씨는 위약금 1,000만원을 물고 계약을 파기할 수밖에 없었다. 1,000만원을 손해 보는 게 양도세를 내는 것보다 훨씬 유리했기 때문이다.

김씨처럼 1가구 1주택자라도 집을 사고팔 때는 '3년 이상 보유 2년 이상 거주'로 양도세 비과세 요건에 해당하는지 꼼꼼히 따져봐야 한다. 가능하면 비과세 요건을 갖추는 것이 좋다.

다만 다음과 같은 경우에는 요건을 채우지 않고도 양도세를 내지 않을 수 있다. 우선 해외이민이나 해외취업으로 전 세대원이 한국을 떠나게 되면 보유기간이나 거주기간에 관계없이 양도세 비과세 혜택을 받을 수 있다. 다만 해외로 이주하는 세대가 1주택을 소유한 사실이 인정돼야 한다.

아울러 국내에서 부득이한 사정으로 이사를 가야 할 때도 1주택만 가지고 있는 사람은 비과세 혜택을 누릴 수 있다. 다만 해당 주택에 1년 이상 거주한 사실이 있고, 전근이나 학생의 취학 또는 질병 치료를 목적으로 주택을 처분했어야 한다. 아울러 모든 세대원이 다른 시나 군 또는 구로 이사해야 한다는 전제조건이 붙는다. 마지막으로 도시 재개발 조합원으로 참가한 사람이 사업시행 기간 중에 다른 주택을 취득해도 예외로 인정한다.

이중계약서 써주면 '독박'

정부의 부동산 투기 억제 정책에 따라 양도소득세를 실거래가로 내야 하는 지역과 대상이 늘다 보니 양도소득세를 줄이기 위해 부동산을 파는 사람이 부동산을 사는 사람에게 이중계약서를 요구하는 사례가 생겨나고 있다. 이때 '무심코', 또는 '순진하게' 파는 사람의 요구를 들어주면 피해를 볼 수도 있다. 이중계약서가 불법이라는 사실은 제쳐두고라도 나중에 경제적 손실이 자신에게 고스란히 돌아올 수 있기 때문이다.

앞서 밝혔듯이 매수자가 검인계약서를 실거래가보다 낮게 신고하는 것은 주택거래 신고제 시행 지역을 제외하면 불법이 아니지만, 양도세를 줄이기 위해 세무서에 실거래가보다 낮은 금액이 적힌 이중계약서를 제출하는 것은 명백한 불법행위다.

양도세를 기준시가로 내는 경우에는 국세청에 신고하는 거래금액이 큰 의미가 없다. 신고금액을 얼마로 적어내든 세무서에선 국세청에서 고시한 기준시가를 토대로 과세하기 때문이다. 하지만 양도세를 실거래가로 내야 할 경우에는 신고금액이 과세 기준이 된다.

우선 시가 6억원 이상 주택을 팔거나, 1가구 3주택 보유자 또는 구입한 지 1년 안에 파는 주택 소유자는 양도세를 실거래가로 내야 한다. 아울러 투기지역에서는 양도세 비과세 요건을 갖춘 거래를 빼면 모두 실거래가로 과세된다.

그러므로 파는 사람 입장에선 당연히 양도세를 줄이기 위해 이중계약서를 쓰고 싶어 할 것이다. 실제로 이중계약서를 써주는 대가로 집값을 약간 깎아주겠다고 미끼를 던지는 사례도 있다. 하지만 미끼를 덥석 물었다가는 나중에 자신이 부담해야 할 양도세가 걷잡을 수 없이 커지게 된다.

예컨대 3억원짜리 집을 사면서 2억원짜리 이중계약서를 써줬다고 가정해보자. 그런데 정작 지금 산 집을 몇 년 뒤 3억 5,000만원에 되팔게 될 경우 양도차익은 5,000원이 아니라 1억 5,000만원으로 잡히게 된다. 완전히 '덤터기'를 쓰는 셈이다.

물론 그때 가서 매입자에게 이중계약서를 써달라고 부탁하면 되지 않느냐고 반문할 수 있다. 하지만 앞으로 실거래가 과세가 정착되면 이중계약서를 쓰기가 훨씬 힘들어질 것이다. 이중계약서 피해가 자신에게 돌아올 가능성이 점점 높아지고 있는 셈이다.

알쏭달쏭한 부동산 세제-실거래가, 기준시가, 시가표준

실거래가

부동산을 사는 사람과 파는 사람 사이에 오가는 실제 매매가격을 말한다. 중개업자의 알선으로 매도자와 매수자는 매매계약서를 작성하는데, 실거래가는 중개업자와 매매 당사자밖에 모른다. 구청이나 국세청에는 실거래가가 아닌 다른 가격으로 신고하는 관행이 오랫동안 지속됐기 때문이다.

기준시가

양도소득세나 증여세, 상속세의 기준이 되는 가격이다. 과세 당국인 국세청이 1년 2번 발표한다. 최근에 국세청에서 기준시가를 잇따라 올리면서 시세와 근접해졌지만 여전히 실거래가보다는 낮은 수준이다. 지역에 따라 시세 반영 비율이 70~90%로 차이를 보이고 있다.

과세시가표준액

취득세, 등록세, 재산세, 종합토지세 등의 지방세 부과기준으로 이용된다. 토지는 건교부에서 정하는 개별공시지가, 건물은 표준건축비 혹은 국세청 기준시가를 토대로 결정된다. 과세시가표준액은 시세와 큰 괴리를 보일 뿐만 아니라 지역에 따라 시세를 반영하는 비율도 천차만별이다. 예컨대 서울시 서초구 서초동 36평형은 시세가 6억원이 넘지만 시가표준은 1억 1,538만원에 불과하다. 반면 의정부 24평형은 시세가 9,000만원이고, 시가표준은 5,000만원으로 큰 차이를 보이지 않고 있다. 과세시가표준액이 지역에 따라 들쭉날쭉한 이유는 토지와 건물로 나눠서 과세시가표준액을 산출하기 때문이다.

등기해야 내 집 된다

나 홀로 등기로 98만원 절약

매매계약을 마쳤다고 해도 부동산에 대한 완전무결한 소유권을 갖게 되는 것은 아니다. 등기절차를 마쳐야만 비로소 내 집이 된다. 따라서 집을 사고 잔금을 지급한 이후에는 곧바로 등기절차를 밟아야 한다.

등기에는 많은 서류가 필요하고 절차도 복잡한 탓에 부동산을 소개받는 중개업소를 통해 법무사에게 맡기게 되는데 등기 비용이 만만치 않다. 수십만 원에 달하는 수수료를 내야 하는 것이다.

결혼 10년 만에 내 집을 마련한 주부 이아무개(37) 씨는 최근 단돈 1만 8,000원(세금 제외)을 들여 등기를 마쳤다. 처음에는 중개업소에서 소개해준 법무사를 찾아갔다. 하지만 '수수료만 100만원'이라는 말에 입이 딱 벌어졌다. 그는 다소 힘들더라도 '내 집은 내 힘으로 등기를 하겠다'고 마음을 고쳐먹었다.

"등기 신청 과정은 생각보다 간단했습니다. 발품을 팔아 직접 등기한 덕분에 98만원을 절약할 수 있었습니다." 그는 셀프등기닷컴(www.selfdeungki.com) 게시판에 이런 글을 올렸다.

물론 혼자 힘으로 집 등기에 도전하는 게 그리 만만한 일은 아니다. 구청과 은행, 등기소를 차례로 찾아다니면서 그때그때 필요한 서류를 챙겨 내야 하기 때문이다.

하지만 차분히 절차를 밟아나가면 못할 것도 없다. 우선 잔금을 치를 때 파는 사람한테 주민등록등본과 인감증명, 등기권리증 등 세 가지 서류를 받아둔다. 다음으로 구청의 지적과를 찾아가 매매계약서에 '검인'을 받은 뒤 세무과에서 취·등록세 고지서를 받는다. 이어 국민은행을 방문해 취·등록세를 내고 국민주택채권을 구입한다. 과세표준액이 1억원이면 대략 300만~400만원 채권을 사게 된다.

이제 본격적으로 등기소로 향할 준비를 하자. 필요한 서류로는 등기신청서, 검인용 계약서, 과표 산출내역, 위임장 등이 있다. 이 서류들은 셀프등기닷컴이나 등기닷컴(www.deungki.com) 등 인터넷 사이트를 이용하면 비교적 쉽게 작성할 수 있다. 대법원 사이트(www.scourt.go.kr)에 있는 '등기신청 안내'로 들어가도 작성 방법이 자세히 나와 있다.

토지대장, 건축대장, 개별공시지가확인원, 등기권리증, 인감증명서, 주민등록등본 등 필요한 문서를 미리 챙겨두는 것도 잊지 말아야 한다. 토지대장, 건축대장, 개별공시지가 확인원 따위는 구청의 건축과나 대법원 인터넷 사이트에서 발급받을 수 있다.

마지막으로 등기소를 찾아 대법원 수입증지(8,000원)를 구입한 뒤

구비서류를 순서에 맞게 정리해 제출하면 등기 신청이 끝난다. 궁금한 점이 있으면 등기소 민원상담원을 찾으면 도움을 받을 수 있다.

국민주택채권 할인료 줄이기

누구나 집을 살 때는 제1종 국민주택채권이라는 것을 반드시 구입해야 한다. 등기를 할 때 국민주택채권을 샀다는 증거로 '매입필증'을 제출해야 하기 때문이다.

국민주택채권은 5년 만기인데 이것을 만기까지 들고 있을 필요는 없다. 표면이자가 3%에 지나지 않기 때문이다. 은행 정기예금보다 수익률이 떨어지는 것이다. 더구나 표면이자에 대한 세금을 내고 나면 물가상승률보다 수익률이 낮아 할인을 해서라도 파는 것이 낫다.

대개는 법무사나 부동산중개업소를 통해 채권을 팔게 되는데, 시세보다 2~5%포인트 정도 높은 할인율을 적용받는다. 여기에는 법무사 수수료가 포함되기 때문이다. 할인율은 대체로 15% 안팎이다. 간혹 시세보다 턱없이 높은 할인비용을 요구하는 곳도 있으므로 주의해야 한다.

이때 수수료를 아끼려면 법무사를 통해 채권을 산 뒤 본인이 직접 국민은행이나 증권사에 가서 할인받으면 된다. 채권 할인율은 국민은행 점포나 국민주택채권을 취급하는 인터넷 사이트에서 쉽게 확인할 수 있다. 2003년 12월 30일 기준으로 국민은행의 국민주택채권 할인율은 11.61%이다.

국민주택채권 매입 비율은 해당 주택의 과세표준액과 지역에 따라 차이가 난다. 예컨대 서울 강북지역에서 시가 3억원짜리 아파트를 사면 국민주택채권을 300만원어치쯤 사야 한다. 법무사를 통하면 최소한 45만원의 할인비용이 들고 국민은행에서 할인받으면 35만원 정도면 된다.

다만 은행을 통해 채권을 되파는 것은 채권을 산 달 말일까지만 가능하다. 예를 들어 1월 15일에 국민주택채권을 샀다면 1월 31일 이전에는 채권을 팔아야 한다는 이야기다. 은행에서는 당월물이 아니면 국민주택채권을 할인해주지 않기 때문이다.

한편 인터넷 사이트를 이용하면 은행보다 할인율이 1%가량 낮아 비용이 더 적게 든다. 본드114(www.bond114.co.kr)에 접속하면 국민은행 할인율과 이 회사 할인율을 비교해볼 수 있다.

알아두면 돈이 되는

아파트 현황

- 부록의 모든 자료는 부동산뱅크로부터 제공 받았음(2004년 2월 초 기준).
- 분양 일정 및 세대수는 업체 사정에 따라 변경될 수 있음.
- 아파트 시세 단위는 만원임.

〈표 1〉 2004년 서울지역 분양 물량 현황

업 체 명	지 역 명		사 업 명	평 형	총세대수	일반분양	분양월
LG건설	서초구	서초동 1444-7	서초우성4차재건축	41~62	184	44	3월
LG건설	영등포구	대림동		23~48	404	404	3월
현대산업개발	강남구	대치동 888	도곡주공2차재건축	23~54	773	163	3월
현대산업개발	강남구	역삼동 713-1	개나리아파트2차	10~44	541	241	3월
SK건설	강남구	역삼동 702-28	역삼SK허브	16~29	182	182	3월
금호건설	강서구	마곡동 5-6		33, 39	180	180	3월
대한주택공사	관악구	신림7동 101	신림1구역 재개발	24~44	3,322	315	3월
동부건설	관악구	신림동 724-3	삼천리·난우연립 재건축	24~40	213	88	3월
쌍용건설	노원구	월계동		23~32	225	99	3월
이수건설	도봉구	쌍문동 109-3	국화연립 재건축	23, 28, 32, 36	155	91	3월
현대건설	동대문구	장안동322	현대홈타운	26, 30	137	55	3월
이수건설	서대문구	홍제1동	홍제동 무궁화단지 재건축	25, 34, 43	306	136	3월
두산건설	성동구	성수동2가 225-1		23~47	197	79	3월
삼성물산	성북구	길음동 575	길음6구역	23~40	977	327	3월
금호건설	송파구	마천동 319	신풍재건축	미정	152	72	3월
쌍용건설	영등포구	신도림동	신도림플래티넘	15~36	821	821	3월
이수건설	영등포구	신길동		23, 32, 43	429	64	3월
포스코 건설	영등포구	여의도동	여의도 오피스텔	16~61	462	462	3월
SK건설	영등포구	문래동3가 53	문래SK허브	43~53	266	266	3월
대우건설	용산구	한강로3가 63-1	세계일보사옥	45~67	315	315	3월
롯데건설	용산구	한강로3가 63-1	센트럴파크	45~67	374	374	3월
한신공영	용산구	한강로1가 61	상명여고부지	26~51	176	176	3월
풍림산업	종로구	사직동54	사직동풍림아이원	30~60	1,030	580	3월
경남기업	중랑구	면목동 699-149	면목시영재건축	21, 24A, 24B, 24C, 32	386	98	3월
금호건설	중랑구	망우동 90	장미아파트, 단독재건축	23~40	696	243	3월
LG건설	은평구	수색동	은평수색주상복합	31~51	406	406	4월
삼성물산	강남구	역삼동 754	개나리1차 재건축	24~58	438	148	4월
현대산업개발	강남구	도곡동 934-1	현대연립재건축	48~98	141	62	4월
현대산업개발	강남구	역삼동 765-13	신도곡아파트	22, 32, 44	152	33	4월
우림건설	강서구	방화동 538-12		미정	200	36	4월
풍림산업	관악구	봉천4동 1560	봉천10구역	22~40	374	91	4월
인정건설	광진구	노유동 507-6	이튼타워리버2	33	131	104	4월
인정건설	광진구	노유동61-3	능동로이튼타워리버	33, 44, 54	250	250	4월
인정건설	광진구	노유동	능동로이튼타워리버	33, 40, 60	190	190	4월
신도종합건설	금천구	시흥동 406	삼천리재건축	24, 32, 36, 37	206	56	4월
이수건설	마포구	신공덕동 148	신공덕5구역 재개발	25, 32, 42	294	106	4월
포스코 건설	마포구	합정동	합정동주상복합	21~48	124	124	4월
삼호	영등포구	당산동 3가 396-2	당산 신형 한독연립 재건축	24, 32	150	50	4월
우림건설	용산구	한강로1가		미정	144		4월
포스코 건설	중구	충무로4가	충무로주상복합	14~42	343	343	4월
한진중공업	중랑구	망우동		34~47	178		4월
두산건설	영등포구	신길동 4991		32~52	164	164	5월
롯데건설	강남구	삼성동 11	해청아파트재건축	미정	715	135	5월
한화건설	강서구	염창동 272-3	효창연립재건축	34~32	163	62	5월
SK건설	강서구	화곡동 79-9	문화연립재건축	22~40	176	88	5월
한신공영	구로구	구로동	구로7구역	20~33	498		5월
롯데건설	마포구	공덕동 423-3외	마포프로젝트		562	562	5월
성원건설	성북구	정릉동		24~39	354		5월

업 체 명	지 역 명		사 업 명	평 형	총세대수	일반분양	분양월
현대건설	성북구	돈암동 413-12	돈암1구역재개발	22~41	200	83	5월
코오롱건설	영등포구			미정	400		5월
롯데건설	중구	황학동 2198	황학구역재개발	14~46	1,852	467	5월
금호건설	중랑구	면목동 580-48	용마재건축	26, 30, 31, 37	165	69	5월
성원건설	중랑구	면목동	면목용마재건축	26, 30, 31, 38	165	81	5월
대우건설	구로구	신도림동		17~32	1,400	1,400	6월
우림건설	구로구	구로동		미정	129		6월
금강종합건설	동대문구	이문동		22, 27, 30, 33, 34, 35, 37	156		6월
신도종합건설	동작구	노량진동 118-3	노량진중앙시장재건축	24, 26, 38	156	105	6월
대우건설	서초구	방배동		33~52	140	140	6월
대우건설	성동구	행당동		14~23	279	279	6월
대우건설	성동구	금호동 4가 292	금호11구역	22~41	888	246	6월
현대건설,현산 LG건설	송파구	잠실동 35	잠실주공3단지재건축	25~54	1,232	139	6월
대주건설	은평구	녹번동	녹번시니어스빌	18, 35	161		6월
LG건설	영등포구	여의도동 47	한성아파트재건축	47~79	930	600	7월
현대건설	동대문구	장안동	장안시영2단지재건축	23~42	950	50	7월
롯데건설	동작구	상도동 216-3	약수아파트 재건축	30	150	미정	7월
일신건영	마포구	만리동		미정	208		7월
롯데건설	양천구	신월동 1-4	신월동 충효마을 재건축	미정	210	미정	7월
이수건설	용산구	용문동 78	용문재개발구역	23, 31, 43	206	56	7월
동부건설	중구	숭인동 20	숭인4구역 재개발	24, 42	420	197	7월
현대건설	강남구	삼성동	AID영동차관재건축	12~43	2,070	416	8월
대우건설	관악구	신림동 670	신림7구역	23~41	349	130	8월
쌍용건설	동작구	노량진동 122-37	노량진1구역	24~45	176	50	8월
한신공영	마포구	창전동	창전 한신	35	326		8월
대림산업	강동구	암사동 413	강동시영2차재건축	24~43	1,622	172	9월
현대건설	강동구	암사동	강동시영2차	24~42	898	100	9월
우림건설	서대문구	남가좌동		미정	282		9월
삼성물산	성북구	하월곡동 33	래미안월곡2차	24, 41	787	367	9월
대우,삼성 대림,우방	송파구	잠실동 22	잠실2단지재건축	13~47	1,530	306	9월
코오롱건설	노원구	상계동	코오롱주상복합	미정	200	200	10월
대우건설	성북구	삼선동 2가 412	삼선1구역	22~40	864	254	10월
벽산건설	양천구	신월동 424-1	대경연립재건축	23~32	485	107	10월
한신공영	영등포구	대림동	대림한신	39	628		10월
삼호	강동구	암사동 514외	암사남양연립재건축	23, 32, 38	177	74	11월
현대건설	성북구	정릉동	정릉6구역	24~42	527	292	11월
삼성물산 현대건설	용산구	용산동 5가 19	도심주상복합	38~81	930	미정	11월
롯데건설	강동구	암사동 414-2	강동시영1차 재건축	25~61	3,414	200	12월
쌍용건설 코오롱건설	송파구	잠실동	잠실 시영재건축	16~52	1,144	864	12월
보람건설	강서구	염창동		23, 32	280		미정
세양건설산업	동작구	흑석 95-1	흑석시장재개발	33, 41	188	96	미정
대호	성북구	정릉1동 7-32	대호모닝수	32, 49	148	70	미정
인정건설	종로구	숭인동		33	148		미정
대성건설	중랑구	신내동 541-2	경춘연립	23, 28, 31~36	162	19	미정

〈표 2〉 2004년 인천지역 분양 물량 현황

업 체 명	지 역 명		사 업 명	평 형	총세대수	일반분양	분양월
신동아건설	남동구	간석동	이화아파트재건축	25, 33, 42	720	360	3월
월드건설	서구	석남동	석남주공2단지	24~47	782	393	3월
이수건설	부평구	부평동	브라운스톤	24~50	1,279	677	3월
한화건설	남구	숭의동 86-1	숭의주공재건축	20~32	410	40	3월
대주건설	서구	검단동	검단지구	30, 34, 37	917	917	3월
우림건설	서구	검단동	검단지구	미정	429	429	3월
한신공영	서구	가좌동 11	가좌주공1단지	24~34	2,267	768	4월
현대건설	서구	검단동	검단지구	28~45	460	460	4월
금호건설	부평구	산곡2동 157	한양단지	26, 34, 44, 50	842	432	5월
대한주택공사	남동구	논현동	논현지구	미정	1,731	1,731	5월
벽산건설	남동구	도림동 373-18	도림지구	32	325	324	5월
임광토건	남동구	서창동	서창지구	32	780	780	5월
대림산업	서구	검단동	검단지구	32~54	1,082	1,082	5월
대동주택	서구	검단동	검단지구	29~46	540	540	5월
풍림산업	남구	학익동 535-3	학익1단지풍림아이원	34	385	385	5
경남기업	서구	석남동 474	석남주공재건축	23, 30	949	미정	6월
경남기업	서구	석남동	새인천아파트인근재건축	23, 24, 25, 27, 31, 32, 33, 35	471	111	6월
대우건설	부평구	신곡동		25	1,548	868	6월
대주건설	부평구	십정동	목화재건축	20, 25, 30	299	143	6월
한라건설	서구	당하동	한라비발디	32	300	300	6월
롯데건설	남동구	구월2동 23	구월주공	25~52	4,020	1,442	7월
신동아건설	계양구	이화동 155-3	장기지구2블록	24, 32	479	479	7월
일신건영	남구	주안동	주안동휴먼빌	미정	99	미정	7월
현대건설	남동구	구월2동 23	구월주공재건축	19~50	4,914	1,762	7월
대한주택공사	남동구	논현동	논현지구	미정	785	785	7월
풍림산업	남구	학익동 535-3	학익2단지풍림아이원	2453	1,632	1,632	7월
금호건설	중구	운남동	영종지구	미정	450	450	7월
대주건설	서구	검단동	검단지구	35, 37	533	533	8월
풍림산업	동구	송림동 8-374	송림동재개발	1644	1,355	955	9월
벽산건설	남동구	서창동	서창지구	32, 42	331	331	9월
대동주택	서구	검단동	검단지구	32	988	987	9월
풍림산업	남구	주안6동 906	주안주공재건축	27~47	3,160	780	11월
대한주택공사	남동구	논현동	논현지구	미정	801	801	12월

〈표 3〉 2004년 경기 주요 지역 분양 물량 현황

업체명	지역명		사업명	평형	총세대수	일반분양	분양월
LG건설	양주시	삼숭동 2002	LG양주자이 6, 7단지	29~32	1,297	1,297	3월
LG건설	용인시	성복동	용인성복 1~4	33~61	3,468	3,468	3월
LG건설	성남시	하대원동	성원, OPC재건축	24~46	910	160	3월
경남기업	용인시	성복동 460-1	수지아너스빌1차	33, 39, 48	816	816	3월
대한주택공사	수원시	율전동	율전지구	미정	389	389	3월
대한주택공사	평택시		안중지구	미정	638	638	3월
대한주택공사	평택시	소사동	안중지구	미정	638	638	3월
동원개발	용인시	구성읍 동백리 486	동원로얄듀크	33, 44	477		3월
삼성물산	성남시	금광동 2500, 2503	검단, 동아, 보라아파트재건축	미정	1,098	326	3월
신창건설	남양주시	진접읍 진벌리	진접비바패밀리	33, 49	780	780	3월
쌍용건설	남양주시	퇴계원퇴계원면 산7-3		23~45	604	604	3월
우림건설	광주시	송정동	우림루미아트	미정	420	420	3월
이수건설	오산시	누읍동	이수브라운스톤	24, 33, 45	602	602	3월
이수건설	광명시	철산동 489-59	삼덕진주재건축	24, 25, 32, 39	360	87	3월
풍림산업	남양주시	차산리 63-3외 23	남양주 차산 1, 2차	25~39	763	763	3월
한승종합건설	의정부시	호원동308	호원 한승미메이드	24, 33, 43	449	449	3월
현대산업개발	남양주시	와부읍 덕소리 75	덕소 아이파크	35~51	1,414	1,414	3월
현대산업개발	오산시	고현동 산 5	아이파크오산고현동	32~40	667	667	3월
현대산업개발	용인시	구성읍 중리	용인구성	33~47	486	486	3월
삼성물산	화성시	동탄면	동탄시범	32~43	477	477	3월
고려산업개발	화성시	태안읍 반월리 40	반월2차	25, 31, 33, 39, 47	1,330	1,330	4월
대주건설	남양주시	화도읍 가곡리	가곡1차	24, 32	280	280	4월
대한주택공사	동두천시	송내동	송내지구	미정	1,018	1,018	4월
대한주택공사	용인시	구성읍	죽전지구	미정	363	363	4월
동부건설	남양주시	덕소리 70	덕소 동부센트레빌	23~42	1,630	1,630	4월
두산건설	고양시	풍동지구	택지지구	38~45	733	733	4월
신명종건	남양주시	호평동	호평지구	38, 48	400		4월
포스코건설	용인시	수지읍 성복동	성복동 더샵	33~63	1,217	1,217	4월
풍림산업	시흥시	월곶동 월곶 25-1	월곶지구	33	686	686	4월
현대산업개발	고양시	풍동	풍동지구	38~45	596	596	4월
LG건설	용인시	신봉동	신봉자이	33~39	480	480	5월
대한주택공사	수원시	오목천	오목천지구	미정	1,094	1,094	5월
대한주택공사	평택시		이충지구	미정	733	733	5월
신성건설	평택시	비전동	해피트리	24, 34, 42	736	326	5월
신창건설	동두천시	동두천동	비바패밀리	33, 38	750	750	5월
쌍용건설	용인시	구성읍 마북리		33	452	452	5월
우림건설	안산시	초지동	우림루미아트	미정	493	93	5월
우림건설	성남시	태평동	우림루미아트	미정	554	84	5월
우림건설	용인시	삼가동	우림루미아트	미정	1,903	1,903	5월
우림건설	광주시	태전동	우림루미아트	미정	599	599	5월
일신건영	안산시	신길동	신길온천2차	24~33	480	480	5월
한라건설	용인시	기흥읍		32	300	300	5월
LG건설	수원시	입북동	입북동자이	24~32	974	257	5월
우남	화성시	동탄면	동탄시범	33	600	600	5월
금강종합건설	화성시	동탄면	동탄시범	32	481	481	5월
월드건설	화성시	동탄면	동탄시범	24~33	541	541	5월
한화건설	화성시	동탄면	동탄시범	33	532	532	5월
현대산업개발	화성시	동탄면	동탄시범	31	749	749	5월

업체명	지역명		사업명	평형	총세대수	일반분양	분양월
롯데건설	화성시	동탄면	동탄시범	32, 43	430	430	5월
LG건설	용인시	성복동	수지자이	40~60	500	500	6월
대우건설	안산시	고잔택지지구	88블록	34~69	716	716	6월
대우건설	광명시	철산4동 489-32외	철산4동재건축	24~46	426	212	6월
대주건설	남양주시	화도읍 가곡리	가곡2차	28	368	368	6월
대주건설	시흥시	미산동		25, 34	492	492	6월
대주건설	용인시	기흥읍 공세리	공세1차	34, 38, 42	864	864	6월
대한주택공사	부천시	오정동	소사지구	미정	557	557	6월
동부건설	부천시	역곡동 63	역곡삼신진흥재건축	24~42	697	354	6월
쌍용건설	화성시	봉담읍		25~42	595	595	6월
우림건설	평택시	비전동	우림루미아트	미정	982	172	6월
우림건설	수원시	고색동	우림루미아트	미정	458	458	6월
우림건설	안성시	석정동	우림루미아트	미정	808	808	6월
일신건영	안양시	호계동	호계휴먼빌	미정	380	380	6월
풍림산업	고양시	벽제동 산 43-26		24~32	1,225	1,225	6월
군인공제회	화성시	동탄면	동탄시범	33	546	546	6월
신도종합건설	화성시	동탄면	동탄지구	33, 42, 48	1,375	1,375	6월
월드건설	화성시	동탄면	동탄지구	32~45	647	647	6월
대한주택공사	부천시	오정동	오정지구	미정	1,113	1,113	7월
대한주택공사	부천시	오정동	오정지구	미정	550	550	7월
대한주택공사	용인시	구성읍	동백지구	미정	1,542	1,542	7월
동부건설	부천시	역곡동 205	동부센트레빌	24~42	432	176	7월
동일토건	용인시	수지읍 신봉리	신봉동일하이빌	38, 45, 52	2,220	2,220	7월
성원건설	고양시	풍동지구	택지지구	39, 46, 54	469	469	7월
신도종합건설	의정부시	금오동 344-3	금오주공2단지재건축	23, 32, 47	1,177	350	7월
한라건설	용인시	수지읍	한라비발디	32	400	400	7월
우림건설	화성시	동탄면	동탄지구	미정	280	280	7월
금강종합건설	용인시	상현동		38, 42, 48, 56	1,062	1,062	8월
대주건설	남양주시	화도읍 마석우리		32	326	326	8월
벽산건설	광주시	장지동 산45		28~32	514	514	8월
벽산건설	용인시	성복리	성복리새한	33~52	480	480	8월
벽산건설	수원시	입북동 330-3	벽산블루밍	25~44	1,443	1,443	8월
성원건설	화성시	매송면		26, 32	936	936	8월
코오롱건설	수원시	매탄동	신매탄주공	미정	2,026	1,919	8월
한라건설	남양주시	화도읍	한라비발디	32	500	500	8월
쌍용건설	화성시	동탄면	동탄지구	33	939	936	8월
금강종합건설	화성시	태안읍 태안3지구		24~45	1,000	1,000	9월
대림산업	광주시	오포읍 신현리 725-1		32~48	417	417	9월
대림산업	용인시	구성읍 마북리 산10-1		33~44	538	538	9월
대주건설	용인시	기흥읍 공세리	공세2차	34, 38, 42	1,882	1,882	9월
대한주택공사	남양주시	호평동	호평지구	미정	456	456	9월
대한주택공사	용인시	구성읍	신갈지구	미정	693	693	9월
대한주택공사	용인시	구성읍	보라지구	미정	600	600	9월
한라건설	평택시	비전동	한라비발디	32	600	600	9월
한신공영	용인시			32	651		9월
SK건설	의정부시	가능동 656-1	가능주공재건축	24~42	1,019	566	9월
포스코 건설	화성시	동탄면	동탄시범	33, 45	476	476	9월
대한주택공사	고양시	풍동	풍동지구	미정	822	822	10월
대한주택공사	양주시	광적면	덕정지구(광적면)	미정	608	608	10월
대한주택공사	용인시	구성읍	동백지구	미정	1,714	1,714	10월

업체명	지역 명		사업명	평형	총세대수	일반분양	분양월
대한주택공사	화성시	봉답읍	봉담지구	미정	736	736	10월
두산건설	광명시	철산동		24~43	900	369	10월
벽산건설	광주시	역동	벽산블루밍	33~42	1,940	1,940	10월
삼성물산	과천시	중앙동 71	주공11단지재건축	24~40	647	47	10월
현진종건	광주시	실촌면 곤지암	곤지암2차현진에버빌	24, 33	533	533	10월
한화건설	화성시	동탄면	동탄지구	32~54	1,501	1,501	10월
대한주택공사	고양시	일산동	일산2지구	미정	1,150	1,150	11월
대한주택공사	안산시	팔곡동	팔곡지구	미정	496	496	11월
대한주택공사	용인시	구성읍	보라지구	미정	1,050	1,050	11월
대한주택공사	포천시	송우동	송우지구	미정	466	466	11월
대한주택공사	화성시	봉답읍	봉담지구	미정	700	700	11월
두산건설	수원시	매탄동	신매탄주공	19~47	2,241	1,013	11월
공무원연금관리공단	파주시	교하지구		33	644	644	11월
공무원연금관리공단	파주시	교하지구		24	734	734	11월
SK건설	남양주시	화도읍 녹천리	녹천리 SK뷰	32~52	1,787	1,787	11월
대한주택공사	양주시	가납동	가납지구	16, 19	390	390	12월
벽산건설	남양주시	호평지구		24~48	1,066	1,066	12월
성원건설	안양시	석수동		25~39	376		12월
신동아건설	수원시	인계동	향원아파트재건축	21~42	516	126	12월
쌍용건설	용인시	기흥읍 하갈리		25~51	2,376	2,376	12월
쌍용건설	오산시	양산동		32	536	536	12월
한라건설	파주시	교하읍 야당리	한라비발디	32	1,100	1,100	12월
한화건설	부천시	괴안동 199-2	동신아파트재건축	24~43	865	115	12월
한화건설	안양시	비산동 5722와12필지	삼익아파트재건축	24~58	774	774	12월
동문건설	용인시	수지읍 상현리		32	660	660	미정
동문건설	광주시	초월면		32	386	386	미정
동문건설	화성시	태안읍 안녕리 70		29, 33	535	535	미정
동양메이저건설	파주시	교하읍		33, 48	664	664	미정
동익건설	김포시	장기동		23, 30, 56	1,146		미정
범양건영	김포시	양촌면	범양건영	32	700		미정
신성건설	안산시	선부동		25, 29, 32	783	17	미정
신일기업	용인시	수지읍		24, 50	1,000	1,000	미정
신창건설	화성시	봉담읍 수영리		33, 44, 46, 59	1,347	1,347	미정
울트라건설	화성시	태안읍		24, 32	1,290		미정
정도건설	남양주시	화도읍		33	450		미정
한솔건설	김포시	풍무동 389	김포 풍무	31, 32, 48	878	250	미정
한솔건설	용인시	신봉동		33, 52	600		미정
한승종합건설	양주시	백석읍	한승미메이드	33	499		미정
서해종합건설	남양주시	화도읍 마석우리		25, 34	666	666	
서해종합건설	김포시	장기동		24, 29, 34	885		
신도종합건설	남양주시	마석우리		32	426	426	
한솔건설	이천시	중포동	한솔솔파크	34, 42	444	444	

〈표 4〉 상암지구 주변 아파트 현황

지 역 명		아 파 트 명	평 형	매매하한	매매상한	전세하한	전세상한
마포구	중동	건영	26	19,000	20,000	12,000	12,000
			32	29,000	30,000	15,000	16,000
		중동현대2차	25	21,000	24,000	11,000	12,000
			33	31,000	34,000	15,000	16,000
			43	39,000	44,000	19,000	21,000
		청구	34	33,000	35,000	13,000	15,000
		현대1차	25	21,000	24,000	11,000	12,000
			33	29,000	34,000	15,000	16,000
			43	38,000	44,000	19,000	21,000
은평구	수색동	대림한숲	25	20,000	22,500	10,000	12,000
			32	28,000	33,000	13,000	15,000
			42	38,000	43,000	16,000	18,000
		진흥엣세벨	22	18,000	22,000	11,000	12,000
			29	27,000	31,000	13,000	15,000
			40	34,000	41,000	16,000	18,000
		청구	25	20,000	24,000	12,000	13,000
			32	29,000	33,000	15,000	16,000
마포구	성산동	풍림	19	12,500	14,000	8,000	8,500
			25	18,000	19,500	11,000	12,000
			33	26,000	28,000	14,000	16,000
			42	31,000	34,000	18,000	20,000
		대림	25	28,000	30,000	12,000	13,000
			35	30,000	35,000	17,000	18,000
			43	40,000	44,000	23,000	24,000
		대우시영	21	19,000	23,000	8,000	8,500
		선경시영	22	22,000	24,000	8,000	8,500
		유원	15	12,000	13,000	4,500	5,000
			18	14,000	16,000	5,500	6,000
			24	19,000	20,000	7,500	8,000
			27	21,500	23,000	8,500	9,000
			32	22,500	25,000	9,000	10,000
			34	25,500	28,000	10,000	12,000
		유원시영	25	27,000	30,000	9,500	11,000
은평구	중산동	중앙하이츠	33	25,000	28,000	13,000	14,000
			44	31,500	36,000	18,000	19,000
			27	16,200	18,900	12,000	12,000
			29	17,400	20,300	12,500	12,500
			32	20,000	24,000	14,000	14,000
		덕원	15	9,500	11,000	6,000	6,700
			24	15,500	17,000	10,000	11,000
			29	17,000	19,000	12,000	12,000
			35	23,000	25,000	15,000	16,000
		우방	25	16,000	19,000	10,000	11,000
			32	26,000	29,000	13,000	14,000
			42	31,000	34,000	15,000	16,000

〈표 5〉 마곡지구 주변 아파트 현황

지 역 명		아 파 트 명	평 형	매매하한	매매상한	전세상하한	전세상한
강서구	방화동	마곡벽산	25	17,500	20,000	9,500	11,000
			32	23,000	27,000	11,000	14,000
			42	30,000	33,000	14,000	16,000
		신안	24	14,000	16,000	6,000	7,000
			32	21,000	23,000	9,000	9,500
			40	27,000	30,000	11,000	12,000
		신안빌라	22	18,000	18,500	5,000	5,500
			25	21,500	22,000	6,000	6,500
			30	26,000	27,000	7,000	8,000
		동부센트레빌2차	20	15,000	16,000	8,000	9,000
			24	19,000	21,000	10,000	11,000
			31	24,000	29,000	12,000	14,000
			42	34,000	40,000	14,000	16,000
		우림루미아트2차	25	17,000	18,000	9,000	10,000
			28	20,000	23,000	10,000	11,000
			31	21,000	26,000	12,000	12,000
			21	19,000	20,000	6,000	6,500
			24	19,500	22,000	7,000	7,000
			25	24,000	24,000	7,500	8,500
		한숲마을대림	24	16,000	18,500	9,000	10,500
			32	20,000	24,500	12,000	13,000
		형제	22	17,000	17,000	5,000	5,000
		길훈	23	13,000	14,000	6,500	7,000
		길훈	29	15,500	16,500	8,000	9,000
		삼성꽃마을	23	16,000	16,500	9,000	10,000
			27	16,000	17,000	10,000	11,000
			32	22,000	23,000	12,000	12,000
		현대	25	18,000	19,000	9,000	10,000
			35	25,000	26,000	12,000	14,000
		청구	24	16,500	18,000	10,000	11,000
			32	22,000	24,000	12,500	13,500
		도시개발12단지	17	9,500	11,000	6,500	7,000
			22	12,000	14,500	8,000	9,000
			25	14,500	17,000	9,000	10,000
		현대2차	24	16,000	16,500	9,000	10,000
			29	18,000	19,000	10,000	11,000
			32	22,000	23,000	11,000	13,000
			41	33,000	35,000	15,000	16,000
			26	18,000	21,000	11,000	12,000
			34	24,000	27,000	12,000	13,000
			37	27,000	31,000	13,000	14,000
			44	30,000	35,000	17,000	18,000
		그랑프리텔	24	17,000	20,000	7,500	8,500
			26	19,000	22,000	9,000	10,000
			32	24,000	28,000	11,000	12,000

〈표 6〉 장지지구 주변 아파트 현황

지 역 명		아 파 트 명	평 형	매매하한	매매상한	전세하한	전세상한
송파구	문정동	현대2차	28	20,000	25,000	12,000	13,000
			38	27,000	35,000	14,000	15,000
		문정시영	13	12,500	13,000	5,000	5,500
			16	13,500	14,000	6,000	6,500
			18	21,000	21,500	7,500	8,000
			23	23,000	23,500	8,500	9,000
		올림픽훼밀리	32	49,000	58,000	20,000	22,000
			43	72,000	80,000	27,000	29,000
			49	79,000	90,000	28,000	31,000
			56	95,000	110,000	30,000	36,000
			68	115,000	130,000	36,000	43,000
		대우2차	24	28,000	31,000	15,000	16,000
			34	38,000	43,000	18,000	20,000
		건영	33	35,000	38,000	14,000	15,000
			36	38,000	43,000	16,000	18,000
		대우	25	30,000	33,000	15,000	16,000
			33	40,000	45,000	19,000	21,000
		현대1차	31	40,000	45,000	16,000	17,000
			44	45,000	58,000	22,000	23,000
		대우3차	32	38,000	45,000	19,000	20,000
		현대	29	25,000	29,000	13,000	14,000
			33	28,000	35,000	15,000	16,000
		현대한전직원조합	25	20,000	25,000	12,000	13,000
			36	27,000	35,000	14,000	15,000
		동아	25	22,000	27,000	12,000	13,000
			34	28,000	34,000	15,000	16,000

〈표 7〉 김포 신도시 주변 아파트 현황

지 역 명		아 파 트 명	평 형	매매하한	매매상한	전세하한	전세상한
김포시	사우동	농장신안	21	10,000	11,500	5,500	6,000
			30	14,000	16,000	6,500	7,000
			45	21,000	23,000	8,000	9,000
			60	25,000	27,000	10,000	11,000
		현대	23	13,500	15,000	7,000	7,500
			32	21,000	23,000	9,000	9,500
		건영	22	14,000	15,000	7,500	8,000
			32	19,500	20,000	8,500	9,000
		대우	29	22,000	23,000	9,000	10,000
			40	26,000	27,000	11,000	12,000
		경신	22	10,500	11,500	6,000	6,500
			26	11,000	12,000	6,000	6,500
			30	14,000	16,000	7,000	7,500
			28	14,000	16,000	5,000	6,000
		길훈4차	22	12,000	13,000	6,000	6,000
			28	14,000	15,000	6,500	7,000
			32	17,000	18,000	7,000	7,500
			23	13,000	14,000	6,500	7,000
			30	18,000	19,000	7,000	8,000
			42	22,000	25,000	8,000	9,000
			55	28,000	30,000	9,000	10,000
		월드5차	24	14,000	15,000	6,500	7,000
			34	19,000	20,000	7,500	8,000
			49	27,000	28,000	8,500	9,000
			62	30,000	33,000	9,000	11,000
		월드4차	24	13,500	14,500	6,000	6,500
			34	18,000	21,000	7,000	7,500
			49	26,000	28,000	8,000	8,500
			62	28,000	31,000	9,000	9,500
		현대청송3단지1(1차)	32	22,000	24,000	8,000	8,500
			42	27,000	29,000	8,500	9,000
			51	31,000	34,000	9,500	10,000
			58	34,000	37,000	9,500	10,000
			65	35,000	40,000	10,000	11,000
		현대청송1단지(2차)	32	22,000	24,000	8,000	8,500
			43	27,000	29,000	9,000	9,500
			51	31,000	34,000	9,500	10,000
		현대청송2단지(2차)	33	22,000	24,000	8,000	8,500
			43	27,000	29,000	9,000	9,500
			51	31,000	34,000	9,500	10,000
			65	35,000	40,000	10,000	11,000
			77	45,000	50,000	12,000	13,000
	고촌면	한화(오룡마을)	32	22,000	24,000	10,000	11,000
			49	29,000	33,000	12,000	14,000
		등촌마을청구	22	14,000	15,000	7,000	7,000
			32	20,000	21,000	9,000	9,500
		숲속마을대우	32	20,000	24,000	9,000	10,000
			50	29,000	30,000	11,000	13,000

〈표 8〉 파주 신도시 주변 아파트 현황

지 역 명		아 파 트 명	평 형	매매하한	매매상한	전세하한	전세상한
파주시	교하읍	현대1차	22	13,000	14,000	6,500	6,500
			32	18,500	20,000	7,000	7,000
			39	23,000	24,000	8,000	9,000
			51	27,000	28,000	9,000	10,000
			60	30,000	33,000	10,000	11,000
		월드메르디앙2차	29	16,800	18,500	7,000	7,500
			34	19,000	22,000	7,500	8,500
			44	25,000	29,500	9,000	10,000
			54	27,000	30,000	9,500	10,500
			64	37,000	40,000	12,000	13,000
			74	40,000	46,000	13,000	15,000
		동문1차	34	15,700	18,000	6,000	7,000
		운정2차동문	30	16,000	17,500	6,500	7,000
			35	17,500	19,000	6,500	7,000
		월드메르디앙1차	24	12,000	14,500	6,000	6,500
			28	16,000	17,500	6,500	7,000
			33	18,000	21,000	7,500	8,500
			39	22,000	25,000	9,000	10,000
			48	25,000	28,000	9,500	10,000
			57	30,000	33,000	10,000	12,000
			67	35,000	38,000	10,000	12,000
		교하벽산1차	28	14,000	15,000	5,500	6,500
			34	16,000	19,000	6,500	7,000
			44	22,000	25,000	8,000	9,000
			55	26,000	28,000	9,000	10,000
			68	34,000	40,000	9,000	12,000
		현대아이(2차)	35	20,000	23,000	7,000	9,000
			45	27,500	29,000	9,000	10,000
			55	32,000	35,000	11,000	12,000
			69	38,000	48,000	13,000	15,000

〈표 9〉 5,000~7,000만원으로 전세 안고 살 수 있는 아파트

지 역 명		아 파 트 명	평 형	매매하한	매매상한	전세하한	전세상한	차 액
강동구	성내동	동아2차	22	15,500	17,000	9,500	11,000	6,000
			24	16,500	18,000	10,000	12,000	6,250
			27	18,000	20,500	11,500	13,000	7,000
		삼익	26	16,000	19,500	10,500	12,000	6,500
강북구	미아동	벽산라이브파크	23	14,600	16,500	8,000	9,500	6,800
	번동	현대	32	16,000	18,000	10,000	11,000	6,500
		삼성	28	14,000	15,000	9,000	10,000	5,000
		쌍용	26	13,000	14,500	8,500	9,000	5,000
		한양	32	16,050	17,500	11,000	12,000	5,275
	수유동	삼성래미안	24	16,000	19,000	10,500	12,000	6,250
		극동	28	15,000	16,500	9,000	9,500	6,500
		벽산2차	32	17,000	22,000	13,000	13,000	6,500
		수유벽산	26	14,000	15,800	9,500	10,000	5,150
		수유현대	39	18,500	20,000	12,000	13,000	6,750
	우이동	대우	24	18,000	19,000	12,000	13,000	6,000
강서구	가양동	도시개발2단지	21	13,200	15,500	7,800	8,500	6,200
		도시개발3단지	22	14,000	16,300	8,000	8,500	6,900
		도시개발6단지	22	13,500	15,600	8,000	8,500	6,300
		도시개발9단지	21	14,500	16,500	8,500	9,000	6,750
	등촌동	주공10단지	17	12,500	14,500	7,000	8,000	6,000
		주공2단지	17	12,000	13,500	7,500	8,000	5,000
		주공3단지	17	13,000	14,000	7,000	8,500	5,750
		주공5단지	17	11,800	14,000	7,500	8,000	5,150
		주공8단지	17	12,500	14,000	7,000	8,000	5,750
	방화동	도시개발12단지	25	14,500	17,000	9,000	10,000	6,250
		도시개발3단지	22	16,000	16,500	9,000	9,500	7,000
		도시개발5단지	22	14,500	16,000	9,000	9,500	6,000
		동부센트레빌2차	20	15,000	16,000	8,000	9,000	7,000
		삼성꽃마을	23	16,000	16,500	9,000	10,000	6,750
		청구	24	16,500	18,000	10,000	11,000	6,750
		현대2차	24	16,000	16,500	9,000	10,000	6,750
	염창동	동아2차	26	16,000	17,000	9,000	10,000	7,000
		벽산늘푸른	24	16,000	17,000	10,000	10,000	6,500
		현대3차	25	16,000	17,000	9,000	10,000	7,000
		현대한가람	25	15,000	16,000	9,500	10,500	5,500
관악구	봉천동	관악현대	24	16,000	18,500	10,000	12,000	6,250
			29	18,000	20,500	12,000	13,500	6,500
	신림동	현대	26	17,000	19,000	11,000	12,000	6,500
구로구	고척동	경남1차	25	14,000	14,500	8,000	8,500	6,000
		삼익1차	25	14,000	16,000	9,500	10,000	5,250
		삼익2차	25	14,000	16,000	9,500	10,000	5,250
	구로동	구로두산	22	15,500	17,000	10,500	11,000	5,500
	신도림동	현대	23	17,000	18,500	11,000	12,000	6,250
금천구	독산동	금천현대	27	14,000	15,500	8,000	9,000	6,250
노원구	공릉동	공릉현대(고려현대)	27	16,000	16,500	10,300	11,000	5,600
		대동1차	29	15,900	16,500	10,500	11,000	5,450
	상계동	극동늘푸른	25	13,500	16,000	8,000	9,000	6,250
		두산	25	13,000	14,500	8,500	9,000	5,000

지 역 명		아 파 트 명	평 형	매매하한	매매상한	전세하한	전세상한	차 액
노원구	상계동	상계현대2차	33	15,500	18,500	9,500	12,000	6,250
		중앙하이츠1차	26	14,500	17,500	9,500	11,000	5,750
		대림	24	15,000	17,000	9,500	10,500	6,000
		불암현대	24	15,500	16,500	9,000	9,500	6,750
		신동아	31	17,000	20,000	11,000	12,000	7,000
		한신4차(조흥한신)	32	15,000	17,500	9,500	11,000	6,000
	월계동	극동	30	14,000	15,000	9,000	10,000	5,000
		현대	25	15,000	18,000	10,000	11,000	6,000
	중계동	주공5단지	24	15,000	19,000	10,000	11,000	6,500
		롯데	20	13,000	14,000	8,500	8,500	5,000
		현대3차	31	16,000	18,000	10,500	12,000	5,750
		현대6차	25	15,000	17,000	9,500	11,000	5,750
	하계동	청구빌라	38	22,000	24,000	17,000	17,000	6,000
		코오롱마들마을	32	20,000	22,000	14,000	15,000	6,500
		학여울청구	24	15,000	15,500	9,500	10,500	5,250
도봉구	방학동	벽산2차	24	14,000	15,000	9,000	9,000	5,500
			33	17,000	19,000	10,500	12,000	6,750
		신동아4단지	24	12,000	14,000	7,500	8,000	5,250
		신동아타워	35	16,000	18,500	10,000	11,000	6,750
		우성1차	32	13,500	15,500	9,000	9,500	5,250
			33	15,000	16,000	9,000	10,000	6,000
	쌍문동	삼성래미안	23	18,000	21,000	13,000	14,000	6,000
		청구	36	18,500	20,000	12,000	13,000	6,750
		한양7차	32	16,500	18,500	10,500	11,000	6,750
		현대1차	31	15,500	18,000	10,000	11,000	6,250
		현대3차	30	14,000	15,000	8,500	9,000	5,750
			33	16,000	18,500	10,000	10,500	7,000
	창동	대우그린	24	18,000	19,000	11,000	12,500	6,750
		대우	23	14,500	16,000	9,000	10,000	5,750
		현대타운	28	17,000	18,000	10,500	12,000	6,250
		한신	34	15,500	18,000	10,000	11,000	6,250
		주공3단지	24	15,000	16,000	8,000	9,000	7,000
			25	15,000	16,000	8,500	9,000	6,750
		현대조합	24	15,500	16,000	9,500	10,000	6,000
동대문구	답십리동	대림	24	18,000	21,000	12,500	14,000	6,250
		대우	26	16,800	19,000	10,500	13,000	6,150
		동답한신	25	14,500	16,000	9,500	10,000	5,500
		두산	25	17,500	19,000	11,000	12,500	6,500
	전농동	SK	24	18,000	21,000	12,000	13,000	7,000
		삼성	26	20,000	21,000	13,000	14,000	7,000
	제기동	현대	26	19,000	20,000	13,000	14,000	6,000
	휘경동	롯데낙천대	24	17,000	18,000	11,000	12,000	6,000
동작구	대방동	주공	21	17,500	19,000	11,000	12,000	6,750
		현대	27	20,000	21,000	13,000	14,000	7,000
	사당동	극동	19	16,000	18,000	10,000	11,000	6,500
		신동아	19	16,500	18,000	10,000	11,000	6,750
		우성2공구	19	17,500	19,000	11,000	12,000	6,750
		우성3공구	19	16,000	18,000	10,000	11,000	6,500
	상도동	건영	15	13,000	15,000	8,500	9,500	5,000
		삼익	27	17,000	19,000	10,000	12,000	7,000

지 역 명		아 파 트 명	평 형	매매하한	매매상한	전세하한	전세상한	차 액
동작구	상도동	상도현대	24	16,000	19,000	10,500	12,000	6,250
	신대방동	벽산	24	16,000	18,000	11,000	12,000	5,500
마포구	도화동	현대1차	24	17,000	20,000	12,000	13,000	6,000
			30	19,000	23,000	14,000	15,000	6,500
		현대소양	24	19,000	22,000	13,000	15,000	6,500
	망원동	성원2차	24	15,000	18,000	9,000	11,000	6,500
		성원1차	25	15,000	18,000	11,000	12,000	5,000
			29	18,000	21,000	12,500	13,000	6,750
	성산동	풍림	19	12,500	14,000	8,000	8,500	5,000
	신수동	성원	25	20,000	21,000	13,000	15,000	6,500
	아현동	서서울삼성	21	17,000	18,000	12,000	13,000	5,000
	염리동	중앙하이츠	24	18,000	19,000	13,000	14,000	5,000
서대문구	북가좌동	현대	26	14,000	15,000	8,000	8,500	6,250
	북아현동	경남1차	27	16,000	20,000	11,000	12,000	6,500
		경남2차	24	17,000	18,000	11,000	12,000	6,000
		두산	24	16,000	21,000	12,000	13,500	5,750
	연희동	성원	26	20,000	22,000	14,000	14,000	7,000
	홍은동	두산	22	16,000	16,500	11,000	11,500	5,000
		벽산	24	16,000	17,500	10,000	11,000	6,250
	홍제동	문화촌현대	26	17,500	19,500	11,500	12,500	6,500
		홍제원현대	25	18,000	22,000	14,000	14,000	6,000
		성원	23	16,500	17,000	11,000	12,000	5,250
		유원하나	28	17,000	17,000	11,000	11,500	5,750
		청구1, 2차	28	19,000	22,000	13,000	14,000	7,000
		청구3차	27	17,000	22,000	13,000	13,000	6,500
		태영으뜸	25	15,500	16,500	10,000	11,000	5,500
			28	16,500	17,000	11,000	11,000	5,750
		한양	25	16,000	20,000	10,500	12,500	6,500
		홍제현대	23	17,000	18,000	12,000	12,000	5,500
성동구	성수동	우방	24	16,000	20,000	11,000	12,000	6,500
		금호타운	27	17,000	20,000	11,000	12,000	7,000
		금호타운2차(성수)	24	16,000	18,500	11,000	12,000	5,750
		우방2차	24	17,000	19,000	12,000	13,000	5,500
	옥수동	중앙하이츠	26	15,500	16,000	10,000	10,000	5,750
	응봉동	신동아	25	18,000	19,000	11,000	12,000	7,000
	행당2동		25	17,000	20,000	11,000	12,000	7,000
성북구	길음동	삼부	26	16,500	17,000	10,000	11,000	6,250
	돈암동	삼성	24	17,000	18,000	10,500	12,000	6,250
		풍림	23	10,000	10,500	10,000	12,000	6,250
		한신한진	27	17,000	19,500	12,000	12,500	6,000
		현대	24	14,000	15,000	9,000	10,000	5,000
			28	16,500	18,000	10,000	11,000	6,750
	삼선동4가	코오롱	26	18,000	20,000	12,000	13,000	6,500
	상월곡동	우남	27	14,000	16,000	8,500	9,500	6,000
	석관동	두산	22	15,500	17,000	9,500	10,000	6,500
			24	18,000	21,000	12,000	13,000	7,000
		삼성	24	13,500	15,500	8,500	10,000	5,250
		중앙하이츠	27	13,500	15,500	8,000	9,000	6,000
		코오롱	24	14,000	16,000	9,000	11,000	5,000
	정릉동	대우	24	14,200	15,500	8,500	9,000	6,100

지 역 명		아 파 트 명	평 형	매매하한	매매상한	전세하한	전세상한	차 액
성북구	정릉동	대우	25	14,000	15,000	8,500	9,000	5,750
		스카이쌍용1차	26	15,500	17,500	10,000	12,000	5,500
		정릉경남	21	14,800	16,000	9,500	10,000	5,650
			24	16,500	17,500	10,000	10,500	6,750
		정릉숭덕푸른마을	24	16,500	19,500	11,000	12,000	6,500
			28	16,000	18,000	9,500	10,500	7,000
		중앙하이츠	31	16,000	17,000	10,000	10,000	6,500
		청구	29	16,500	17,500	11,000	11,000	6,000
			30	17,000	17,500	11,000	11,000	6,250
		태영	22	14,800	15,000	9,000	9,000	5,900
			24	15,000	16,500	9,000	10,000	6,250
			27	18,000	18,500	11,000	12,000	6,750
	종암동	SK	24	15,500	18,000	9,500	11,000	6,500
			28	14,000	16,000	9,000	10,000	5,500
		극동	26	18,000	19,000	13,000	14,000	5,000
		선경종암	24	16,000	17,000	11,000	12,000	5,000
송파구	마천동	삼익	24	14,000	16,000	9,000	10,000	5,500
영등포구	당산동	코오롱	27	14,000	16,000	9,500	10,500	5,000
			31	18,000	20,000	11,500	12,500	7,000
	대림동	현대조합	32	19,000	23,000	14,000	15,000	6,500
		한신1차	24	18,000	19,000	12,000	12,500	6,250
		한신2차	26	18,000	19,000	12,000	12,500	6,250
		현대1차	25	16,000	17,000	11,000	12,000	5,000
	문래동	대림	24	17,000	17,500	11,500	12,000	5,500
		현대6차	21	15,000	16,500	9,000	10,000	6,250
	신길동	경남	26	17,500	21,000	12,000	13,500	6,500
		삼성래미안	24	19,000	22,000	13,000	14,000	7,000
	양평동	신벽산	24	14,000	16,000	9,000	11,000	5,000
		경남	25	18,000	19,000	11,000	12,000	7,000
	영등포동	현대프라자	27	14,000	15,000	8,000	9,000	6,000
			31	15,500	17,000	9,500	10,500	6,250
용산구	한강로	쌍용스윗닷홈	25	20,000	23,000	15,000	16,000	6,000
은평구	갈현동	대림e편한세상2단지	24	16,000	18,000	11,000	12,000	5,500
		코오롱 오투빌	24	16,000	17,000	10,000	11,000	6,000
		현대	25	14,000	15,000	9,500	9,500	5,000
		현대1동아파트	33	20,000	23,000	14,000	15,000	7,000
			35	20,000	23,000	14,000	15,000	7,000
	녹번동	대림	32	20,000	23,000	14,000	15,000	7,000
	대조동	삼성타운	26	16,000	17,000	11,000	11,000	5,500
	불광동	삼익	35	18,000	20,000	13,000	15,000	5,000
종로구	창신동	쌍용1차	23	16,000	17,000	9,500	10,500	6,500
		쌍용2차	23	14,000	15,000	9,000	10,000	5,000

〈표 10〉 7,000~1억원으로 전세 안고 살 수 있는 아파트

지 역 명		아 파 트 명	평 형	매매하한	매매상한	전세상하한	전세상한	차 액
강동구	명일동	중앙	25	20,000	21,000	12,000	12,000	8,500
			26	20,000	22,000	12,500	12,500	8,500
			29	22,000	23,500	14,000	15,000	8,250
			30	25,000	26,500	16,000	17,000	9,250
	상일동	동아	24	17,500	19,000	10,500	11,500	7,250
		중앙하이츠	22	16,000	17,000	8,500	9,000	7,750
	성내동	코오롱	27	21,000	24,000	13,000	14,000	9,000
		동아1차	26	18,500	20,500	11,500	13,000	7,250
			30	23,000	24,500	14,500	15,500	8,750
			33	25,500	28,500	16,500	17,500	10,000
		동아2차	30	23,000	25,000	14,000	15,000	9,500
			31	24,000	26,000	15,000	16,000	9,500
		청구	16	16,000	17,000	8,500	9,000	7,750
			26	21,000	26,000	14,000	16,000	8,500
	천호동	롯데	32	23,000	25,000	14,500	16,000	8,750
			34	24,000	26,000	14,500	16,000	9,750
		성원	35	23,000	25,000	15,000	16,000	8,500
강북구	미아동	SK북한산시티	24	16,500	19,800	8,500	9,500	9,150
		벽산라이브파크	24	15,500	19,500	8,500	9,500	8,500
		풍림아이원	24	18,000	21,000	9,500	10,000	9,750
	번동	쌍용	32	18,000	19,500	10,000	11,500	8,000
	수유동	수유벽산	32	18,000	24,000	12,000	13,000	8,500
강서구	가양동	강나루현대	24	19,500	23,500	11,000	12,500	9,750
		도시개발6단지	26	16,500	18,000	9,500	10,800	7,100
		우방	24	17,000	20,000	9,500	10,000	8,750
	등촌동	삼성한사랑1차	25	17,000	19,500	10,000	11,000	7,750
		삼성한사랑2차	24	19,000	24,000	11,000	12,000	10,000
		주공10단지	24	20,000	22,500	11,000	12,000	9,750
		주공2단지	21	17,000	18,000	8,500	9,500	8,500
		주공5단지	24	18,500	21,500	11,000	12,000	8,500
	방화동	대림e편한세상	23	20,000	20,000	11,000	11,000	9,000
			26	21,000	24,000	12,000	13,000	10,000
		도시개발3단지	25	17,500	18,500	10,000	10,500	7,750
		동부센트레빌2차	24	19,000	21,000	10,000	11,000	9,500
		방화삼성	24	16,000	17,500	9,000	9,500	7,500
		청구	32	22,000	24,000	12,500	13,500	10,000
		한숲미을대림	24	16,000	18,500	9,000	10,500	7,500
			32	20,000	24,500	12,000	13,000	9,750
		현대	25	18,000	19,000	9,000	10,000	9,000
		현대2차	29	18,000	19,000	10,000	11,000	8,000
	염창동	극동상록수	26	18,000	19,500	11,000	12,000	7,250
		대림	25	19,000	20,000	11,000	12,000	8,000
		동아	25	16,500	17,500	9,500	10,000	7,250
		동아3차	24	16,500	23,500	9,000	11,500	9,750
		벽산늘푸른	31	20,000	21,000	12,000	12,500	8,250
		삼성관음	24	21,000	22,000	12,000	13,000	9,000
		삼성하나로	35	21,000	24,000	12,500	13,000	9,750
		삼성한마음	26	17,800	18,500	9,500	10,000	8,400

지 역 명		아 파 트 명	평 형	매매하한	매매상한	전세하한	전세상한	차 액
강서구	염창동	삼성한아름	35	21,000	24,000	12,500	13,000	9,750
		성원	23	17,000	19,000	10,000	11,000	7,500
		우성1차	32	21,000	22,000	11,000	12,000	10,000
		우성2차	32	21,000	22,000	11,000	12,000	10,000
		현대1차	35	21,000	23,000	12,000	13,000	9,500
		현대3차	32	21,000	23,000	11,500	12,500	10,000
관악구	봉천동	동아	26	19,000	22,000	12,000	13,000	8,000
		관악푸르지오	24	19,000	21,000	10,000	11,000	9,500
		선경	31	22,000	23,000	13,000	14,500	8,750
		벽산타운2차	24	18,000	20,000	11,000	12,000	7,500
		관악현대	31	23,000	25,000	13,500	15,000	9,750
			32	23,000	26,000	14,000	15,000	10,000
		낙성현대2차	25	24,000	26,000	15,500	16,000	9,250
		동아타운	37	21,000	30,000	15,000	20,000	8,000
	지양동	동아	25	20,000	23,000	12,000	13,500	8,750
		한솔	23	20,000	27,000	13,000	15,000	9,500
		현대5차	23	19,000	23,000	13,000	14,000	7,500
			25	19,000	27,000	13,000	14,000	9,500
	화양동	화양현대	24	21,000	23,000	13,000	14,000	8,500
노원구	월계동	주공(2차)	31	19,500	21,000	11,000	12,000	8,750
	중계동	양지대림1차	25	19,000	22,000	11,000	12,000	9,000
		중계벽산3차	25	17,500	21,000	10,000	11,500	8,500
		건영2차	28	19,000	21,000	11,000	12,000	8,500
			32	22,000	24,000	13,000	14,000	9,500
		경남아너스빌	23	17,000	18,000	10,000	10,000	7,500
		롯데	31	22,000	24,000	13,500	14,000	9,250
		삼성	25	17,000	20,000	10,000	11,000	8,000
		상아	31	22,500	23,500	14,000	14,000	9,000
		성원	25	20,000	20,000	12,000	12,000	8,000
		성원2차	36	16,500	19,000	10,000	11,000	7,250
		주공10단지	24	18,000	22,500	11,000	12,000	8,750
		중계3차우성	33	22,000	26,000	15,000	16,000	8,500
		중앙하이츠2차	38	20,000	25,000	12,000	13,000	10,000
		진로대림	32	20,000	28,000	13,000	15,000	10,000
		현대3차	36	20,000	28,000	13,000	15,000	10,000
		현대4차	30	17,500	21,500	11,000	12,000	8,000
			32	17,500	21,500	11,000	12,000	8,000
			35	20,500	26,500	13,000	14,500	9,750
		현대5차	36	20,000	28,000	13,000	15,000	10,000
	하계동	우방	33	22,000	26,000	15,000	16,000	8,500
		우방	34	22,000	26,000	15,000	16,000	8,500
		코오롱마들마을	38	24,000	26,000	16,000	17,000	8,500
도봉구	도봉동	성우(현대)	34	19,000	20,000	10,000	11,000	9,000
		럭키	32	17,000	20,000	9,000	10,500	8,750
		유원	32	15,000	16,000	8,000	8,500	7,250
		한신	31	16,500	19,500	9,500	10,500	8,000
	방학동	대상현대	24	20,000	22,500	13,000	13,000	8,250
		극동	36	17,000	20,000	9,000	10,000	9,000
		성원	33	17,500	19,000	10,000	12,000	7,250
		신동아2단지	31	17,000	19,500	10,500	11,000	7,500

지 역 명		아 파 트 명	평 형	매매하한	매매상한	전세하한	전세상한	차 액
도봉구	방학동	신동아4단지	31	16,500	20,000	9,500	10,000	8,500
		신동아5단지	33	17,000	19,500	9,800	11,000	7,850
		우성2차	35	16,000	22,000	11,000	12,000	7,500
		청구	32	16,500	21,000	10,000	12,000	7,750
	쌍문동	극동	33	17,000	19,000	9,500	10,000	8,250
		삼성래미안	31	25,000	30,000	17,000	18,000	10,000
		한양5차	32	18,000	18800	10,500	11,000	7,650
		현대2차	35	17,500	18,500	10,000	10,500	7,750
	창동	대우	34	19,000	23,000	11,000	13,000	9,000
		성원	32	21,000	23,500	12,000	13,500	9,500
		대동	32	18,000	19,000	10,000	11,000	8,000
			34	21,000	23,000	13,000	14,000	8,500
		건영캐스빌	23	16,500	17,500	9,000	10,000	7,500
		대림e–편한세상	29	20,000	25,500	12,000	13,500	10,000
		동아그린	36	20,000	22,500	12,000	14,000	8,250
		동아청솔	24	16,000	19,000	9,000	11,000	7,500
			25	16,000	19,000	9,000	11,000	7,500
			26	16,500	20,000	10,000	11,000	7,750
		삼성	28	17,000	20,500	10,000	12,000	7,750
			32	18,500	23,500	11,500	13,000	8,750
		쌍용	25	17,000	21,000	10,000	12,000	8,000
		주공3단지	26	18,500	20,000	9,200	9,500	9,900
			28	18,000	20,000	10,000	11,000	8,500
		현대2차	26	20,000	23,500	11,000	13,000	9,750
		현대조합	33	22,000	22,500	12,000	12,500	10,000
동대문구	답십리동	대림	32	23,500	27,500	15,000	16,000	10,000
		동답한신	36	20,000	23,000	13,000	14,000	8,000
		동아	32	23,000	27,000	14,000	16,000	10,000
		두산	23	19,000	21,000	12,000	13,000	7,500
		신답경남	24	17,500	18,000	9,000	9,500	8,500
			29	20,000	21,000	11,000	12,000	9,000
		우성그린	33	19,500	22,000	12,000	13,000	8,250
	용두동	신동아	24	17,000	19,500	10,000	11,000	7,750
	이문3동	쌍용	24	18,000	21,000	12,000	12,500	7,250
		삼익	32	22,000	25,000	13,000	14,000	10,000
		중앙하이츠	24	18,500	19,500	11,000	12,000	7,500
	장안동	한신	39	20,000	23,000	12,000	13,000	9,000
	전농동	우성	31	18,500	20,500	11,500	12,000	7,750
	제기동	벼산	24	23,000	25,000	14,000	15,000	9,500
	제기동	제기한신	32	22,500	26,000	15,000	16,000	8,750
	청량리동	한신	33	22,500	25,500	14,000	15,000	9,500
	휘경동	현대	34	19,000	21,000	12,000	13,000	7,500
마포구	신공덕동	삼성2차	25	23,000	26,000	15,000	16,000	9,000
	신수동	삼익	24	21,500	23,500	14,000	15,500	7,750
	신정동	서강LG	26	20,000	24,500	13,000	15,000	8,250
	연남동	코오롱	22	20,000	23,000	13,000	15,000	7,500
	현석동	밤섬현대	26	20,000	27,000	13,000	14,000	10,000
서대문구	남가좌동	삼성	24	20,000	23,500	13,000	13,500	8,500
			25	20,000	23,500	13,000	13,500	8,500
		현대	26	17,000	20,000	10,000	11,000	8,000

지 역 명		아 파 트 명	평 형	매매하한	매매상한	전세하한	전세상한	차 액
서대문구	냉천동	동부	26	19,500	22,000	11,000	13,000	8,750
	북아현동	경남2차	29	20,000	21,000	12,000	13,000	8,000
			32	23,000	24,000	14,000	16,000	8,500
	홍제동	청구1, 2차	36	24,000	30,000	17,000	18,000	9,500
			39	24,000	30,000	17,000	18,000	9,500
		청구3차	34	24,000	30,000	17,000	18,000	9,500
성동구	행당동	두산	24	21,000	23,000	12,000	13,000	9,500
		삼부1차	24	24,000	25,000	14,000	15,000	10,000
		대림	25	21,500	26,000	14,000	15,000	9,250
성북구	길음동	동부센트레빌	24	19,500	20,500	11,000	12,000	8,500
		삼부	32	22,000	25,000	13,000	14,000	10,000
		현대	27	17,000	18,000	9,000	10,000	8,000
			33	20,000	21,000	10,000	11,000	10,000
	돈암동	동소문현대	32	21,000	23,000	13,000	14,000	8,500
			35	23,000	25,000	13,000	15,000	10,000
		삼성	31	23,000	27,000	14,000	16,000	10,000
		풍림	32	20,000	25,000	14,000	15,000	8,000
		현대	33	19,000	22,000	11,000	12,000	10,000
	보문동	현대PARK	23	23,000	25,000	14,000	15,000	9,500
	석관동	삼성	33	18,500	21,500	10,500	11,500	9,000
			34	18,500	21,500	10,500	11,500	9,000
		중앙하이츠	36	18,500	20,500	10,000	12,000	8,500
	장위동	우방	32	17,000	18,000	8,000	9,000	9,000
	정릉동	대우	32	19,000	22,000	10,000	12,000	9,500
		성원	33	18,000	21,000	10,000	12,000	8,500
		우방	35	17,500	19,500	10,000	12,000	7,500
		정릉우성	36	20,000	24,500	12,000	14,000	9,250
		중앙하이츠	33	18,000	21,000	10,000	12,000	8,500
		풍림아이원	24	16,700	19,500	9,000	10,000	8,600
			25	16,700	17,300	9,000	9,500	7,750
	종암동	삼성래미안	23	19,000	23,000	12,000	13,000	8,500
		SK	33	21,000	25,000	12,500	14,500	9,500
		선경종암	31	21,000	23,500	13,000	14,000	8,750
	하월곡동	두산위브	24	21,000	23,500	13,000	13,000	9,250
송파구	가락동	풍림	24	22,000	23,000	12,000	14,000	9,500
	거여동	우방1차	25	21,000	25,000	12,500	13,500	10,000
	마천동	삼익	25	17,000	19,000	9,000	10,000	8,500
		신동아	25	19,500	22,000	11,000	12,000	9,250
		현대그린빌	27	18,500	22,000	10,000	12,000	9,250
			31	20,000	23,000	12,000	14,000	8,500
중구	신당동	현대	27	20,000	22,000	12,000	13,000	8,500
			32	22,500	26,500	14,000	15,000	10,000

〈표 11〉 9호선 주변 아파트 현황

역 명	지 역 명		아 파 트 명	평 형	매매하한	매매상한	전세하한	전세상한
방화역	강서구	방화동	우림루미아트2차	25	17,000	18,000	9,000	10,000
			건우3차	20	19,000	20,000	5,500	6,000
			한숲마을대림	32	20,000	24,500	12,000	13,000
			삼성꽃마을	23	16,000	16,500	9,000	10,000
			현대	25	18,000	19,000	9,000	10,000
			신동아	25	15,000	17,500	9,000	9,500
			청구	24	16,500	18,000	10,000	11,000
			도시개발1단지	17	10,500	11,500	6,000	7,000
				25	14,500	16,000	9,500	10,000
			진로	32	23,000	26,000	12,000	14,000
			현대2차	24	16,000	16,500	9,000	10,000
			방화삼성	24	16,000	17,500	9,000	9,500
			대림경동	47	35,000	45,000	16,000	17,000
			도시개발6단지	18	10,500	11,500	6,000	6,500
			도시개발9단지	15	8,500	9,600	5,000	5,800
마포중고교역	강서구	가양동	도시개발9단지	18	10,500	12,000	6,300	6,800
			우방	24	17,000	20,000	9,500	10,000
			강나루현대	24	19,500	23,500	11,000	12,500
				32	27,000	32,000	13,000	15,000
			중앙하이츠	45	32,000	38,000	15,000	18,000
강서소방서역	강서구	등촌동	대동황토방	25	19,000	22,500	11,000	11,500
			대동디지털황토	30	29,000	31,000	13,000	14,000
			우성	29	17,000	18,500	8,500	10,000
			진로미주	32	28,000	33,500	16,000	17,000
			월드	18	23,400	24,400	0	0
				28	28,700	29,700	0	0
			주공8단지	17	12,500	14,000	7,000	8,000
			대림	34	33,000	41,000	16,000	18,000
			주공10단지	17	12,500	14,500	7,000	8,000
			주공3단지	17	13,000	14,000	7,000	8,500
			주공5단지	17	11,800	14,000	7,500	8,000
			삼성한사랑1차	25	17,000	19,500	10,000	11,000
			주공2단지	17	12,000	13,500	7,500	8,000
			코오롱1차	26	17,000	19,000	10,000	11,000
			현대1차	33	22,500	27,000	12,000	13,000
			삼성한사랑2차	24	19,000	24,000	11,000	12,000
			코오롱오투빌2차	24	17,000	18,000	11,000	12,000
염창우체국역	강서구	염창동	태영(송화)	26	16,000	18,500	11,000	12,000
			현대3차	25	16,000	17,000	9,000	10,000
			동아2차	26	16,000	17,000	9,000	10,000
			삼성관음	33	31,000	32,000	14,000	15,000
			금호	25	20,500	22,000	10,000	11,000
			삼성하나로	27	15,000	17,000	10,000	10,000
			동아3차	24	16,500	23,500	9,000	11,500
			삼정그린코아	24	24,000	25,000	12,000	13,000
			효성	24	24,000	26,000	12,000	14,000
			현대5차	24	22,500	26,000	13,000	14,000
			성원	26	19,000	22,000	11,000	13,000

역 명	지 역 명		아 파 트 명	평 형	매매하한	매매상한	전세하한	전세상한
염창우체국역	강서구	염창동	강변삼성래미안	24	26,000	28,000	14,000	15,000
			동부센트레빌	31	32,500	36,000	18,000	19,000
			강마을삼성	33	30,000	33,000	17,500	18,000
			신동아리버파크	25	22,000	25,000	14,000	15,000
			우성	33	24,000	29,000	15,000	17,500
			건영	15	13,000	15,000	9,500	10,000
본동역	동작구	본동	강변유원	23	19,500	23,500	10,000	11,500
			극동강변	32	19,000	25,000	10,000	12,500
			쌍용	25	20,000	24,500	11,000	12,000
			신동아	19	14,000	17,000	7,500	9,000
			명수대현대	25	25,000	28,000	11,000	13,000
			명수대한양	34	25,000	27,500	10,000	11,000
			한강현대	28	26,000	30,000	13,000	14,000

〈표 12〉 구리시 중앙선 복선화 주변 아파트 현황

지 역 명		아 파 트 명	평 형	매매하한	매매상한	전세하한	전세상한
구리시	토평동	대림.영풍	34	30,000	40,000	14,500	15,500
		SK.신일	34	24,000	27,000	13,000	14,000
		삼성래미안	39	39,000	43,000	17,000	20,000
		우남	25	16,000	18,000	10,000	11,000
		한일	25	20,000	26,000	11,000	12,000
		영풍마드레빌2차	32	25,500	27,500	12,000	13,500
		상록	35	25,000	32,000	14,000	15,000
	인창동	일신건영2차	24	14,500	17,000	8,500	9,500
		한진그랑빌	24	15,000	15,500	8,500	9,000
		성림주택	24	19,000	20,000	6,000	6,500
		이건	27	10,000	11,000	7,000	7,000
		충효하이츠빌라	19	10,000	11,000	5,000	5,000
		삼환.신일	38	29,000	33,000	12,000	13,000
		삼보	35	29,000	31,000	11,500	12,000
		건영	25	13,000	14,500	7,000	7,500
		LG	24	16,000	17,500	9,000	9,500
		삼호	22	11,500	12,500	7,000	7,500
		주공1단지	16	11,000	12,000	6,000	6,500
		주공2단지	18	10,000	11,500	6,000	7,000
		주공4단지	16	10,000	11,500	6,500	6,800
		주공6단지	18	10,000	12,000	6,000	6,200
		원일아름	19	11,000	11,500	6,500	7,000
		삼성래미안(아름마을)	23	17,500	19,000	9,000	10,000
		현대	33	25,000	29,000	12,000	13,000
		동양한별	34	24,000	26,000	11,000	12,000
		일신건영1차	24	16,000	18,000	8,000	9,000

⟨표 13⟩ 분당선 연장구간 주변 아파트 현황

역 명	지 역 명		아 파 트 명	평 형	매매하한	매매상한	전세하한	전세상한
이매역	성남시	이매동	이매진흥	23	30,000	35,000	13,000	14,000
				32	37,000	47,000	17,000	18,000
				38	45,000	53,000	18,000	20,000
				49	57,000	64,000	20,000	22,000
			이매동신	24	29,000	33,000	13,000	14,000
				32	37,000	46,000	17,000	18,000
				38	48,000	53,000	18,000	20,000
				43	50,000	58,000	19,000	21,000
				49	56,000	63,000	20,000	22,000
			이매삼성	22	28,000	30,000	13,000	14,000
				27	35,000	39,000	15,000	16,000
				32	40,000	45,000	17,000	18,000
				38	46,000	50,000	18,000	19,000
				46	50,000	60,000	21,000	22,000
			이매청구	24	25,000	32,000	12,500	13,500
				33	42,000	49,000	17,000	18,500
				38	48,000	57,000	19,000	21,000
				49	62,000	68,000	23,000	25,000
죽전역	용인시	죽전동	길훈1차	24	17,500	20,000	8,000	9,000
				33	21,000	27,000	9,500	11,000
			길훈2차	23	17,500	20,500	8,000	9,000
				32	22,000	27,500	9,000	11,500
				50	31,000	38,500	13,000	14,000
			동성1차	23	14,500	18,500	8,500	8,500
				33	20,000	27,000	10,000	11,000
				52	30,000	37,000	13,000	14,000
			동성2차	23	14,500	18,500	8,500	8,500
				33	20,000	27,000	10,000	11,000
				52	30,000	37,000	13,000	14,000
신갈역	용인시	구성읍	삼성래미안1차	36	30,000	35,000	12,000	13,000
				49	40,000	48,000	13,000	14,000
			구성2차 삼성래미안	25	19,000	20,300	8,500	9,000
				34	26,000	28,000	10,000	12,000
				39	29,000	30,000	11,000	12,000
				49	34,920	36,920	12,000	13,000
			연원마을LG	32	21,000	24,000	8,500	9,000
				49	27,000	32,000	9,500	10,000
			마북벽산	23	16,500	18,500	8,000	8,500
				32	22,000	27,000	8,000	9,000
				47	29,000	34,000	10,000	11,000
				59	34,000	38,000	10,000	12,000
상갈역	용인시	기흥읍	상갈대우현대	34	22,000	24,000	10,000	11,000
				39	22,000	25,000	11,000	12,000
				44	23,000	26,000	11,000	12,000

〈표 14〉 수원-천안 간 복복선 주변아파트 현황

지 역 명		아 파 트 명	평 형	매매하한	매매상한	전세하한	전세상한
화성시	태안읍	한신	23	11,500	12,300	7,000	7,000
		신현대1차	15	4,700	5,000	2,500	3,000
		신현대2차	19	5,400	6,000	3,000	3,500
		현대(남수원)	24	9,000	10,000	5,500	6,000
		신영통현대타운1단지	33	21,000	23,000	10,000	11,000
		신영통현대타운2단지	39	26,000	28,000	12,000	12,000
		성호2차	33	15,000	16,000	7,000	8,000
		래미안	32	16,000	18,000	7,500	9,000
		태안주공	17	7,500	8,500	5,000	5,500
			20	10,500	11,000	6,500	7,000
			22	11,000	12,000	6,500	7,000
		대창그린	23	11,500	12,000	6,500	7,000
			33	14,500	16,000	8,000	8,500
		신미주	25	10,500	13,000	7,000	7,500
			33	14,000	15,500	7,000	9,000
			45	18,000	21,000	9,000	10,000
		신영통현대타운3단지	24	15,000	17,000	9,000	9,000
		우남블루존	23	9,500	10,500	5,500	6,000
평택시	세교동	태영	23	9,500	10,000	6,500	7,000
		개나리	23	8,500	9,500	6,000	6,500
		개나리2차	24	9,000	10,000	6,500	7,000
		현대향촌	29	14,000	15,500	8,000	9,000
	이충동	주공4차	15	6,000	6,500	2,500	3,000
			17	6,500	7,000	3,000	3,500
		건영	32	16,000	17,500	9,000	10,000
			47	29,000	31,000	15,000	16,000
		대진	22	7,000	7,500	3,500	4,000
		미주3차	27	11,000	12,500	7,500	8,000
			31	15,000	16,000	8,500	9,000
		현대	27	11,000	11,500	6,500	7,000
			31	14,000	15,000	7,500	8,000

<표 15> 강북지역 내 개발 호재 주변 아파트 현황

개발 호 재	지 역 명		아 파 트 명	평 형	매매하한	매매상한	전세하한	전세상한
동대문 뉴타운	동대문구	답십리동	두산	23	19,000	21,000	12,000	13,000
			대우	26	16,800	19,000	10,500	13,000
				42	33,000	38,000	17,000	19,000
			동아	27	17,000	18,500	11,000	12,000
			극동	22	15,000	16,000	8,500	9,000
			태양	24	19,000	20,000	6,000	7,000
			동답한신	15	9,000	9,800	6,500	7,100
			동서울한양	24	13,000	14,500	9,000	9,500
			우성그린	25	15,000	16,000	10,000	10,000
			청솔우성1차	23	17,000	20,000	12,000	13,000
청계천 복원	성동구	마장동	삼성	26	20,000	23,000	12,000	13,000
				51	43,000	55,000	20,000	22,000
			현대	24	20,000	23,000	12,000	13,000
			중앙하이츠	26	19,000	20,000	13,000	14,000
	종로구	창신동	쌍용2차	23	14,000	15,000	9,000	10,000
			쌍용1차	23	16,000	17,000	9,500	10,500
			두산	26	22,000	24,000	13,000	14,000
			이수	26	23,000	25,000	14,000	16,000
뚝섬 개발	성동구	성수동	동아맨션	18	19,000	21,000	8,500	9,000
			장미	31	31,000	35,000	12,000	13,000
			한진타운	25	22,000	27,000	12,000	13,000
			뚝섬현대	32	24,000	28,000	13,000	15,000
			청구강변	37	28,000	33,000	13,000	14,000
			한강한신	33	28,000	35,000	13,000	14,000
			대림로즈빌	31	30,000	38,000	15,000	17,000
			현대PARK	32	35,000	42,000	17,000	19,000
			금호베스트빌3차	32	32,000	36,000	15,000	17,500
			강변건영	33	33,000	43,500	16,000	18,000
			성수현대	32	28,000	31,000	13,000	13,500
			롯데캐슬파크	31	34,000	42,000	17,000	19,000
			동양메이저	34	30,000	35,000	13,000	14,000
			삼익	22	14,000	16,000	9,000	10,000
길음 뉴타운	성북구	길음동	동부센트레빌	24	19,500	20,500	11,000	12,000
			삼성래미안	30	29,000	33,000	16,000	17,000
				39	39,500	45,000	21,000	23,000
용산부도심 개발	용산구	용산동	한신	28	21,000	22,000	9,000	12,000
			남산맨션	27	29,700	32,400	14,000	17,000
		한남동	현대하이페리온	70	104,800	109,800	60,000	60,000
			시범	21	19,000	21,000	9,000	10,000
			현대홈타운	33	42,000	48,000	20,000	25,000
		이촌동	대림	25	24,000	26,500	12,000	13,000
			강촌	33	48,000	53,000	23,000	25,000
			한가람	25	28,000	34,000	15,000	18,000

KI신서 563
5천만원으로 내 집 마련하기

지은이 | 김호준, 윤진섭

1판 1쇄 발행 | 2004년 2월 25일
1판 4쇄 발행 | 2004년 9월 3일

펴낸곳 | (주)북이십일
펴낸이 | 김영곤
기획 | 최향금
책임편집 | 방지선
영업 | 신민식 · 안경찬 · 박성인 · 김진갑 · 박진모 · 이연정 · 박창숙
관리/제작 | 이인규 · 강근원 · 이도형 · 이영민 · 고선미
교정 및 디자인 | 디자인캠프

등록번호 | 제10-1965호
등록일자 | 2000. 5. 6.

주소 | 경기도 파주시 교하읍 문빌리 파주출판문화정보산업단지 500-112
        2층(413-822)
전화 | 031-955-2100(대표)
팩스 | 031-955-2151
e-mail | book21@book21.co.kr
홈페이지 | http://www.book21.co.kr

값 12,000원
ISBN 89-509-0629-5 13320